고등국어 쉽게 배우기

# 고등국어 쉽게 배우기

서준형 · 이종원 지음

종이와
나무

# 이 책의 차례

**1**

# 문학,
# 왜 어려울까요?

## 세 얼간이 이야기

세 친구가 있었습니다. 그들은 맛집으로 이름 난 식당을 블로그에서 찾았습니다. 그들은 각자의 방식으로 그 식당의 음식을 먹어보고 다음날 다시 모이기로 했습니다.

첫 번째 친구는 식당을 찾아가보지도 않은 채 많은 사람들이 남긴 음식 평만 읽고 마치 그 음식을 다 먹어본 것처럼 굴었습니다.

두 번째 친구는 식당을 찾아 갔습니다. 주방장이 정성껏 요리하여 음식을 내왔지만 그 친구는 그 음식을 눈으로만 보고 다 아는 것처럼 굴었습니다.

세 번째 친구는 식당에 갔고 음식도 직접 먹었습니다. 하지만 이 친구는 요리에 들어간 재료의 종류와 영양 성분을 확인하느라 다 식어빠지고 딱딱해진 음식을 맛보았습니다. 그러고는 소문에 비해 맛이 형편없다고 불평을 늘어놓았습니다.

### 첫 번째 친구는,

문학 작품을 직접 읽어보지도 않고 그 작품에 대한 다른 책이나 다른 사람들의 이야기만으로 그 작품을 다 이해했다고 착각하는 사람입니다.

### 두 번째 친구는,

작품의 내용을 요약해 놓은 자료만을 읽고 작품을 다 읽었다고 착각하는 사람입니다.

### 세 번째 친구는,

문학 작품을 제대로 읽기도 전에 작품의 줄거리가 어떻고, 주제가 어떻고, 구성 방식은 어떻고 등등 이론 공부만 잔뜩 해서, 정작 작품을 읽을 때는 아무런 재미를 느끼지 못하는 사람입니다.

혹시 여러분들도 그동안 위의 세 친구와 같은 방법으로 문학 공부를 해 오지는 않았나요?

음식은 자신이 직접 먹어봐야 그 맛을 알 수 있는 것처럼 문학 작품 역시 자신의 눈으로 처음부터 끝까지 읽어봐야 작품이 주는 재미를 느낄 수 있습니다. 그런데 막연히 읽기만 한다고 해서 재미를 느낄 수는 없습니다. '더 많이 알면 더 많이 보이고, 더 많이 느끼게 된다.'라는 말이 있듯이 문학 작품도 자신의 눈으로 작품을 이해하고 감상하는 방법을 알아야 더 재미있고, 더 많이 느끼게 됩니다. 즉, 문학 작품을 통해 재미와 감동을 느끼는 것은 머리와 가슴이 함께 해야 하는 것이죠.

# 문학 공부가 싫어욧!

문학을 즐겁고 쉬운 것으로 생각하는 학생이 있다면, 그 학생은 이 책을 펴 볼 이유가 없겠죠? 아마도 이 책을 보고 있는 학생들은 문학을 어렵고 싫은 것으로 느끼고 있는 학생일 것입니다. 그래서 이 책을 통해 해답을 얻고 싶은 것일 테고요.

왜 학생들은 문학을 싫어하거나 어렵게 여기는 걸까요? 그 이유를 알기 위해 중·고등학교 학생들에게 아래와 같은 질문을 해 보았습니다. 답변은 여러 가지였지만 그 중 가장 많이 나온 의견들만 추려보면 다음과 같습니다.

**Q. 우리 친구들이 '문학'이라는 교과를 싫어하는/어려워하는 이유는 뭘까요?**

1) 시험을 보니까 부담이 돼서 싫다.

2) 내 생각이 아니라 다른 사람의 생각대로 작품을 이해하라고 해서 싫다.

3) 작품을 해석할 때 귀에 걸면 귀걸이, 코에 걸면 코걸이 같아서 싫다.

이 답변들에는 학생들이 문학을 싫어하거나 어렵게 여기는 이유가 잘 담겨 있는 것 같습니다. 여러분들 중에서도 이런 생각을 가진 학생들이 많을 것이라 생각합니다. 그러나 위의 답변들은 문학 공부에 대한 학생들의 오해를 가장 잘 보여주고 있는 내용이기도 합니다. 왜 그런지 지금부터 하나씩 이야기를 풀어나가 볼까요?

## 문학은 시험을 보니까 부담이 된다?

이러한 생각은 학생들뿐만 아니라 저나 부모님 세대들도 모두 공감하는 내용입니다. 예나 지금이나 학생들이 문학을 공부하는 가장 중요한 목적은 시험을 잘 보기 위한 것일 테니까요. 문학 공부만 그렇겠습니까? '기-승-전-시험'이라는 패러다임을 벗어날 수 없는 우리의 답답한 교육 현실에서는 거의 모든 공부가 시험을 위한 것이고, 따라서 재미가 없을 수밖에 없습니다.

그러나 시험을 잘 보기 위한 공부는 시험 성적이란 대가를 확실히 받을 수만 있다면 재미를 찾을 수 있습니다.

"이렇게 하니까 성적이 확실히 오르네! 야, 이거 재미있는 걸!"하면서 말이죠.

그렇다면, 확실하게 시험 성적을 잘 받을 수 있는 방법이 있을까요? 네, 있습니다. 시험을 잘 보기 위해서는 시험을 분석하고, 그에 맞는 공부를 해야 합니다. 여러분들이 앞으로 만날 시험은 학교 시험과 수능 시험입니다. 두 시험은 시험이기 때문에 공통적인 약점이 있습니다. 그 약점을 분석하면 시험을 이기는 공부 방법을 찾을 수 있습니다. 그래서 그 방법이 뭐냐고요? 여러분들께 그걸 말해주러 이 책을 썼습니다. 이 책을 꼼꼼히 읽어보고 배운 대로 연습하다보면 적어도 시험 성적이 안 나와서 문학 공부가 싫어지는 일은 없을 것이라 생각합니다.

## 내 생각이 아니라 다른 사람의 생각대로 작품을 이해하라고?

친구들이 문학 공부를 할 때 가장 답답하게 생각하는 부분은 바로 "왜, 이렇게 해석해야 해요? 다르게 생각할 수도 있잖아요?"입니다. 하지만 친구들의 이러한 훌륭한 질문에도 선생님들의 대답은 답답하게도 "참고서를 봐봐, 그렇게 해석돼 있잖아!" 혹은 "내가 수업 시간에 이렇게 가르쳤잖아!"입니다. 그러다 보니 친구들에게 문학 작품 해석은 내 생각대로 하면 안 되는 것이 되었고, 결국 문학은 내 방식으로 '즐기는 것'이 아닌 남의 해석을 '암기해야 하는 괴물'이 되었습니다.

중학교 때까지는, 가르친 대로 혹은 교과서와 참고서에 나온 대로 문제를 내시는 선생님들이 많아서 이런 방법으로도 그런 대로 좋은 성적을 거둘 수 있습니다. 그런데 고등학교에 올라가면 학교 시험의 스타일이 변합니다. 수업 시간에 배운 것만, 참고서와 교과서에 나온 것만 시험에 나오지 않습니다. 배운 내용을 바탕으로 새로운 것을 추론하거나, 배운 내용을 적용하여 배우지 않은 내용을 이해해야 하는 문제가 나오기 시작합니다. 그래서 배우지 않은 낯선 작품이 출제되기도 하죠. 배운 작품에 대한 남의 해석만을 암기해 온 학생들은 낯선 작품 앞에서 무너지기 시작합니다. 결국 남의 해석을 무작정 암기만 했던 문학 공부는 한계를 맞이할 수밖에 없습니다.

## 문학 시험은 누구나 인정할 수 있는 객관적 기준이 있어야 한다

그렇다면 여러분들은 다시 이렇게 묻겠죠? "그러면 내 생각대로 문학 작품을 이해하라는 건가요? 그랬더니 만날 시험에서 틀리던데요." 맞습니다. 그래서 여러분에게 문학이 암기 과목이 되었던 거죠. 그런데 말입니다. 이렇게 묻는 학생들이 말하는 '내 생각'은 완전히 '주관적인 생각'이었을 확률이 높습니다. 무슨 말이냐고요? 잘 들어보세요.

문학 작품에 대한 해석은 당연히 문학 작품을 두고 이루어집니다. 문학 작품은 고정되어 있기 때문에 아무리 사람마다 주관적으로 해석한다 하더라도 누구든지 그렇게 해석할 수밖에 없는 지점들이 있게 마련입니다. 문학 시험은 바로 이 지점을 묻습니다. 그래야만 그에 대한 답이 적절한 것인지 아닌 것인지를 가릴 수 있는 '객관적 기준'을 마련할 수 있기 때문입니다. 다시 말하면, 시험은, 특히 5지 선다형 시험은 정답이 하나입니다. 따라서 나머지 네 개가 오답이고 하나가 정답임을 모든 학생들이 납득할 수 있어야 합니다. 그러려면 반드시 누구나 인정할 수 있는 '객관적' 기준이 있어야 합니다. 그것이 아무리 참신하고 독창적인 해석이라 하더라도 보는 사람에 따라 달리 볼 수 있는 '주관적' 해석이라면 안 된다는 거죠.

## 객관적 해석이란 작품 그 자체만을 통한 해석

예를 들어 한용운의 '임의 침묵'이라는 시에서, 떠나간 '임'은 읽는 사람에 따라 '시인이 실제로 사랑한 사람'이나 '부처님' 혹은 '불법(佛法)', '조국' 등으로 해석될 수 있습니다. 이렇게 다양한 해석이 가능한 이유는 읽는 사람이 작품을 창작한 작가의 창작 의도에 초점을 두거나, 작품이 쓰인 시대적 배경에 초점을 두고 작품을 해석했기 때문이죠. 이렇게 작품을 둘러싼 작품 외적 요소를 고려한 해석을 '외재적 문학 감상 방법'이라고 합니다. 그러나 이러한 해석들은 결국 주관적인 것들입니다. 누구나 인정할 수 있는 해석이 아니기 때문이죠. '임'을, 실제로 한용운이 사랑한 사람으로 보고 싶은 사람은 부처님이니 식민지 조국이니 하는 식의 해석을 받아들이고 싶지 않을 것입니다. 그것은 그 반대의 경우도 마찬가지죠.

그렇다면 누구나 인정할 수 있는 객관적 해석은 뭘까요? '시 속의 화자(나)가 너무나 사랑했고 절대적인 사람이었으나, 지금은 자신을 떠나 있는 임, 그렇지만 언젠가는 다시 올 거라 생각하는 '임'입니다. 제 대답에 맥이 탁 빠지면서 "에이, 그 정도도 이해 못하는 사람이 어디 있어요?"라고 묻는 학생들이 있을지 모르겠습니다. 여러분 말씀대로 제가 내린 해석은 그렇게 고차원적이거나 멋있는 것이 아닙니다. 그러나 이런 해석에는 아무도 이의를 제기할 수 없죠. 왜 그럴까요? 그 이유는, 이 해석이 작품 자체에 쓰인 시어나 시구들로부터 자연스럽게 나오는 것이기 때문입니다. 이와 같이 작품 말고 그 어느 것도 고려하지 않는 해석 방법을 '내재적 감상 방법', 혹은 '절대주의적 해석'이라고도 합니다.

### '내 생각'으로 작품을 이해하면서도 시험을 잘 볼 수 있는 방법

결국 여러분들이 문학 작품을 읽고 해야 할 '내 생각'은 절대주의적 관점을 통한 작품의 해석입니다. 사실 해석이라고 할 것도 없습니다. 그냥 이해라고 불러도 좋을 것 같습니다. 문학은 해석해야 할 기호나 암호 같은 것이 아니기 때문이죠. 이러한 이해 방법은 모든 문학 작품을 읽는 가장 기본적이고도 핵심적인 방법입니다. 구태여 외우지 않아도 논리적으로 사고할 수만 있다면 누구든 할 수 있는 방법입니다. 수능이든 학교 시험이든 기본적으로 이러한 이해 방법을 얼마나 정교하고 논리적으로 해낼 수 있느냐를 평가하는 시험입니다. 학생들에게 문학 평론가들이 하는 뭔가 특별하고 독창적인 해석을 원하는 것이 아닙니다.

그동안 '내 생각'이 틀려왔던 학생들, 그래서 '내 생각'을 믿지 않게 된 학생들에게 이 책은 작품에 대한 객관적 해석에 도달할 수 있는 '내 생각'의 힘을 키우는 방법을 가르쳐 주려고 합니다.

## 작품을 해석할 때 귀에 걸면 귀걸이, 코에 걸면 코걸이 같아서 싫다?

문학은 원래 다양한 해석이 가능합니다. 앞서 이야기한 것처럼 한용운의 '임의 침묵'에서 '임'은 아래 표처럼 '사랑하는 사람'이나 '부처님', '불법(佛法)', '조국'으로 이해하고 감상할 수 있고 그 외 여러분들이 사랑하는 그 무엇도 다 될 수 있습니다. 작품을 읽는 각자의 경험이 다르고, 작품을 보는 각자의 관점이 다르기 때문이죠. 이처럼 다양한 해석을 가능하게 하는 문학 작품의 특징을 문학의 다양성이라고 부르며 여기에서 문학 작품의 매력을 발견하는 사람도 많습니다. 그러나 시험을 위해 문학을 공부하는 학생들에게 이러한 매력은 오히려 독이 될 수 있습니다. 시험에서는 하나의 정답을 찾아야 하는데 이렇게도 해석될 수 있고, 저렇게도 해석될 수 있다고 하면 뭐가 정답인지를 알 수 없기 때문이죠. 그래서 여러분들이 문학 작품에 대한 해석을 '귀에 걸면 귀걸이, 코에 걸면 코걸이 같다.'라고 생각하며 문학을 싫어하는 것이겠죠. 그러나 이러한 생각은 여러분들이 문학 시험의 출제 원리를 제대로 이해하지 못한 데서 빚어지는 오해입니다.

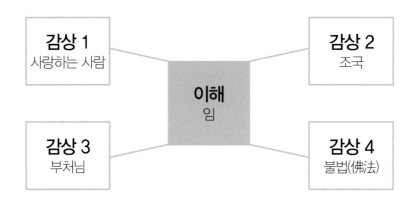

**문학 시험은 귀걸이도 되고 코걸이도 되는 문학을 싫어해!**

앞서 말씀 드렸듯이 문학 시험은 약점을 가지고 있습니다. 바로 정답이 하나라는 점입니다. 정답이 하나인 선다형 시험에서 출제자들은 하나의 선택지만 정답이 되게 하려고 엄청나게 애를 씁니다. 우선, 출제자들은 다양한 해석의 가능성이 열려 있는 작품은 출제하지 않으려 합니다. 하나의 선택지만 정답으로 만들기가 어려울 뿐더러 시험이 끝나고도 심한 논란거리가 될 수 있으니까요. 둘째, 다양한 해석의 여지가 있는 작품에 대해 문항을 출제해야 할 때는 〈보기〉에 해석의 방향을 제시함으로써, 〈보기〉를 바탕으로 한 이해 및 감상을 요구합니다. 그래야 〈보기〉에서 제시한 관점으로만 해석하게 되고, 하나의 정답을 도출할 수 있으니까요. 예를 들어, 출제자들이 '임'에 대한 해석을 '조국'으로 하고 싶다면 반드시 〈보기〉에서 '시대 상황'을 언급하여 학생들이 문제를 풀 때 자연스럽게 '임'을 '조국'으로 이해하도록 유도할 것입니다. 셋째, 작품 자체의 해석이 다양하지는 않지만, 부분적으로 시어나 시행 차원에서 다르게 해석할 여지가 있는 부분을 문항으로 출제해야 할 때는 그것을 어떻게 해석하더라도 항상 옳거나 틀린 내용으로 선택지 내용을 씁니다. 논란의 여지가 없도록 말이죠. 따라서 여러분들이 문학 시험에서 귀에 걸면 귀걸이 코에 걸면 코걸이 식의 해석 때문에 곤란한 일은 없을 것입니다.

세 가지 답변을 찬찬히 살펴봄으로써 여러분들이 문학 공부에 대해 가진 오해를 풀어보았습니다. 요약하자면, 문학은 남의 생각을 외워야 하는 암기 과목도 아니고, 귀에 걸면 귀걸이, 코에 걸면 코걸이 식의 해석 때문에 시험에서 골머리를 썩을 일도 없는 과목입니다. 올바른 문학 공부는, 문학 작품이라는 객관적 토대 위에서 누구나 인정할 수 있는 자연스러운 이해를 이끌어내기 위한 '내 생각'의 방법을 키우고 숙련하는 것입니다.

그러나 사실 문학 공부가 시험만을 위한 것은 아닙니다. 문학 공부의 본질은 시험 문제를 푸는 데 있는 것이 아니라 작품을 '감상'하고 누리는 데 있습니다. 시험을 잘 보기 위해서는 절대주의적 해석 안에서 작품 그 자체를 '이해'하거나, 출제자가 제한하는 관점에서 작품을 감상할 수 있어야 하겠지만, 진정한 문학 작품의 감상은 작품 그 자체에 대한 '이해'를 바탕으로 한 걸음 더 나아가 자신의 관점으로 작품을 감상하고 자신의 삶에 적용해 보는 것입니다. 이 책에서는 이 두 가지를 모두 고려하여 여러분들에게 길을 제시해주려 합니다.

## 명탐정 코난의 매력

마지막으로 하나만 덧붙이겠습니다. 여러분 혹시 '명탐정 코난'이라는 추리 만화를 좋아하시나요? 이 만화를 좋아하는 이유는 다양하겠지만, 아마도 가장 큰 이유는 코난의 특별한 추리력이 아닐까 생각합니다.

이 작품은 보통 살인 사건이 일어난 현장에 코난이 도착하는 것으로 시작됩니다. 그리고 코난이 가장 먼저 하는 것이 뭐죠? 네, 사건 현장을 살펴보고 증거가 될 만한 중요한 단서들을 수집하죠. 그 다음 수집한 단서들을 바탕으로 피해자가 죽은 이유나 범인을 추리합니다. 가령 피해자의 피가 묻은 물건에 누군가의 왼손 지문이 묻어 있었다면, '그 물건은 범행 도구일 것이고, 그 물건에 묻은 지문은 범인의 것일 확률이 높으므로 범인은 왼손잡이일 것이다.'라는 추리를 하는 것이죠. 이런 식으로 사건 현장의 단서로부터 하나씩 추리를 더해 가다 이것들을 논리적으로 연결하여 '어떤 상황에서, 어떤 이유로, 어떻게 범인이 피해자를 죽였을 것'이라는 가설을 세웁니다. 그러나 수사 과정에서 이 가설을 뒤집을 만한 상황이나 단서가 발견된다면, 이 가설은 버려지고 다시 비교적 확실한 상황이나 단서로부터 나온 추리들을 엮어 새로운 가설을 만들겠죠. 이러한 상황을 끊임없이 반복하다보면 결국 어떤 것으로도 뒤집을 수 없는 최종의 가설이 만들어지고 코난은 확신을 가지고 범인을 찾아냅니다.

그리고 이렇게 외치죠. "범인은 바로 너야!"

### 내재적 작품 감상 방법에 필요한 유일한 도구는 추리력

내재적 문학 작품 감상도 이러한 추리력을 필요로 합니다. 시에 대한 감상을 예로 들어봅시다. 사건 현장은 시 그 자체입니다. 독자는 시에 쓰인 시어, 문장, 그것들이 놓인 방식 등의 단서를 통해 작가가 시를 쓴 의도, 즉 시의 주제를 추론해야 합니다. 그러나 이 추론은 작품에 쓰인 어떠한 시어나 문장과도 모순되지 않는 논리적인 것이어야 합니다. 만약 하나라도 모순된다면 아무리 그럴 듯한 추론이라도 옳다고 볼 수 없겠죠. 그러나 다행히도 시는 범죄 현장보다 친절합니다. 왜냐하면 시인은, 자신을 감추려는 범인과 달리 자신이 하고 싶은 말을 독자들이 알아주길 바라고 있기 때문이죠.

다시 말해 내재적 문학 작품 감상을 이끌어 가는 도구는 논리적 추론 능력입니다. 주어진 작품이라는 단서로부터 논리적으로 추론하면 작품의 내적 구조(시라면 시적 상황, 화자의 정서와 태도, 소설이라면 인물, 인물과 인물 사이의 갈등, 배경)를 밝혀내고 작품의 주제에 도달할 수 있기 때문입니다. 따라서 문학 작품을 이해하는 데 제일 중요한 두 개의 축이 바로 내재적 문학 작품 감상 방법을 아는 것과 논리적 추론 능력을 기르는 것입니다.

이 책은 바로 이 두 가지를 한꺼번에 얻을 수 있도록 설계되어 있습니다. 이 책을 꼼꼼히 읽고 이 책에서 말하는 방식대로 꾸준히 연습한다면 말이죠. 앞으로 여러분들이 문학 작품을 제대로 이해하고 감상하여 문학 작품이 주는 재미를 진정으로 즐길 수 있기를 바랍니다.

# 2

# 운문,
# 현대시와 고전 시가와
# 친해지기

## 현대시 알아보기

### 시란 뭘까?

⇨ 시(詩)의 사전적 정의는 다음과 같습니다. "문학의 한 장르. 자연이나 인생에 대하여 일어나는 <u>감흥</u>과 <u>사상</u> 따위를 <u>함축적</u>이고 <u>운율적</u>인 언어로 표현한 글이다." 다시 말해 글쓴이의 감정이나 생각을 간결하면서도 음악성 있게 표현한 글을 말하는 거죠. '함축(간결)'과 '운율(음악성)'이 다른 글들과 가장 큰 차이가 되겠죠?

### 시는 왜 어려울까?

⇨ 위에서 말한 시의 정의대로 한다면, 시를 읽는 것은 글쓴이의 '감정(감흥)'이나 '생각(사상)'을 공감하거나 이해함으로써 이를 **공유하는 과정***입니다. 그러나 우리의 시 교육의 초점이 시 읽기 자체보다는 시험 문제를 풀어내는 능력을 기르는 것에 있다 보니 시를 보고 작가의 감정과 생각을 공유하려 하기보다는 시의 형식적인 특징(<u>함축적 언어와 운율적 언어의 의미 및 효과 찾기</u>)을 빨리, 정확히 찾는 것에만 관심을 두게 된 것이죠. 그러니 학생들에게 시를 읽는 것은 즐거운 것이 아니라 어렵고 부담스러운 것이 되어버렸습니다. 만약 우리 친구들이 제일 좋아하는 취미가 수능시험 과목으로 지정되고 누가 빨리, 정확히 하느냐에 따라 성적이 매겨진다면 아마도 우리 친구들은 그 취미를 더 이상 즐기지 못하게 될 거예요. 인정?

### 시는 어떻게 읽어야 할까?

⇨ 정말 간단합니다. 원래 목적대로 시인의 생각과 감정을 공유하고 느끼면 된답니다. 아무리 시험에 나온다 하더라도 작품을 읽고 그 생각과 감정을 공유하지 못한다면, 우리는 재미있는 놀이동산에 가서 놀이기구 이름만 보다가 즐기지 못하는 것과 같게 될 겁니다. 우선 즐기고 그 다음 놀이기구의 이름과 특성을 안다면 더욱 좋겠죠? 시인의 생각과 감정을 공유하려면 먼저 '화자(누구)', '대상(무엇)'을 찾는 작업부터 시작하면 좋아요. 그래야 '대상'에 대한 '화자'의 생각과 감정을 알 수 있

---

공유하는 과정  시인의 슬픈 감정이나 기쁜 감정 등을 독자가 그대로 받아들이거나 자신의 경험에 비추어 받아들이는 과정.

고, 이를 통해 시인의 생각과 감정을 공유할 수 있을 테니까요.

## 현대시를 읽을 때 중요한 Tip은 뭘까?

⇨ 그럼에도 불구하고 우리는 학교 시험에서 '공유하기'보다는 '시험보기' 영역을 벗어날 수 없습니다. 그런데 다음 세 가지를 기억하면 우리 친구들은 시를 '공유'하면서 '시험'을 대비하는 '능력(?)'을 가지게 될 겁니다. 바로 '함축'과 '운율'입니다. 우리 친구들 시험문제의 대부분이 여기서 출제되죠? 여기서는 각각의 의미를 설명만 하도록 할게요. 이 Tip들을 어떻게 찾고 활용하는지는 다음 장에서부터 자세히 그리고 천천히 설명하도록 하겠습니다.

**TIPS**

**함축**　함축은 간단히 말하면 '줄이기'와 '바꾸기'예요. 시인은 자신의 생각이나 감정을 '압축'하거나 '생략'해서 표현하지요. 그럼 읽을 때 어떻게 하면 될까요? 그렇죠! 압축되거나 생략된 내용을 추론해서 읽으면 되겠죠?

비유는 간단히 말하면 '바꾸기'예요. 주변 친구들 중 이야기를 참 잘 하는 친구가 있지요? 그 친구들의 특징을 잘 살펴보세요. 아마도 다른 사람과 차이점이 있을 텐데 그 중에 하나가 전하려는 상황이나 감정을 생생하게 전달하는 능력일 거예요. 예를 들어 보통 사람들이 '민수는 엄마 뒤를 계속 따라다닌다.'라고 말할 것을 '민수는 새끼 오리처럼 엄마를 졸졸 따라다닌다.'라고 말하는 것이죠. 이렇게 상황이나 감정을 생생하게 전달하기 위해 추상적이고 관념적인 것들을 구체적이고 감각적인 것으로 바꿔 표현하는 기법이 바로 비유예요.

**운율**　운율은 간단히 말하면 음악의 '리듬'과 같아요. 지금 바로 여러분이 좋아하는 노래를 불러보세요. 그리고 그 가사를 간단히 적어보세요. 랩이든 노래든 일정한 흐름 혹은 박자 등이 있을 거예요. 시도 마찬가지랍니다. 왜냐하면 원래 시는 지금처럼 노래로 불렸기 때문이지요. 그러니 시를 읽을 때 행과 연의 구분, 아니면 유사한 단어나 음절의 반복에 집중한다면 시인의 의도 또한 알아차릴 수 있지 않을까요?

# #1 길잡이와 함께

안녕하세요? 저는 '길잡이' 선생님입니다. 왜, 길잡이일까요? 그건 바로, 우리 친구들이 시(詩)와 친해지는 길을 알려주기 때문이에요. 다시 말해 '시는 어떻게 즐기지?'의 첫 번째 단계로(두 번째 단계는 '깊숙이') 우리 친구들이 멀게만 느꼈던 시(詩)에게 한 걸음 다가가는 시간입니다. 자, 자신감을 가지고 아래 순서대로 한번 작품에게 다가가 볼까요?

### 1 처음 읽고 난 후 느낌과 그 이유 적기 + 이야기 만들기

#### 처음 읽고 난 후 느낌과 그 이유 적기

작품을 처음 읽고 든 생각이나 느낌을 솔직하고 자유롭게 적습니다. '우울하다', '밝다', '신선하다' 등과 같이 간단히 적어도 됩니다. '어렵다', '모르겠다' 등과 같은 생각도 괜찮습니다.

그 다음으로 작품을 읽고 왜 그런 느낌이나 생각이 들었는지 그 이유를 적으면 됩니다. 예를 들어 '감동적이다'라고 적었다면 그렇게 느낀 이유가 되는 시어나 시구를 제시할 수도 있고, 그것에 대한 자신의 생각을 적을 수도 있겠죠. 혹은 '모르겠다'라고 적었다면 시의 어떤 단어나 구절을 모르겠는지, 왜 모르겠는지를 밝혀 적으면 됩니다.

#### 이야기 만들기

이야기 만들기는 시의 내용을 하나의 이야기로 만드는 과정입니다. 이야기 만들기는 두 단계를 거칩니다. 첫 번째 단계는 시의 내용을 몇 개의 짧은 문장으로 요약하는 '요약하기'이고, 두 번째 단계는 그 문장들을 연결하여 하나의 이야기로 만드는 '연결하기'입니다.

'요약하기'는 시의 전체 내용을 핵심적인 내용을 중심으로 요약하는 것입니다. 보통은 한 연을 한 문장으로 요약하면 됩니다. 하지만 때에 따라서는 두 연 이상을 묶어 하나의 문장으로 요약하거나, 하나의 연을 두 개 이상의 문장으로 요약할 수도 있겠죠. 요약할 때는 해당 부분의 핵심적인 내용을 중심으로 요약하되, 시적인 표현을 일상적인 표현으로 바꿔주거나 생략된 것은 드러내고 함축된 내용은 풀어내 주는 등 시어나 시구의 의미를 분명하게 드러나도록 해 줍니다.

'연결하기'는 '요약하기'를 통해 만들어낸 문장들이 자연스럽게 이어질 수 있도록 시간적 순서나 논리적 관계를 부여해 주는 것입니다. 시간적 순서나 논리적 관계를 부여하는 방법은 각 문장의 사이에 적절한 '관계 표지'를 넣어주면 됩니다. 관계 표지란 앞뒤 내용을 연결해 주는 말들로, 접속부사(그리고, 그래서, 그러나, 그러므로, 그런데, …… ), 지시어(이, 그, 저, 이런, 그런, 저런, …… ), 연결어미(~지만, ~므로, ~ㅁ에도, ㅁ으로써), 시간이나 순서를 나타내는 표지(예전, 지금, 미래, 처음, 다음, …… ) 등이 이에 속합니다.

여러 개의 문장을 이어 하나의 연속적인 이야기를 만들어내기 위해서는 무엇보다 추론 능력이 중요합니다. 추론 능력의 핵심은 드러나지 않은 대상 간의 관계를 생각하는 것이기 때문이니까요.

**정리하기**

- 요약하기란, 시의 전체 내용을 핵심적인 내용을 중심으로 요약하는 거예요.
- 각 연 혹은 내용이 비슷한 행들을 묶어 내용을 요약해 봅니다.
- 연결하기란, '요약하기'를 통해 만들어낸 문장들이 자연스럽게 이어질 수 있도록 시간적 순서나 논리적 관계를 부여해 주는 거예요.
- 관계 표지를 활용하여, 시의 특징 상 생략되거나 축약된 내용, 내용 간의 논리적 관계 등을 추론해 볼 수 있어요.

그럼, 지금까지 개념적으로만 설명한 방법을 실제 시를 예로 들어 설명해 보겠습니다. 다음 작품을 봅시다.

엄마야 누나야 강변 살자,
뜰에는 반짝이는 금모래 빛,
뒷문 밖에는 갈잎의 노래
엄마야 누나야 강변 살자.

이 시는 김소월의 '엄마야 누나야'라는 시입니다. 이 시를 이야기로 만들어 봅시다. 먼저 '요약하기'를 해야 합니다. 위 시의 내용을 요약해 보면,
- '엄마와 누나에게 강변에 살자고 말함.',
- '뜰에는 금모래 빛이 있고, 뒷문 밖에는 갈대숲 소리가 들림.' 정도가 됩니다.
다음으로 '연결하기'입니다. 이 두 문장을 연결해 봅시다. 관계 표지를 활용하면,
- '엄마와 누나에게 강변에 살자고 말함. 왜냐하면 (그곳은) 뜰에는 금모래 빛이 있고, 뒷문 밖에는 갈대숲 소리가 들리기 때문임.' 정도로 연결할 수 있겠죠?
사람마다 조금씩 다른 표현을 쓸 수는 있겠지만 내용상에서는 거의 차이가 없을 것입니다.

### 2 시적 화자와 시적 대상 찾기

그럼, 이제 시적 화자와 시적 대상을 파악하는 방법을 알아볼 텐데요, 그 전에 우선 시적 화자와 시적 대상이 무엇인지부터 알아봅시다. 우선 시적 화자란 '시에서 말하는 사람'으로, 작가가 자신이 말하고자 하는 바를 효과적으로 전달하기 위해 시 속에 내세운 허구적 대리인입니다. 예를 들어 김소월의 '엄마야 누나야'에서는 엄마와 누나에게 강변 살자고 말하는 사람이 시적 화자인 것이죠.

그렇지만 모든 시의 시적 화자는 결국 '나'라는 말로 표현할 수 있습니다. '나'라는 표현이 시에 직접 드러나는 경우도 있고 그렇지 않은 경우도 있습니다만 '나'라는 표현이 직접 드러나지 않더라도 시에서 말하고 있는 사람은 마치 소설의 1인칭 서술자처럼 결국 시에서 말하고 있는 사람 자신이라는 사실에는 변함이 없으니까요. 그런

이유로 우리 책에서는 시적 화자는 모두 '나'라고 지칭하도록 하겠습니다.

다음으로 시적 대상은 시 속에서 화자가 바라보는 사물이나 사람, 화자가 말을 건네는 청자, 시 전체의 소재나 제재가 되는 사물이나 관념들입니다. 가령 '엄마야 누나야'에서는 시적 화자가 말을 건네는 대상(청자)인 '엄마'와 '누나', 시의 제재인 '강변' 등이 모두 시적 대상이 될 수 있죠. 그러나 그러한 시적 대상 가운데서도 가장 중심적인 것, 즉 화자가 가장 중심적으로 말하고 있는 대상을 찾아야 합니다. 위의 시에서는 엄마나 누나보다는 '강변'이 중심적인 시적 대상이라고 말할 수 있겠죠. 왜냐하면 이 시의 핵심은 강변에 살고 싶다는 소망이지 그 소망을 누구에게 말하고 있는지가 중요한 것은 아니기 때문입니다. 시적 대상 가운데 무엇이 가장 중심적인 것인지 잘 모르겠다면 '시의 제목'이나 '시에서 가장 빈번하게 언급된 시어'를 찾는 것도 좋은 방법입니다. 시의 가장 중요한 재제가 제목으로 선정될 때가 많고, 가장 중요한 재제라면 당연히 빈번하게 언급될 것이기 때문이죠. 잘 기억해 두세요.

**정리하기**

- 시적 화자란 시에서 말하고 있는 사람으로 작가가 자신의 의도를 효과적으로 전달하기 위해 내세운 허구적 대리인임.
- 시적 화자는 시에서 말하고 있는 사람 자신이므로 결국 '나'라는 말로 표현할 수 있음.
- 시적 대상이란 화자가 말을 건네는 청자, 시 전체의 소재가 되는 사물이나 관념들 중 가장 중심적인 대상임.
- 시적 대상을 찾을 때는 시의 제목이나 시에서 가장 빈번하게 언급된 시어를 고려하면 좋음.

### 3 시적 화자와 시적 대상의 특징 파악하기

그럼 이제 시적 화자와 시적 대상에 관한 정보를 파악하는 방법을 알아봅시다. 앞서 설명한 '이야기 만들기' 단계를 통해 우리는 시의 내용을 하나의 '이야기'로 만드는 방법을 배웠습니다. 위 설명에 따라 차근차근 시의 내용을 이야기로 만들어봤다면 이 이야기 속에는 자연스럽게 시적 화자, 시적 대상에 대한 정보가 들어가 있을 것입니다. 왜냐하면 그 이야기 속에는 시의 핵심 내용이라 할 수 있는 '어떤 누가(시적 화자) 어떤 무엇(시적 대상)에 대해 어떻게 하고 있다'로 정리될 수 있는 정보가 들어갈 수밖에 없기 때문이죠. 가령 '엄마야 누나야'라는 시를 가지고 만든 이야기는, '엄마와 누나에게 강변에 살자고 말함. 왜냐하면 (그곳에는) 뜰에는 금모래 빛이 있고, 뒷문 밖에는 갈대숲 소리가 들리기 때문임.'이었습니다.

이 이야기에서 먼저 시적 화자의 특징을 찾아볼까요? 화자는 '강변에 살고 싶어하고 자연을 좋아하나, 현재는 그런 아름다운 공간 속에 살고 있지 않은 소년' 정도를 생각해 볼 수 있겠네요. 다음으로, 시적 대상의 특징을 찾아볼까요? 시적 대상은 '모래가 깔린 뜰이 있고, 뒷문 밖에는 강바람이 불면 갈대 소리를 내는 숲이 펼쳐진 강변' 정도를 생각해 볼 수 있겠네요. 지금 제가 떠올린 것들은 여러분들도 조금만 추론해 보면 충분히 떠올릴 수 있는 것들입니다. 그래서 앞서 제가 그런 말씀을 드렸습니다. 시를 읽는 방법에서 가장 중요한 두 가지 중 하나가 논리적 추론 능력이라고요.

> **정리하기**
> - '이야기 만들기'를 하게 되면 그 속에 시적 화자와 시적 대상에 대한 정보가 자연스럽게 녹아들어 갈 수 밖에 없음.
> - 추론 능력을 발휘하여 자신이 이야기로 정리한 내용 속에서 '어떤' 시적 화자가 '어떤' 시적 대상에 대해 말하고 있는지 생각할 수 있음.

### 4  시적 대상에 대한 시적 화자의 태도 찾기 (주체 찾기)

시적 화자와 시적 대상을 파악했다면 이제 시의 주제를 찾는 일은 식은 죽 먹기입니다. 시의 주제는 '시적 화자의 시적 대상에 대한 정서와 태도'이므로, 시적 화자와 시적 대상에 대해 찾은 정보를 이으면 자연스럽게 주제를 이끌어 낼 수 있기 때문입니다. '엄마야 누나야'를 다시 봅시다. 이 시의 화자는 '강변에 살고 싶어하는 어린 나(소년)'입니다. 이 시의 시적 대상은 '뜰에는 금모래 빛, 뒷문 밖에는 갈댓잎 소리가 들리는 강변'입니다. 이 두 개를 하나로 이으면 '뜰에는 금모래 빛, 뒷문 밖에는 갈댓잎 소리가 들리는 강변에 살고 싶어 하는 어린 소년'이 됩니다. 바로 이것이 이 시의 시적 대상에 대한 시적 화자의 정서나 태도, 즉 주제인 것이죠.

**정리하기**

– 시적 화자와 시적 대상에 대해 찾은 각각의 정보를 자연스럽게 이으면 주제가 도출됨.
– '어떤 시적 대상'(시적 대상에 관한 정보)에 대해 '어떤 시적 화자'(시적 화자에 대한 정보)가 '무엇을 어떻게 하고 있음'(정서와 태도)의 형태로 문장을 쓰면 이것이 시의 주제임.


아직도 잘 모르겠다고요? 물론 그럴 수 있습니다. 뭐든지 처음에는 어색하고 어렵거든요. 그래서 다시 한 번 위에서 설명한 방법으로 여러분과 함께 시 한 편을 감상해 보도록 하겠습니다. 다음 페이지로 넘어가 볼까요?

## 서해 - 이성복

아직 서해엔 가보지 않았습니다
어쩌면 당신이 거기 계실지 모르겠기에


그곳 바다인들 여느 바다와 다를까요
검은 개펄에 작은 게들이 구멍 속을 들락거리고
언제나 바다는 멀리서 진펄에 몸을 뒤척이겠지요


당신이 계실 자리를 위해
가보지 않은 곳을 남겨두어야 할까봅니다
내 다 가보면 당신 계실 곳이 남지 않을 것이기에


내 가보지 않은 한쪽 바다는
늘 마음속에서나 파도치고 있습니다


### 1. 처음 읽고 난 후 느낌과 그 이유 적기 + 이야기 만들기

**처음 읽고 난 후 느낌과 그 이유 적기**

이상하다: '아직 서해엔 가보지 않았습니다. / 어쩌면 당신이 거기 계실지 모르겠기에'에서 당신이 계실지 모를 곳이라면 가보고 싶어 하는 것이 당연한 마음일 텐데 오히려 가보지 않았다고 하는 것이 이상했음.


**이야기 만들기**

이야기 만들기의 첫 번째 단계는 시의 내용을 몇 개의 짧은 문장으로 요약하는 것입니다. 연별로 보도록 하겠습니다.

먼저 1연입니다.

아직 서해엔 가보지 않았습니다

어쩌면 당신이 거기 계실지 모르겠기에

1연은 도치되어 있습니다. 우리의 일상적인 표현 방식으로 바꾸면

→ '어쩌면 당신이 거기 계실지 모르겠기에 아직 서해엔 가보지 않았음.'이 되겠죠?


다음은 2연입니다.

그곳 바다인들 여느 바다와 다를까요

검은 개펄에 작은 게들이 구멍 속을 들락거리고

언제나 바다는 멀리서 진펄에 몸을 뒤척이겠지요

2연을 잘 보면 핵심 내용은 1행입니다. 뒤의 두 행은 여느 바다와 다르지 않을 그곳 비디(시해)의 모습을 묘사하고 있으므로 내용을 간단히 요약할 때는 빼도 되겠죠.

따라서 내용을 간단히 요약하면

→ '그곳 바다(서해)인들 여느 바다와 다를까요'가 됩니다.

이것은 설의적 표현을 사용한 문장이므로 일상적 표현으로 바꾸면

→ '그곳 바다(서해)도 여느 바다와 다르지 않을 것임.'이 됩니다.


다음은 3연입니다.

당신이 계실 자리를 위해

가보지 않은 곳을 남겨두어야 할까봅니다

내 다 가보면 당신 계실 곳이 남지 않을 것이기에

3연의 핵심은 1행과 2행입니다. 3행은 앞의 내용을 좀 더 이해하기 쉽게 덧붙인 내용이죠. 따라서 3연의 내용을 한 문장으로 요약해 보면,

→ '당신이 서해에 계실지도 모르므로 서해를 가보지 않은 곳으로 남겨놓고 싶음.'이 됩니다.


다음, 4연입니다.

내 가보지 않은 한쪽 바다는

늘 마음속에서나 파도치고 있습니다

간단히 요약하면

→ '가보지 않은 바다(서해)가 늘 마음속에서 파도치고 있음.'이 됩니다.

그럼 각 연의 요약 문장을 쭉 순서대로 써 봅시다.

1연: 당신이 서해에 계실지 모르기 때문에 '나'는 서해에 가보지 않았음.

2연: 그곳 바다(서해)도 여느 바다와 다르지 않을 것임.

3연: 당신이 계실 자리를 위해 서해를 가보지 않은 곳으로 남겨놓고 싶음.

4연: 가보지 않은 바다(서해)가 늘 마음속에서 파도치고 있음.


이제 각 연의 요약 문장들을 이어 하나의 이야기로 만들어보도록 합시다. 이야기로 만들기 위해서는 각 연의 내용들이 자연스럽게 이어질 수 있도록 시간적 순서나 논리적 관계를 부여해 주는 관계 표지를 활용하라고 했었죠? 적절한 관계 표지를 활용하여 각 연의 요약 문장을 이어주면,

당신이 서해에 계실지 모르기 때문에 서해에 '나'는 가보지 않았습니다.

물론 그곳 바다(서해)도 여느 바다와 다르지 않을 것입니다.

그럼에도 당신이 계실 자리를 위해 서해를 가보지 않은 곳으로 남겨놓고 싶습니다.

그럼으로써 가보지 않은 바다(서해)는 늘 마음속에서 파도치고 있습니다.


이런 식이 되겠죠? 빨간색으로 표시한 부분은 관계 표지입니다. 이렇게 관계를 부여해 놓고 보니, 서해는 여느 바다와 다를 바 없는 곳이지만 '나'가 그곳 바다를 가보고 싶지 않은 이유는 당신이 있을지도 모를 곳이기 때문이라는 것, 그래서 가보지 않은 서해가 다른 바다와 달리 늘 내 마음속에서 파도치는 특별한 바다가 된 것을 더 잘 이해할 수 있지 않나요? 이처럼 하나의 이야기로 만들기 과정을 거치면 시의 내용이 좀 더 선명하게 보이게 된답니다. 물론 사람에 따라 조금 다른 표현으로 이야기를 정리할 수도 있겠지만, 핵심적인 내용은 이와 크게 다르지 않을 것이니 걱정하지 마세요.


## 2. 시적 화자 찾기

화자는 '나'로 이해할 수 있고,

어떤(위에서 정리한 '이야기'를 바탕으로 시적 화자에 관한 정보)은 '당신이 계실지도 모르기에 아직 서해에 가보지 않았고, 당신이 계실 자리를 위해 서해를 가보지 않은 곳으로 남겨놓고 싶다'로 정리할 수 있습니다.

그래서 시적 화자는,

'당신이 계실지도 모르기에 아직 서해에 가보지 않았고, 당신이 계실 자리를 위해 서해를 가보지 않은 곳으로 남겨놓고 싶은 나'로 파악할 수 있겠네요.

## 3. 시적 대상 파악하기

다음으로 시적 대상에 대해 파악해 보면,

대상은 '서해'로 이해할 수 있고,

어떤('서해'에 관한 정보)은 '여느 바다와 다르지 않지만, 내 마음속에서 언제나 파도치고 있다'로 정리할 수 있네요.

그래서 시적 대상은,

'여느 바다와 다르지 않지만, 내 마음속에서 언제나 파도치고 있는 서해'로 파악할 수 있겠네요.


## 4. 시적 대상에 대한 시적 화자의 태도 찾기

이제 주제를 찾아봅시다. 주제는 시적 화자의 시적 대상에 대한 정서와 태도라고 했습니다.

'3번에서 정리한 시적 대상 + 2번에서 정리한 시적 화자'를 연결하면,

'여느 바다와 다를 바 없지만, 당신이 계실지도 모를 곳이기에 서해를 가보지 않은 곳으로 남겨 두고 싶은 나' 정도로 만들어 볼 수 있겠죠? 이것이 이 시의 주제입니다!!


이것은 참고서나 다른 분들이 찾아놓은 주제가 아닌, 우리 친구가 직접 찾은 '주제'랍니다. 이제부터 여러분은 시를 스스로 해석할 수 있게 된 거랍니다. 축하해요!

# #2 깊숙이와 함께

안녕하세요? 저는 '깊숙이' 선생님입니다. 길잡이 선생님의 안내로 시(詩)와 친해지면서 주제를 찾았다면, '시는 어떻게 즐기지?'의 두 번째 단계로 '깊숙이' 선생님과 작품 속으로 들어가 작품의 깊은 의미와 작가의 표현기법들까지도 찾아보는 시간입니다. 이 단계까지 들어오면, 아마도 고등학교 내신 시험이나 수능에 출제되는 표현기법, 내용 파악까지도 쉽게 접근할 수 있을 거예요. 하지만 여기서 가장 중요한 과정은 '돋보기(추론의 과정)'입니다. 작품이 길면 길수록, 복잡하면 복잡할수록 우리 친구들이 작품을 이해하기 어려울 때가 많을 거예요. 그럴 때 이 '돋보기(추론의 과정)'로 작품에 '깊숙이' 들어간다면 작품 전체의 흐름 안에서 내용 하나하나를 이해할 수 있을 거예요.

## 🔍 돋보기

돋보기는 작품에 깊숙이 들어가는 첫 번째 단계로, 내용을 추론해 가는 과정이랍니다. '왜일까?', '이건 뭘까?'라는 질문을 우리 친구들이 직접 하면서 작품 내용의 흐름을 이어나가는 거랍니다. 우리 친구들에게 "시(詩)하면 뭐가 떠오르니?" 질문하면 많은 친구들이 "함축이요.", "생략이요."라고 대답합니다. 맞아요. 왜냐하면 시인은 자신의 감정이나 생각을 함축 혹은 생략의 방식으로 작품에 넣기 때문이예요. 그렇다면 그 작품을 읽는 우리가 할 일은 무엇일까요? 그렇죠! 바로 함축과 생략의 의미, 숨은 내용을 찾는 거죠. 마치 CSI처럼 말이죠.^^

## 2 표현기법

표현기법은 작품에 깊숙이 들어가는 두 번째 단계로, 작가가 자신의 생각을 작품에 어떤 방식으로 표현했는지를 찾아보는 과정이랍니다. 친구들이 초등학교 때부터 들어왔던 상징, 비유, 어조, 반어, 역설 등의 표현기법들을 우리 친구들 눈으로 직접 찾아보는 시간이지요. 그냥 달달달 외우기만 했던 표현기법이 정말 신기하게 와 닿는 시간이 될 거예요.

'Tip'은 위에서 설명한 표현기법이 모의고사나 수학능력시험에서 어떻게 출제되는지 보여주는 '실제 예'랍니다.

## 3 감상하기

감상하기는 작품에 깊숙이 들어가는 마지막 단계로, 우리가 시를 읽는 가장 큰 이유이자, 머리가 아닌 마음으로 시를 즐기는 과정이랍니다. 우리가 노래를 듣거나 책이나 영화, TV 프로그램을 보다가 간혹 마음에 와 닿거나 감동을 받을 때가 있죠? 나와 상관없는 사람이 나와 상관없는 장소에서 나와 상관없는 일을 이야기하는 건데 왜 감동을 받을까요? 그건 아마, 노래 가사나 책, 영화, TV 프로그램 내용을 자기도 모르게 자신의 삶과 연관지었기 때문일 거예요. 앞에서 길잡이 선생님, 깊숙이 선생님과 함께 한 방법이 작품을 이해하는 과정이라면, '감상하기'는 작품을 진짜 '감상', '즐기'는 과정이랍니다. 어떻게 하냐고요? 간단합니다. 내가 '시적 화자'나 '시적 대상'이 되어 나의 경험을 직간접적으로 감상하는 거지요. 다시 말해 작품에 바로 내 삶을 적용하는 단계랍니다. 만약 어렵다면 각 작품에 소개된 선생님의 질문에 마음으로 답해 보세요. 어느 순간, 친구 마음에 시가 훅! 들어올 거예요.

# 서해 – 이성복

아직 서해엔 가보지 않았습니다
어쩌면 당신이 거기 계실지 모르겠기에

그곳 바다인들 여느 바다와 다를까요
검은 개펄에 작은 게들이 구멍 속을 들락거리고
언제나 바다는 멀리서 진펄에 몸을 뒤척이겠지요

당신이 계실 자리를 위해
가보지 않은 곳을 남겨두어야 할까봅니다
내 다 가보면 당신 계실 곳이 남지 않을 것이기에

내 가보지 않은 한쪽 바다는
늘 마음속에서나 파도치고 있습니다

당신이 계실지도 모르기 때문에
서해에 가보지 않은 '나'

(그렇지만) 여느 바다와 다르지
않을 서해

(그럼에도) 당신이 계실 자리를
위해 서해를 가보지 않은 곳으로
남겨놓고 싶은 '나'

(그럼으로써) 내 마음속에 언제나
파도치고 있는, 가보지 않은 서해

## 1. 처음 읽고 난 후 느낌과 그 이유 적기 + 이야기 만들기

### 처음 읽고 난 후 느낌과 그 이유 적기

이상하다: '아직 서해엔 가보지 않았습니다. / 어쩌면 당신이 거기 계실지 모르겠기에'에서 당신이 계실지 모를 곳이라면 가보고 싶어 하는 것이 당연한 마음일 텐데 오히려 가보지 않았다고 하는 것이 이상했음.

### 이야기 만들기


## 2. 시적 화자 찾기

#### 시적 화자는?
나

#### 화자에 대해 설명하는 부분은?
당신이 계실지도 모르기에 아직 서해에 가보지 않은
당신이 계실 자리를 위해 서해를 가보지 않은 곳으로 남겨놓고 싶은

#### '화자에 대해 설명하는 부분'+'시적 화자' 순서로 아래에 적어보세요.
당신이 계실지도 모르기 때문에 서해를 가보지 않은 곳으로 남겨놓고 싶은 ⤴ 나


## 3. 시적 대상 찾기

#### 시적 대상은?
서해

#### 대상에 대해 설명하는 부분은?
여느 바다와 다르지 않을
내 마음속에서 언제나 파도치고 있는

#### '대상에 대해 설명하는 부분'+'시적 대상' 순서로 아래에 적어보세요.
여느 바다와 다르지 않지만, 내 마음속에서 언제나 파도치고 있는 ⤴ 서해


## 4. 시적 대상에 대한 시적 화자의 태도 찾기

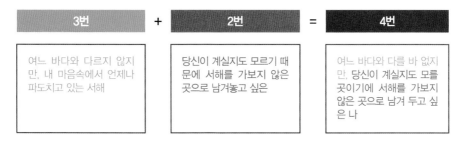

| 3번 | + | 2번 | = | 4번 |
|---|---|---|---|---|
| 여느 바다와 다르지 않지만, 내 마음속에서 언제나 파도치고 있는 서해 | | 당신이 계실지도 모르기 때문에 서해를 가보지 않은 곳으로 남겨놓고 싶은 | | 여느 바다와 다를 바 없지만, 당신이 계실지도 모를 곳이기에 서해를 가보지 않은 곳으로 남겨 두고 싶은 나 |

## 서해 – 이성복

아직 서해엔 가보지 않았습니다
어쩌면 당신이 거기 계실지 모르겠기에

그곳 바다인들 여느 바다와 다를까요
검은 개펄에 작은 게들이 구멍 속을 들락거리고
언제나 바다는 멀리서 진펄에 몸을 뒤척이겠지요

당신이 계실 자리를 위해
가보지 않은 곳을 남겨두어야 할까봅니다
내 다 가보면 당신 계실 곳이 남지 않을 것이기에

내 가보지 않은 한쪽 바다는
늘 마음속에서나 파도치고 있습니다

## 1. 돋보기

ㄱ. 왜일까? 이건 뭘까?

**왜,** 화자는 서해에 가보지 않지?

⇨ 간절히 찾고 있는 사람이 있을지도 모를 곳이라면, 당장이라도 그곳으로 달려가고 싶은 것이 보통 사람들의 마음이죠? 그런데 이 시는 재미있게도, 당신이 서해에 계실지도 모르기 때문에 끝까지 그곳을 가보지 않겠다고 말하고 있습니다. 이에 대한 답은 3연 3행에서 찾을 수 있을 것 같습니다. 즉, 다 가보면 당신이 계실지도 모르던 가능성의 공간이 당신의 부재(없음)를 확인하는 순간 절망의 공간으로 바뀔 수도 있기 때문인 것이죠. 말하자면, 그대가 없다는 사실을 알게 됨으로써 절망하는 것보다는 그대가 있을지도 모른다는 희망을 남겨두는 편이 훨씬 나은 선택이기 때문에 마지막 남은 서해는 확인하고 싶지 않은 것이라 볼 수 있을 것 같습니다.

**왜,** 서해가 여느 바다와 다를 바 없다고 말하는 거지?

⇨ 3연의 3행을 통해 화자가 서해를 제외한 다른 바다들은 이미 다 가봤다는 사실을 알 수 있죠. 따라서 서해가 여느 바다들과 다를 바가 없는 곳이라는 1, 2연의 진술은 다른 바다들에서도 그랬듯이 그곳 역시 당신이 없을 것이라는 현실적 예측을 가능하게 합니다. 그렇지만 화자는 서해에 가보지 않음으로써 여느 바다와 다를 바 없는 서해를 당신이 계실지도 모를 특별한 공간으로 만들고 있습니다.

**왜,** 가보지 않은 한쪽 바다가 늘 마음속에서 파도치고 있다고 말하는 거지?

⇨ 서해는 가보지 않음으로써, 화자에게 당신이 계실지도 모를 특별한 바다가 되었습니다. 화자는 서해의 파도치는 풍경을 늘 마음속으로 그리면서 그 풍경을 배경으로 그리운 당신이 서 있는 상상을 하고 있는 것은 아닐까요?

ㄴ. 그렇다면 주제는 뭘까?

당신이 계실지도 모른다는 희망을 남겨두기 위해 서해에 가보지 않은 나

## 2. 표현기법

간절히 찾고 있는 사람이 있을지도 모를 곳이라면 얼른 찾아가서 확인하고 싶은 것이 상식적인데, 이 시는 오히려 그곳에 가보지 않겠다고 말함으로써 상식적 사고에 반하는 진술을 하고 있습니다. 이것은 예상되는 상황과 실제 일어난 상황이 불일치하는 상황적 반어로 볼 수 있습니다. 이러한 표현을 통해 화자는 그대에 대한 자신의 그리움이 얼마나 깊은지 효과적으로 표현하고 있습니다.

**TIPS**

- 닭처럼 날개가 귀찮아질 때까지 부지런히 걷는 새는, 성실한 생활이 잠재력의 상실로 이어지는 아이러니(반어)를 보여 주는군.(2020학년도 수능)
- 5연에서 '첫눈'이 내리고 '새해가 온다는데'도 '움 속'에서 보는 '하늘'이 '혼자만 곱'다는 것은 상황의 비극성을 부각한다.(2019학년도 3월 고2 전국연합)

## 3. 감상하기

어린 시절, 여러분들이 꼭 사고 싶었던 물건을 벼르고 벼르다 마침내 사러 갔는데 하필 가게에 그 물건이 다 팔리고 없던 적이 있었나요? 그때 느낌이 어땠나요? 저는 하늘이 무너지는 느낌이었습니다. 물건이 없다는 주인 가게 아저씨의 말씀에도 불구하고 간절히 가게를 뒤지면 혹시 나오지 않을까하는 헛된 기대에 가게 진열장을 살피고, 또 살피고 했던 기억이 있네요. 간절히 원하는 무언가가 있을 때 그것이 이 세상 어딘가에 있을지도 모른다는 가능성 하나에도 우리는 삶의 이유를 찾을 수 있습니다.

# NOTES

## 초혼˚ – 김소월

산산이 부서진 이름이여!
허공 중에 헤어진 이름이여!
불러도 주인 없는 이름이여!
부르다가 내가 죽을 이름이여!

심중에 남아 있는 말 한 마디는
끝끝내 마저 하지 못하였구나.
사랑하던 그 사람이여!
사랑하던 그 사람이여!

붉은 해는 서산 마루에 걸리었다.
사슴의 무리도 슬피 운다.
떨어져 나가 앉은 산 위에서
나는 그대의 이름을 부르노라.

설움에 겹도록 부르노라.
설움에 겹도록 부르노라.
부르는 소리는 비껴 가지만
하늘과 땅 사이가 너무 넓구나.

선 채로 이 자리에 돌이 되어도
부르다가 내가 죽을 이름이여!
사랑하던 그 사람이여!
사랑하던 그 사람이여!

˚

초혼(招魂)  죽은 사람의 혼을 불러들이는 의식. 죽은 사람이 다시 살아나길 바라는 간절한 소망을 의미함.

## 1. 처음 읽고 난 후 느낌과 그 이유 적기 + 이야기 만들기

처음 읽고 난 후 느낌과 그 이유 적기


이야기 만들기


## 2. 시적 화자 찾기

시적 화자는?

화자에 대해 설명하는 부분은?

'화자에 대해 설명하는 부분'+'시적 화자' 순서로 아래에 적어보세요.


## 3. 시적 대상 찾기

시적 대상은?

대상에 대해 설명하는 부분은?

'대상에 대해 설명하는 부분'+'시적 대상' 순서로 아래에 적어보세요.


## 4. 시적 대상에 대한 시적 화자의 태도 찾기

| 3번 | + | 2번 | = | 4번 |
|---|---|---|---|---|
|  |  |  |  |  |

## 초혼 – 김소월

산산이 부서진 이름이여!
허공 중에 헤어진 이름이여!
불러도 주인 없는 이름이여!
부르다가 내가 죽을 이름이여!

> 부서지고 헤어져, 불러도 주인 없는 이름을 부르다 죽을 것 같은 나

심중에 남아 있는 말 한 마디는
끝끝내 마저 하지 못하였구나.
사랑하던 그 사람이여!
사랑하던 그 사람이여!

> 사랑하던 그 사람에게 심중에 남아 있는 말 한 마디 못해 (안타까운 나)

붉은 해는 서산 마루에 걸리었다.
사슴의 무리도 슬피 운다.
떨어져 나가 앉은 산 위에서
나는 그대의 이름을 부르노라.

> 해질 무렵 사슴의 무리처럼 슬피 울며 떨어진 산 위에서 그대의 이름을 부르는 나

설움에 겹도록 부르노라.
설움에 겹도록 부르노라.
부르는 소리는 비껴 가지만
하늘과 땅 사이가 너무 넓구나.

> 설움에 겹도록 부르지만, 하늘과 땅 사이가 너무 넓어 (부르는) 소리가 비껴가 (서러운 나)

선 채로 이 자리에 돌이 되어도
부르다가 내가 죽을 이름이여!
사랑하던 그 사람이여!
사랑하던 그 사람이여!

> 부르다가 선 채로 돌이 되어도 사랑하던 그 사람의 이름을 부르겠다고 (다짐하는 나)

## 1. 처음 읽고 난 후 느낌과 그 이유 적기 + 이야기 만들기

### 처음 읽고 난 후 느낌과 그 이유 적기

간절함, 슬픔: 설움에 겹도록 부르고 슬피 운다는 내용이 많다.

### 이야기 만들기

## 2. 시적 화자 찾기

시적 화자는?

나

화자에 대해 설명하는 부분은?

부서지고 헤어져, 불러도 주인 없는 이름을 부르다 죽을 것 같은

사랑하던 그 사람에게 심중에 남아 있는 말 한 마디 못해 안타까운

해질 무렵 사슴의 무리처럼 슬피 울며 떨어진 산 위에서 그대의 이름을 부르는

설움에 겹도록 부르지만, 하늘과 땅 사이가 너무 넓어 부르는 소리가 비껴가 서러운

부르다가 선 채로 돌이 되어도 사랑하던 그 사람의 이름을 부르겠다고 다짐하는

**'화자에 대해 설명하는 부분'+'시적 화자' 순서로 아래에 적어보세요.**

심중에 남아 있는 사랑한다는 말을 끝끝내 마저 하지 못해 산 위에서 죽을 때까지 설움에 겹도록 부르는 ⌒ 나

## 3. 시적 대상 찾기

시적 대상은?

그 사람

대상에 대해 설명하는 부분은?

산산이 부서져 허공 중에 헤어진

불러도 주인 없어 부르다 내가 죽을

**'대상에 대해 설명하는 부분'+'시적 대상' 순서로 아래에 적어보세요.**

산산이 부서지고 허공 중에 헤어져 불러도 주인 없어 부르다 내가 죽을 것 같은 ⌒ 그 사람

## 4. 시적 대상에 대한 시적 화자의 태도 찾기

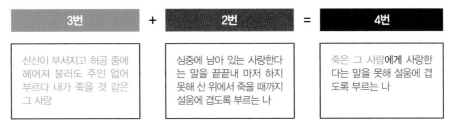

| 3번 | + | 2번 | = | 4번 |
|---|---|---|---|---|
| 산산이 부서지고 허공 중에 헤어져 불러도 주인 없어 부르다 내가 죽을 것 같은 그 사람 | | 심중에 남아 있는 사랑한다는 말을 끝끝내 마저 하지 못해 산 위에서 죽을 때까지 설움에 겹도록 부르는 나 | | 죽은 그 사람에게 사랑한다는 말을 못해 설움에 겹도록 부르는 나 |

# 초혼 – 김소월

산산이 부서진 이름이여!
허공 중에 헤어진 이름이여!
불러도 주인 없는 이름이여!
부르다가 내가 죽을 이름이여!

심중에 남아 있는 말 한 마디는
끝끝내 마저 하지 못하였구나.
사랑하던 그 사람이여!
사랑하던 그 사람이여!

붉은 해는 서산 마루에 걸리었다.
사슴의 무리도 슬피 운다.
떨어져 나가 앉은 산 위에서
나는 그대의 이름을 부르노라.

설움에 겹도록 부르노라.
설움에 겹도록 부르노라.
부르는 소리는 비껴 가지만
하늘과 땅 사이가 너무 넓구나.

선 채로 이 자리에 돌이 되어도
부르다가 내가 죽을 이름이여!
사랑하던 그 사람이여!
사랑하던 그 사람이여!

# 1. 돋보기

ㄱ. 왜일까? 이건 뭘까?

**뭘까,** '산산이 부서진, 허공 중에 헤어진, 불러도 주인 없는'의 뜻은?

⇨ 제목이 '죽은 사람[혼]을 부르다[초]'이니, 그 사람이 죽었음을 의미한다고 볼 수 있겠네요.

**왜,** 부르다가 내가 죽을 것 같다고 이야기할까?

⇨ 사랑한다는 말을 끝내 하지 못하고 사랑하던 사람을 저 세상으로 보내야 하는 화자의 심정은 어떨까요? 그래서 화자는 서럽게 울고 부르다 죽을 것 같다고 이야기하는 게 아닐까요?

**왜,** 갑자기 사슴의 무리가 슬피 울까?

⇨ 붉은 해는 서산 마루에 걸리었다고 했으니 시간적 배경은 해질 무렵이겠죠? 일반적으로 해질 무렵은 인생의 마지막, 죽음을 비유적으로 표현하기도 하니 아마도 그 사람의 죽음을 비유적으로 묘사했다고 볼 수 있겠네요. 그렇다면 사슴의 무리가 우는 것도 그 사람의 죽음과 연관되어 있다고 볼 수 있고요. 그런데 여기서 중요한 건 '사슴의 무리도'라고 표현했다는 점입니다. '도'는 이미 어떤 것이 포함되고 그 위에 더함의 뜻을 나타내는 보조사로 또 다른 누군가가 그 사람의 죽음 때문에 슬퍼하고 있음을 암시합니다. 누굴까요? 그렇죠. 바로, 화자 '나'랍니다. 그렇다면 화자의 슬픈 감정이 사슴에게 이입이 되었다고 볼 수 있겠네요.

**뭘까,** 하늘과 땅 사이가 너무 넓다는 건?

⇨ 화자가 그 사람의 이름을 불러도 다다르지 못하는 원인이 되니까 이승과 저승 사이의 거리로 이해하면 되지 않을까요?

ㄴ. 그렇다면 주제는 뭘까?

사랑하던 사람이 죽어 너무 안타깝고 그립고 슬퍼서 서럽게 부르는 나

## 2. 표현기법

### ㄱ. 감정 이입

어떤 대상에 자신의 감정을 불어넣는 표현 기법으로 이 작품에서는 화자가 자신의 슬픈 감정을 사슴의 무리에 불어넣어 그들이 울고 있는 것으로 표현하고 있군요.

**TIPS**

- 대상에 감정을 이입하여 화자의 애상감을 심화하고 있다.(2020학년도 7월 고3 전국연합)
- '춘향'은 '도련님' 곁에 머물고 싶은 마음을 자연물에 의탁하여 드러내고 있다.(2018학년도 9월 모평)
- (라)에서는 대상에 감정을 이입하여 심리적 변화를 우회적으로 표출하고 있다.(2017학년도 9월 모평)

### ㄴ. 영탄적 표현

감정을 강하게 나타내는 수사법으로 주로 독립언이나 용언에서 나타납니다. 그러니 잘 모르겠으면 문장의 마지막 부분을 보면 확인할 수 있겠죠? 본문에서는 '이름이여!', '그 사람이여!' 등에서 화자의 슬픈 감정이 강하게 나타나고 있네요.

**TIPS**

- <제2수>에서 설의적 표현으로 제기된 의문이 <제5수>에서 해소되었음이 영탄적 표현으로 드러난다.(2021학년도 9월 모평)
- 영탄적 표현을 통해 대상의 가치를 예찬하고 있다.(2020학년도 3월 고3 전국연합)
- 영탄적 어조를 사용하여 예찬적 태도를 드러내고 있다.(2020학년도 3월 고2 전국연합)

## 3. 감상하기

사람뿐만 아니라 내가 아끼던 물건을 잃었을 때가 있나요? 혹시 주변에 이런 안타까운 상황에 있는 친구나 가족을 본 적이 있나요? 그 심정이 어떨까요? 어떻게 위로받고, 위로하며 도울 수 있을까요? 사슴의 무리처럼 나의 마음에 공감하거나 그들의 마음에 공감한 적이 있나요?

# NOTES

## 님의 침묵 - 한용운

님은 갔습니다. 아아 사랑하는 나의 님은 갔습니다.

푸른 산빛을 깨치고 단풍나무 숲을 향하여 난 작은 길을 걸어서 차마 떨치고 갔습니다.

황금의 꽃같이 곧고 빛나던 옛 맹서는 차디찬 티끌이 되어서 한숨의 미풍에 날아갔습니다.

날카로운 첫 키스의 추억은 나의 운명의 지침을 돌려놓고 뒷걸음쳐서 사라졌습니다.

나는 향기로운 님의 말소리에 귀먹고, 꽃다운 님의 얼굴에 눈멀었습니다.

사랑도 사람의 일이라 만날 때에 미리 떠날 것을 염려하고 경계하지 아니한 것은 아니지만, 이별은 뜻밖의 일이 되고 놀란 가슴은 새로운 슬픔에 터집니다.

그러나 이별을 쓸데없는 눈물의 원천으로 만들고 마는 것은 스스로 사랑을 깨치는 것인 줄 아는 까닭에, 걷잡을 수 없는 슬픔의 힘을 옮겨서 새 희망의 정수박이에 들이부었습니다.

우리는 만날 때에 떠날 것을 염려하는 것과 같이 떠날 때에 다시 만날 것을 믿습니다.

아아, 님은 갔지마는 나는 님을 보내지 아니하였습니다.

제 곡조를 못 이기는 사랑의 노래는 님의 침묵을 휩싸고 돕니다.

## 1. 처음 읽고 난 후 느낌과 그 이유 적기 + 이야기 만들기

처음 읽고 난 후 느낌과 그 이유 적기


이야기 만들기


## 2. 시적 화자 찾기

시적 화자는?

화자에 대해 설명하는 부분은?

'화자에 대해 설명하는 부분'+'시적 화자' 순서로 아래에 적어보세요.


## 3. 시적 대상 찾기

시적 대상은?

대상에 대해 설명하는 부분은?

'대상에 대해 설명하는 부분'+'시적 대상' 순서로 아래에 적어보세요.


## 4. 시적 대상에 대한 시적 화자의 태도 찾기

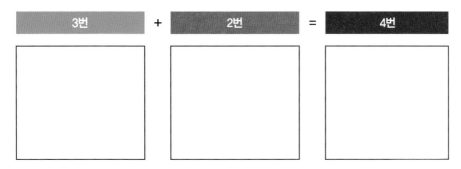

| 3번 | + | 2번 | = | 4번 |
|---|---|---|---|---|
|  |  |  |  |  |

## 님의 침묵 – 한용운

님은 갔습니다. 아아 사랑하는 나의 님은 갔습니다.

푸른 산빛을 깨치고 단풍나무 숲을 향하여 난 작은 길을 걸어서 차마 떨치고 갔습니다.

> 사랑하는 님이 떠남

황금의 꽃같이 곧고 빛나던 옛 맹서는 차디찬 티끌이 되어서 한숨의 미풍에 날아갔습니다.

> (그래서 님과의) 굳고 빛나던 맹세가 차디찬 티끌이 되어 날아가 (안타까운) 나

날카로운 첫 키스의 추억은 나의 운명의 지침을 돌려놓고 뒷걸음쳐서 사라졌습니다.

> 나의 운명의 지침을 돌려놓고 뒷걸음쳐 사라진 님

나는 향기로운 님의 말소리에 귀먹고, 꽃다운 님의 얼굴에 눈멀었습니다.

> 님에게 빠져버린 나

사랑도 사람의 일이라 만날 때에 미리 떠날 것을 염려하고 경계하지 아니한 것은 아니지만, 이별은 뜻밖의 일이 되고 놀란 가슴은 새로운 슬픔에 터집니다.

> (님과) 만날 때에 (님이) 떠날 것을 염려하고 경계했지만 막상 찾아온 이별 앞에서 슬픔이 터진 나

그러나 이별을 쓸데없는 눈물의 원천으로 만들고 마는 것은 스스로 사랑을 깨치는 것인 줄 아는 까닭에, 걷잡을 수 없는 슬픔의 힘을 옮겨서 새 희망의 정수박이에 들이부었습니다.

> (그럼에도 불구하고) 슬픔의 힘을 새 희망의 정수박이에 들이부은 나

우리는 만날 때에 떠날 것을 염려하는 것과 같이 떠날 때에 다시 만날 것을 믿습니다.

> (그래서) 님과 다시 만날 것을 믿는 나

아아, 님은 갔지마는 나는 님을 보내지 아니하였습니다.

> 님은 갔지만 (나의 마음속에서는) 님을 보내지 않은 나

제 곡조를 못 이기는 사랑의 노래는 님의 침묵을 휩싸고 돕니다.

> (그래서) 사랑의 노래를 (부르는 나)

## 1. 처음 읽고 난 후 느낌과 그 이유 적기 + 이야기 만들기

### 처음 읽고 난 후 느낌과 그 이유 적기
슬픔, 희망: 떠난 임 때문에 슬프지만 다시 만날 것을 믿는다고 해서.

### 이야기 만들기

## 2. 시적 화자 찾기

**시적 화자는?**
나

**화자에 대해 설명하는 부분은?**
사랑하는 / 굳고 빛나던 맹세가 차디찬 티끌이 되어 날아가 안타까운 / 님에게 빠진 / 만날 때 떠날 것을 염려하고 경계한 / 님과 만날 때에 님이 떠날 것을 염려하고 경계했지만 막상 찾아온 이별 앞에서 슬픔이 터진 / 슬픔의 힘을 새 희망의 정수박이에 들이부은 / 다시 만날 것을 믿는 / 나의 마음속에서는 님을 보내지 않은 / 사랑의 노래를 부르는

**'화자에 대해 설명하는 부분'+'시적 화자' 순서로 아래에 적어보세요.**
님에게 빠져 말소리에 귀먹고 얼굴에 눈멀 정도로 님을 사랑하는 ⌒ 나
만날 때 떠날 것을 염려하고 경계했으나 이별에 놀라 새로운 슬픔이 터진 ⌒ 나
슬픔의 힘을 새 희망의 정수박이에 들이부은 뒤 다시 만날 것을 믿는 ⌒ 나
보내지 아니한 ⌒ 나
사랑의 노래를 부르는 ⌒ 나

## 3. 시적 대상 찾기

**시적 대상은?**
님

**대상에 대해 설명하는 부분은?**
차마 떨치고 갔습니다 / 간 / 떠난 / 사랑하는 / 나의 운명의 지침을 돌려놓고 뒷걸음쳐 사라진 / 향기롭고 꽃다운

**'대상에 대해 설명하는 부분'+'시적 대상' 순서로 아래에 적어보세요.**
나의 운명의 지침을 돌려놓은 향기롭고 꽃다우며 사랑하는 ⌒ 님
안타깝게 떠난(차마 떨치고 뒷걸음쳐서 사라진) ⌒ 님

## 4. 시적 대상에 대한 시적 화자의 태도 찾기

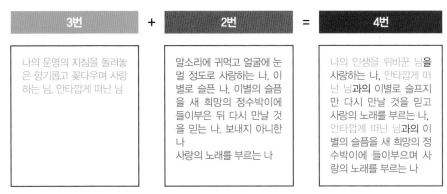

| 3번 | + | 2번 | = | 4번 |
|---|---|---|---|---|
| 나의 운명의 지침을 돌려놓은 향기롭고 꽃다우며 사랑하는 님, 안타깝게 떠난 님 | | 말소리에 귀먹고 얼굴에 눈멀 정도로 사랑하는 나, 이별로 슬픈 나, 이별의 슬픔을 새 희망의 정수박이에 들이부은 뒤 다시 만날 것을 믿는 나, 보내지 아니한 나 사랑의 노래를 부르는 나 | | 나의 인생을 뒤바꾼 님을 사랑하는 나, 안타깝게 떠난 님과의 이별로 슬프지만 다시 만날 것을 믿고 사랑의 노래를 부르는 나, 안타깝게 떠난 님과의 이별의 슬픔을 새 희망의 정수박이에 들이부으며 사랑의 노래를 부르는 나 |

# 님의 침묵 – 한용운

님은 갔습니다. 아아 사랑하는 나의 님은 갔습니다.

푸른 산빛을 깨치고 단풍나무 숲을 향하여 난 작은 길을 걸어서 차마 떨치고 갔습니다.

**슬픔**
**부정적**

황금의 꽃같이 곧고 빛나던 옛 맹서는 차디찬 티끌이 되어서 한숨의 미풍에 날아갔습니다.

날카로운 첫 키스의 추억은 나의 운명의 지침을 돌려놓고 뒷걸음쳐서 사라졌습니다.

나는 향기로운 님의 말소리에 귀먹고, 꽃다운 님의 얼굴에 눈멀었습니다.

사랑도 사람의 일이라 만날 때에 미리 떠날 것을 염려하고 경계하지 아니한 것은 아니지만, 이별은 뜻밖의 일이 되고 놀란 가슴은 새로운 슬픔에 터집니다.

'그러나'를
기점으로
화자의 정서와
태도가 전환됨.

그러나 이별을 쓸데없는 눈물의 원천으로 만들고 마는 것은 스스로 사랑을 깨치는 것인 줄 아는 까닭에, 걷잡을 수 없는 슬픔의 힘을 옮겨서 새 희망의 정수박이에 들이부었습니다.

우리는 만날 때에 떠날 것을 염려하는 것과 같이 떠날 때에 다시 만날 것을 믿습니다.

**희망**
**긍정적**

아아, 님은 갔지마는 나는 님을 보내지 아니하였습니다.

제 곡조를 못 이기는 사랑의 노래는 님의 침묵을 휩싸고 돕니다.

# 1. 돋보기

ㄱ. 왜일까? 이건 뭘까?

**왜,** 임은 갔을까?

➪  임이 떠난 이유가 여기서는 자세히 나와있지 않아요. 하지만 '차마 떨치고 갔습니다.'와 '뒷걸음쳐서 사라졌습니다.'라는 내용을 볼 때, 임도 어쩔 수 없는 상황으로 떠났다고 추정할 수 있겠네요.

**왜,** 나는 임의 말소리에 귀먹고 임의 얼굴에 눈멀었을까?

➪  바로 윗행을 보면, 임은 화자의 인생을 뒤바꿔놓을 정도의 영향력을 미친 분임을 유추할 수 있지요? 그러니 화자는 이 임의 모든 것(말소리, 얼굴 등)을 사랑하지 않을 수 없었겠죠?

**뭘까,** '새로운 슬픔'은?

➪  화자는 임과 만날 때 언젠가 임과 헤어질 것[회자정리(會者定離)]을 이미 알고 막상 그날이 오면 얼마나 슬플까 경계하고 있었어요. 하지만 막상 그날이 오자 상상할 수 없을 정도의 슬픔이 밀려 옴을 경험한 거라 보이네요.

**왜,** 갑자기 화자의 정서(감정)가 바뀌지?

➪  '그러나'를 기준으로 이 작품은 화자의 정서(감정)가 '슬픔'에서 '희망'으로 바뀐답니다. 어떻게 아냐고요? 화자는 떠난 임으로 인한 '새로운 슬픔'을 '그러나' 이후에 '새 희망의 정수박이'에 들이붓습니다. 슬픔의 감정마저 희망으로 승화시키는 장면이지요. 이러한 과정이 있었기 때문에, '떠날 때에 다시 만날 것을 믿습니다.'[거자필반(去者必反)]이라는 고백과 자신은 '님을 보내지 아니하였다.'라는 고백이 나오는 것이겠죠?

**왜,** 임을 보내지 아니하였다고 하나?

➪  확실히 임은 갔습니다. 하지만 화자는 임이 다시 돌아올 것을 믿으며 자신은 임을 마음에서 떠나보내지 아니하였음을 이야기하는 게 아닐까요?

ㄴ. 그렇다면 주제는 뭘까?

나의 인생에서 가장 소중한, 사랑하는 임이 떠나 슬펐지만 다시 돌아올 것을 믿는 나(임에 대한 변치 않는 사랑)

## 2. 표현기법

ㄱ. 역설적 표현

역설법은 모순된 단어나 어구를 한 문장에 넣음으로써 화자의 생각을 강조하는 기법을 말합니다. 이 작품의 제목은 '님의 침묵'인데 사실은 '님의 부재'라고 해야 맞겠지요? 왜냐하면 임은 현재 화자 곁에 없기 때문입니다. 하지만 화자는 임의 부재에 집중하지 않고 임이 돌아올 것이라는 희망에 감정의 초점을 맞추고 있기 때문에 임이 곁에 있지만 침묵하고 있는 것처럼 표현한 것이죠. 이는 역설적 기법을 활용한 거라고 볼 수 있겠죠?

**TIPS**

- 역설법을 활용하여 내면 심리를 부각하고 있다.(2020학년도 3월 고1 전국연합)
- 이상향에 대한 의식을 역설적 표현을 통해 진술하고 있다.(2018학년도 6월 모평)
- 역설적 표현을 사용하여 모순적인 상황에 대한 반성적인 자세를 보여 주고 있다.(2016 학년도 6월 모평)

ㄴ. 화자의 정서(태도) 변화

'시상의 전환' 혹은 '화자의 감정'의 변화라고도 말하는데요. 작품 내에서 시적 대상에 대한 화자의 태도가 눈에 띄게 변하는 상황을 의미해요. 앞에서 이야기했 듯이 이 작품은 '그러나'를 중심으로 이별의 슬픔을 새로운 희망으로 전환하여 임 과의 재회를 소망하는 것으로 마무리하고 있답니다.

- '불려 가는'이라는 피동 표현을 통해 자신이 처한 현실에 순응하려는 화자의 태도를 강조하고 있다.(2020학년도 수능)
- ㉠은 화자의 무기력한 태도를, ㉡은 화자의 담담한 태도를 표현한다.(2018학년도 9월 모평)
- [A]는 대상을 나열함으로써 화자의 정서가 촉발된 상황을 제시하고 있다.(2017학년도 수능)

## 3. 감상하기

  친구들은 자신에게 처해진 상황을 애써 부정하려 한 적은 없나요? 예를 들어, 자신의 잘못이 명백히 밝혀졌음에도 그 상황을 부정하고 싶거나, 자신이 받은 점수(ㅆ)를 애써 부인하고 싶거나, 사랑하는 사람과 혹은 가족과의 안타까운 이별의 상황을 인정하고 싶지 않거나 한 적은 없나요? 자신의 실수 때문이라면 할 말이 없지만, 어쩔 수 없는 상황(불가항력)에서 겪게 되는 부정적인 상황은 우리의 마음을 무겁고 침울하게 합니다. 하지만 한용운을 보세요. 안타깝고 어찌할 수 없는 이별이라는 부정적인 상황에서도 희망의 끈을 놓지 않고 의연하게 대처하는 모습이 정말 대단하지 않나요? 한용운은 오늘도 우리에게 말합니다. "걷잡을 수 없는 슬픔의 힘을 새 희망의 정수박이에 들이부어 보렴!"

## 길 – 윤동주

잃어버렸습니다.
무얼 어디다 잃었는지 몰라
두 손이 주머니를 더듬어
길에 나아갑니다.

돌과 돌과 돌이 끝없이 연달아
길은 돌담을 끼고 갑니다.

담은 쇠문을 굳게 닫아
길 위에 긴 그림자를 드리우고

길은 아침에서 저녁으로
저녁에서 아침으로 통했습니다.

돌담을 더듬어 눈물짓다
쳐다보면 하늘은 부끄럽게 푸릅니다.

풀 한 포기 없는 이 길을 걷는 것은
담 저 쪽에 내가 남아 있는 까닭이고,

내가 사는 것은, 다만,
잃은 것을 찾는 까닭입니다.

# 1. 처음 읽고 난 후 느낌과 그 이유 적기 + 이야기 만들기

처음 읽고 난 후 느낌과 그 이유 적기


이야기 만들기


# 2. 시적 화자 찾기

시적 화자는?

화자에 대해 설명하는 부분은?

'화자에 대해 설명하는 부분'+'시적 화자' 순서로 아래에 적어보세요.


# 3. 시적 대상 찾기

시적 대상은?

대상에 대해 설명하는 부분은?

'대상에 대해 설명하는 부분'+'시적 대상' 순서로 아래에 적어보세요.


# 4. 시적 대상에 대한 시적 화자의 태도 찾기

| 3번 | + | 2번 | = | 4번 |
|-----|---|-----|---|-----|
|     |   |     |   |     |

# 길 - 윤동주

잃어버렸습니다.
무얼 어디다 잃었는지 몰라
두 손이 주머니를 더듬어
길에 나아갑니다.

돌과 돌과 돌이 끝없이 연달아
길은 돌담을 끼고 갑니다.

담은 쇠문을 굳게 닫아
길 위에 긴 그림자를 드리우고

길은 아침에서 저녁으로
저녁에서 아침으로 통했습니다.

돌담을 더듬어 눈물짓다
쳐다보면 하늘은 부끄럽게 푸릅니다.

풀 한 포기 없는 이 길을 걷는 것은
담 저 쪽에 내가 남아 있는 까닭이고,

내가 사는 것은, 다만,
잃은 것을 찾는 까닭입니다.

---

무엇을 어디에서 잃었는지 몰라 (그것을 찾으려) 길로 나간 나

굳게 닫힌 쇠문이 있고, 끝없이 이어진 돌담을 따라 저녁까지 그 길을 걷는 나 (→ 저녁까지 길 위에서 찾는 나)

아침에서 저녁으로 저녁에서 아침으로 통하는(끝이 없는) 길 (→ 밤새 길 위에서 찾는 나)

(끝없는 길에 있는 끝없는) 돌담을 더듬으며 눈물짓다 푸른 하늘을 쳐다보며 부끄러워하는 나

(하늘을 쳐다보다) 담 저쪽에 남아 있는 (또 다른 나)를 (발견하고) 찾기 위해 풀 한 포기 없는 길을 걷는 나

잃은 것(돌담 저쪽에 남아 있는 또 다른 나)을 찾기 위해 사는(길을 걷는, 삶의 의미를 찾는) 나 (→ 무엇을 어디에 잃었는지 알게 됨.)

58

# 1. 처음 읽고 난 후 느낌과 그 이유 적기 + 이야기 만들기

**처음 읽고 난 후 느낌과 그 이유 적기**

안타깝다, 어렵다: 무언가를 잃어버려서 밤새 찾는데 그게 뭘까?

**이야기 만들기**



# 2. 시적 화자 찾기

**시적 화자는?**

나

**화자에 대해 설명하는 부분은?**

무엇을 어디에서 잃었는지 몰라 그것을 찾으러 길로 나간 / 밤새 길 위에서 찾는 / 돌담을 더듬으며 눈물짓다 푸른 하늘을 쳐다보며 부끄러워하는 / 담 저쪽에 남아 있는 또 다른 나를 발견하고 찾기 위해 풀 한 포기 없는 길을 걷는 / 잃은 것을 찾기 위해 사는

**'화자에 대해 설명하는 부분'+'시적 화자' 순서로 아래에 적어보세요.**

무엇을 잃었는지 몰라 눈물지며 찾다가 부끄러워하는 ⌢ 나

담 저쪽에 있는 '나'를 찾기 위해 사는 ⌢ 나

# 3. 시적 대상 찾기

**시적 대상은?**

길 ('돌담'이라고 해도 괜찮아요.)

**대상에 대해 설명하는 부분은?**

끝없이 연달아 돌담을 끼고 가는 / 굳게 닫힌 쇠문의 그림자를 길게 드리운 / 아침에서 저녁으로 저녁에서 아침으로 통한 / 풀 한 포기 없는

**'대상에 대해 설명하는 부분'+'시적 대상' 순서로 아래에 적어보세요.**

끝이 없고 풀 한 포기 없으며 굳게 닫힌 쇠문이 있는 돌담을 끼고 있는 ⌢ 길

# 4. 시적 대상에 대한 시적 화자의 태도 찾기

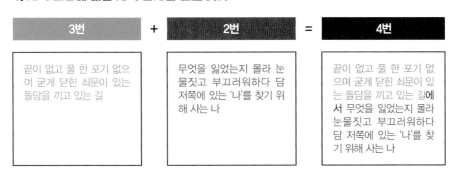

| 3번 | + | 2번 | = | 4번 |
|---|---|---|---|---|
| 끝이 없고 풀 한 포기 없으며 굳게 닫힌 쇠문이 있는 돌담을 끼고 있는 길 | | 무엇을 잃었는지 몰라 눈물짓고 부끄러워하다 담 저쪽에 있는 '나'를 찾기 위해 사는 나 | | 끝이 없고 풀 한 포기 없으며 굳게 닫힌 쇠문이 있는 돌담을 끼고 있는 길에서 무엇을 잃었는지 몰라 눈물짓고 부끄러워하다 담 저쪽에 있는 '나'를 찾기 위해 사는 나 |

# 길 - 윤동주

잃어버렸습니다.
무얼 어디다 잃었는지 몰라
두 손이 주머니를 더듬어
길에 나아갑니다.

돌과 돌과 돌이 끝없이 연달아
길은 돌담을 끼고 갑니다.

담은 쇠문을 굳게 닫아
길 위에 긴 그림자를 드리우고

길은 아침에서 저녁으로
저녁에서 아침으로 통했습니다.

돌담을 더듬어 눈물짓다
쳐다보면 하늘은 부끄럽게 푸릅니다.

풀 한 포기 없는 이 길을 걷는 것은
담 저 쪽에 내가 남아 있는 까닭이고,

내가 사는 것은, 다만,
잃은 것을 찾는 까닭입니다.

# 1. 돋보기

**왜,** 더듬어 길에 나가지?

⇨ 무얼 어디다 잃었는지 모르지만 그것을 찾으려고. 그런데 잃은 것이 무엇인지도, 어디서 잃었는지도 모르는데 찾을 수 있을까요?

**왜,** 눈물짓지?

⇨ 길이 힘들어서, 무엇을 잃어버렸는지도 어디에 잃어버렸는지도 몰라서, 찾지 못한 절망감 때문에 눈물짓는 게 아닐까요?

**왜,** 쇠문은 닫혀있지?

⇨ '돌과 돌과 돌이 끝없이 연달아', '아침에서 저녁으로 저녁에서 아침으로'를 보면 돌담 저쪽과 이쪽이 오랜 시간 동안 단절되었음을 알 수 있겠죠? 자세히 보면, '돌담'과 '쇠문'은 '나'를 찾는 걸 방해하는 대상이니 모두 부정적 시어로 볼 수 있겠네요.

**왜,** '푸른 하늘'을 보고 부끄럽지?

⇨ 푸른 하늘은 부정적인 나의 상황을 부끄럽게 하는 긍정적인 대상으로 볼 수 있겠죠? 다시 말해 성찰의 계기, 매개체가 된다고 볼 수 있지요. 또한 담 저쪽에 있는 '나'를 보게 되는 계기도 되고요.

**뭘까,** 담 저쪽과 쇠문 안에 있는 '나'는?

⇨ 내가 잃어버린 대상이자 지금의 부끄러운 나와는 다른 '나', 자신이 진정으로 찾고 싶어 하던 '나'가 아닐까요? 그렇기 때문에 화자인 '나'는 닫힌 '쇠문'의 '담 저 쪽'을 가고 싶어 하는 거고요.

**왜,** 걷지?

⇨ 담 저쪽에 있는 참된 '나'를 만나는 여정으로, 처음에는 힘들기만 했지만 담 저쪽에 있는 '나'(참된 나)를 찾은 뒤에는 이 길을 걷는 마음가짐이 달라졌죠? 무엇을, 어디다 잃어버렸는지 알았기 때문이겠지요.

ㄴ. 그렇다면 주제는 뭘까?

힘든 현실 속에서도 진정한 자아를 찾겠다고 다짐하는 나

## 2. 표현기법

ㄱ. 독백적 어조

이 작품은 철저히 자기 혼자 자신의 이야기를 읊조리고 있는 듯하지요? 독백적 어조란 바로 '혼자 읊조리는 말투'라는 뜻이예요.

**TIPS**

- (가)에서는 독백적 어조를, (나)에서는 대화적 어조를 사용하여 시상을 전개하고 있다.(2022학년도 수능 예시)
- [A]와 [B]는 대화의 형식을 통해, [C]는 독백의 형식을 통해 시적 의미를 전달하고 있다.(2020학년도 9월 고1 전국연합)

ㄴ. 반복

'돌과 돌과 돌이' 같이 시어나 시행 등을 반복하여 내용을 강조하거나 형식상 운율감을 주는 기법이예요.

**TIPS**

- 동일한 구절을 반복하여, 시적 상황에 대한 화자의 부정적 정서가 심화되는 과정을 드러낸다.(2021학년도 9월 모평)
- 유사한 어구의 반복과 대구를 통해 인물의 심경을 드러내고 있다.(2016학년도 수능)
- (가)는 동일한 종결 어미를 반복하여 운율감을 드러내고 있다.(2020학년도 3월 고2 전국연합)

ㄷ. 상징적 시어

추상적인 사물이나 관념 또는 사상을 구체적인 사물로 나타내는 시어입니다. 이 작품에서 '길'은 진정한 자아를 찾기 위해서는 화자가 걸어야 할 '힘든 현실이나 상황'을 의미하지요.

**TIPS**

- (다)의 '미친 바람'은 삶에서 지켜야 할 소중한 존재를 상징하고 있다.(2019학년도 6월 모평)
- (나)의 '영창'은 화자의 내면과 외부 세계를 잇는 매개체로서 화자의 만족감을 상징하는 군.(2018학년도 9월 모평)
- <제5수>에서 어머니의 '젖'은 어머니의 사랑을 상징하는 표현으로서, '형님'과 '아우'가 이를 화제로 삼아 대화를 나누는 형식을 취하고 있다.(2018학년도 6월 모평)


## 3. 감상하기

5년 뒤, 10년 뒤, 20년 뒤, 나는 무슨 일을 하며 어떻게 살고 있을까요? 자신의 진로가 아직 정해지지 않은 친구들은, 내가 왜 공부를 해야 하는지, 도대체 왜 시험을 봐야 하는지 아마 답답할지도 모릅니다. 하지만 지금, 이 자리에서 꾸준히 공부하며 자신의 진로를 찾다보면 언젠가 윤동주처럼 담 저쪽에 있는 자신의 5년 뒤, 10년 뒤, 20년 뒤의 모습을 발견하거나 자신의 진로를 발견할 거예요. 지금 힘들죠? 윤동주도 힘들어 했어요. 하지만 윤동주도 이야기하고 있죠? "내가 사는 것은, 다만, 나의 미래, 꿈을 찾는 까닭입니다."

## 추억에서 – 박재삼

진주(晉州) 장터 생어물(魚物) 전에는
바닷밑이 깔리는 해 다 진 어스름을,

울엄매의 장사 끝에 남은 고기 몇 마리의
빛 발(發)하는 눈깔들이 속절없이
은전(銀錢)만큼 손 안 닿는 한(恨)이던가
울엄매야 울엄매.

별밭은 또 그리 멀리
우리 오누이의 머리 맞댄 골방 안 되어
손 시리게 떨던가 손 시리게 떨던가.

진주 남강 맑다 해도
오명 가명
신새벽이나 밤빛에 보는 것을,
울엄매의 마음은 어떠했을꼬.
달빛 받은 옹기전의 옹기들같이
말없이 글썽이고 반짝이던 것인가.

## 1. 처음 읽고 난 후 느낌과 그 이유 적기 + 이야기 만들기

처음 읽고 난 후 느낌과 그 이유 적기


이야기 만들기


## 2. 시적 화자 찾기

시적 화자는?

화자에 대해 설명하는 부분은?

'화자에 대해 설명하는 부분'+'시적 화자' 순서로 아래에 적어보세요.


## 3. 시적 대상 찾기

시적 대상은?

대상에 대해 설명하는 부분은?

'대상에 대해 설명하는 부분'+'시적 대상' 순서로 아래에 적어보세요.


## 4. 시적 대상에 대한 시적 화자의 태도 찾기

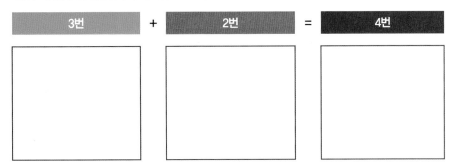

# 추억에서 – 박재삼

진주(晉州) 장터 생어물(魚物) 전에는
바닷밑이 깔리는 해 다 진 어스름을,

울엄매의 장사 끝에 남은 고기 몇 마리의
빛 발(發)하는 눈깔들이 속절없이
은전(銀錢)만큼 손 안 닿는 한(恨)이던가
울엄매야 울엄매.

별밭은 또 그리 멀리
우리 오누이의 머리 맞댄 골방 안 되어
손 시리게 떨던가 손 시리게 떨던가.

진주 남강 맑다 해도
오명 가명
신새벽이나 밤빛에 보는 것을,
울엄매의 마음은 어떠했을꼬.
달빛 받은 옹기전의 옹기들같이
말없이 글썽이고 반짝이던 것인가.

---

해가 다 진 진주 장터 생어물전

– (생어물전에서) 장사 끝에 남은 고기들 (때문에 집에 가지 못하는 엄마)
– (그 고기들의 눈깔을 바라보며) 은전을 가질 수 없어(경제적으로 어려워) 한이 맺힌 우리 엄마

별이 뜬 늦은 밤까지 (장터에서 돌아오지 않는 엄마를 기다리며) 손 시리게 골방에서 떠는 오누이

'가난' 때문에

– (장사 하시느라) 맑은 진주 남강을 신새벽이나 밤빛에만 보는 엄마

– (그런 엄마의 마음이) 말없이 글썽이고 반짝이던 눈물을 흘렸을 거라고 (생각하는/추억하는) 나

---

**66**

## 1. 처음 읽고 난 후 느낌과 그 이유 적기 + 이야기 만들기

**처음 읽고 난 후 느낌과 그 이유 적기**

슬프다, 애틋하다: 이 사람의 추억은 '한, 추위, 눈물'만 있는 거 같다.

**이야기 만들기**


## 2. 시적 화자 찾기

**시적 화자는?**

나

**화자에 대해 설명하는 부분은?**

별이 뜬 늦은 밤까지 (장터에서 돌아오지 않는 엄마를 기다리며) 손 시리게 골방에서 떨던 / (엄마의 마음이) 말없이 글썽이고 반짝이던 눈물이었을 거라고 생각하는 / 추억하는

**'화자에 대해 설명하는 부분'+'시적 화자' 순서로 아래에 적어보세요.**

늦은 밤까지 장터에서 돌아오지 않는 엄마를 기다리며 골방에서 손 시리게 떨던 ⌒ 나
말없이 눈물 흘렸을 엄마의 마음을 헤아려보는 ⌒ 나


## 3. 시적 대상 찾기

시적 대상은?

울엄매

대상에 대해 설명하는 부분은?

해가 다 진 진주 장터 생어물전에서 장사 끝에 남은 고기들 때문에 집에 가지 못하는 / 그 고기들의 눈깔을 바라보며 은전을 가질 수 없어 한이 맺힌 / 장사 하시느라 맑은 진주 남강을 신새벽이나 밤빛에만 보는 / 말없이 글썽이고 반짝이던 눈물을 흘렸을

'대상에 대해 설명하는 부분'+'시적 대상' 순서로 아래에 적어보세요.

진주 장터 생어물전에서 새벽부터 늦은 밤까지 장사를 해도 가난을 벗어날 수 없어서 말없이 눈물을 흘릴 수밖에 없었을 ⌒ 울엄마


## 4. 시적 대상에 대한 시적 화자의 태도 찾기

| 3번 | + | 2번 | = | 4번 |
|---|---|---|---|---|
| 진주 장터 생어물전에서 새벽부터 늦은 밤까지 장사를 해도 가난을 벗어날 수 없어서 말없이 눈물을 흘릴 수밖에 없었을 울엄마 | | 골방에서 장터에 나가신 엄마가 돌아오기를 기다리며 손 시리게 떨던 나, 엄마의 마음을 헤아려 보는 나 | | 추운 골방에서 장터에 나간 엄마를 기다리며, 늦은 밤까지 장사를 해도 가난을 벗어날 수 없던 처지에 말없이 눈물을 흘렸을 엄마의 마음을 헤아려 보는 나 |

# 추억에서 – 박재삼

진주(晉州) 장터 생어물(魚物) 전에는
바닷밑이 깔리는 해 다 진 어스름을,

울엄매의 장사 끝에 남은 고기 몇 마리의
빛 발(發)하는 눈깔들이 속절없이
은전(銀錢)만큼 손 안 닿는 한(恨)이던가
울엄매야 울엄매.

별밭은 또 그리 멀리
우리 오누이의 머리 맞댄 골방 안 되어
손 시리게 떨던가 손 시리게 떨던가.

진주 남강 맑다 해도
오명 가명
신새벽이나 밤빛에 보는 것을,
울엄매의 마음은 어떠했을꼬.
달빛 받은 옹기전의 옹기들같이
말없이 글썽이고 반짝이던 것인가.

# 1. 돌보기

ㄱ. 왜일까? 이건 뭘까?

**왜,** 엄마는 '장사 끝에 남은 고기 몇 마리의 빛 발하는 눈깔들'을 보며 '속절없이 은전만큼 손 안 닿는 한'을 느끼는 것일까?

⇨ 어린 자식들을 골방에 남겨둔 채, 새벽부터 밤늦은 시간까지 열심히 장사를 해도 고기를 다 팔지 못한 어머니, 그 고기 눈깔을 바라보며 어머니는 어떤 마음이었을까요? 열심히 장사를 해도 가난을 벗어날 수 없는 처지에 대한 한스러움과 못난 부모로서의 무력감 등을 느꼈을 것입니다. 이러한 감정을 '속절없이 은전에 손 안 닿는 한'으로 표현하고 있다고 볼 수 있겠죠. 고기 눈깔의 반짝임과 은전의 반짝임, 슬퍼보이는 고기 눈깔과 한의 감정이 적절히 대응되어 있네요.

**왜,** 엄마는 '달빛 받은 옹기전의 옹기들같이 말없이 글썽이고 반짝이던' 눈물을 흘렸을까?

⇨ 어머니의 눈물은 달빛 받은 옹기들처럼 말없이 글썽이고 반짝이던 눈물로 표현되어 있습니다. 다른 사람들 앞에서나 특히 아이들 앞에서 차마 눈물을 보일 수 없었던 어머니는 속으로 눈물을 삼켰을 것입니다. 그러한 눈물이 '말없이 글썽이고 반짝이던 눈물'로 표현된 것 아닐까요?

ㄴ. 그렇다면 주제는 뭘까?

어린 시절, 열심히 장사를 해도 가난을 벗어날 수 없었던 어머니가 느꼈을 한스러움을 헤아려 보는 나

## 2. 표현기법

### ㄱ. 비유

비유는 시인이 나타내고자 하는 것(원관념)을 이와 유사한 다른 것(보조 관념)에 빗대어 표현하는 것으로, 직유, 은유, 활유, 의인 등 다양한 종류가 있습니다. 비유를 통해 추상적인 정서나 사상을 효과적으로 표현하는 것이죠. 이 작품에서는 '은전만큼 손 안 닿는 한', '달빛 받은 옹기전의 옹기들같이 말없이 글썽이고 반짝이던 것' 등의 표현을 통해 한이나 슬픔 등을 효과적으로 드러내고 있습니다.

**TIPS**

- [A]는 비유적 표현을 활용하여 인물의 은밀한 행동 양상을 드러낸다.(2020학년도 6월 모평)
- ⓐ는 사물에 비유됨으로써 경외감을, ⓑ는 다른 대상과 비교됨으로써 비장감을 자아낸다.(2016학년도 9월 모평)
- 직유법을 사용하여 대상의 속성을 표현하고 있다.(2016학년도 3월 고1 전국연합)

### ㄴ. 시각적 이미지

시각적 이미지는 모양이나 색깔 등 눈으로 볼 수 있는 이미지와 관련된 것을 말합니다. 이 작품에서는 '빛 발하는' 고기 눈깔, '달빛 받은' 옹기들, '말없이 글썽이고 반짝이던 것' 등에서 반짝임을 표현하는 시각적 이미지를 활용하고 있는데 이것들은 모두 '눈물'을 환기하는 이미지들이라 볼 수 있습니다.

**TIPS**

- (가)는 시각적 이미지를 통해 자연의 위대함을, (나)는 청각적 이미지를 통해 자연에 대한 두려움을 표현하고 있다.(2021학년도 6월 모평)
- 색채어를 활용하여 시적 대상의 아름다움을 감각적으로 형상화하고 있다.(2018학년도 6월 모평)
- 색감을 드러내는 시어를 활용하여 대상을 선명한 이미지로 제시하고 있다.(2016학년도 6월 모평)

## 3. 감상하기

　어린 시절에는 잘 몰랐던, 그래서 오해도 하고 원망도 했던 부모님의 마음을, 자신도 어른이 되고 부모가 된 뒤에서야 제대로 이해하게 될 때가 있습니다. 그러나 그때는 이미 부모님이 많이 늙으셨거나 돌아가시고 없을 때가 많죠. 왜 항상 우리의 마음은 때를 맞추지 못하는 걸까요?

# 풀벌레 소리 가득 차 있었다 – 이용악

우리 집도 아니고
일가집도 아닌 집
고향은 더욱 아닌 곳에서
아버지의 침상(寢床) 없는 최후(最後)의 밤은
풀벌레 소리 가득 차 있었다.

노령(露嶺)을 다니면서까지
애써 자래운 아들과 딸에게
한 마디 남겨 두는 말도 없었고
아무을만(灣)˙의 파선도
설룽한 니코리스크˙의 밤도 완전히 잊으셨다
목침을 반듯이 벤 채

다시 뜨시잖는 두 눈에
피지 못한 꿈의 꽃봉오리가 갈앉고
얼음장에 누우신 듯 손발은 식어갈 뿐
입술은 심장의 영원한 정지(停止)를 가리켰다.
때늦은 의원(醫員)이 아모 말없이 돌아간 뒤
이웃 늙은이 손으로
눈빛 미명˙은 고요히
낯을 덮었다

우리는 머리맡에 엎디어
있는 대로의 울음을 다아 울었고
아버지의 침상 없는 최후의 밤은
풀벌레 소리 가득 차 있었다.

˙
아무을만(灣)  흑룡강 하류의 아무르 지역.
니코리스크  시베리아 하구의 항구 도시 니콜라에프스크를 가리킴.
미명  무명, 무명으로 된 하얀 천.

## 1. 처음 읽고 난 후 느낌과 그 이유 적기 + 이야기 만들기

처음 읽고 난 후 느낌과 그 이유 적기


이야기 만들기


## 2. 시적 화자 찾기

시적 화자는?

화자에 대해 설명하는 부분은?

'화자에 대해 설명하는 부분'+'시적 화자' 순서로 아래에 적어보세요.


## 3. 시적 대상 찾기

시적 대상은?

대상에 대해 설명하는 부분은?

'대상에 대해 설명하는 부분'+'시적 대상' 순서로 아래에 적어보세요.


## 4. 시적 대상에 대한 시적 화자의 태도 찾기

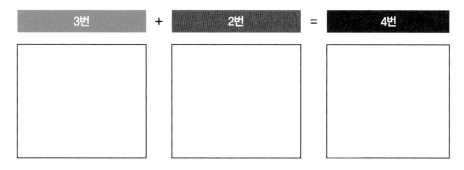

| 3번 | + | 2번 | = | 4번 |
| --- | --- | --- | --- | --- |
|  |  |  |  |  |

# 풀벌레 소리 가득 차 있었다 - 이용악

우리 집도 아니고
일가집도 아닌 집
고향은 더욱 아닌 곳에서
아버지의 침상(寢床) 없는 최후(最後)의 밤은
풀벌레 소리 가득 차 있었다.

노령(露領)을 다니면서까지
애써 자래운 아들과 딸에게
한 마디 남겨 두는 말도 없었고
아무을만(灣)의 파선도
설룽한 니코리스크의 밤도 완전히 잊으셨다
목침을 반듯이 벤 채

다시 뜨시잖는 두 눈에
피지 못한 꿈의 꽃봉오리가 갈앉고
얼음장에 누우신 듯 손발은 식어갈 뿐
입술은 심장의 영원한 정지(停止)를 가리켰다.
때늦은 의원(醫員)이 아모 말없이 돌아간 뒤
이웃 늙은이 손으로
눈빛 미명은 고요히
낯을 덮었다

우리는 머리맡에 엎디어
있는 대로의 울음을 다아 울었고
아버지의 침상 없는 최후의 밤은
풀벌레 소리 가득 차 있었다.

- 고향이 아닌 곳에서 침상도 없이 최후를 맞이하신 아버지
- 아버지의 최후의 밤을 가득 채우는 풀벌레 소리

애써 키운 자식에게 유언도 없이 타향(노령, 아무을만, 니코리스크)에서 돌아가신 아버지

- 꿈을 펴지도 못하고 돌아가신 아버지
- 늦게 온 의원이 가신 뒤 이웃 늙은이의 손으로 무명이 덮인 아버지의 얼굴

- (돌아가신 아버지) 머리맡에 엎디어 있는 대로 우는 우리

- 아버지의 최후의 밤을 가득 채우는 풀벌레 소리

# 1. 처음 읽고 난 후 느낌과 그 이유 적기 + 이야기 만들기

**처음 읽고 난 후 느낌과 그 이유 적기**

어두움, 우울함: 아버지가 돌아가신 곳과 상황이 너무 쓸쓸하고 춥다.

**이야기 만들기**

# 2. 시적 화자 찾기

**시적 화자는?**

우리(나)

**화자에 대해 설명하는 부분은?**

아버지의 최후의 밤을 가득 채우는 풀벌레 소리를 듣는 / 머리맡에 엎디어 있는 대로 우는

**'화자에 대해 설명하는 부분'+'시적 화자' 순서로 아래에 적어보세요.**

가득 찬 풀벌레 소리를 듣는 / 머리맡에 엎디어 있는 대로 우는 ⤾ 우리(나)

# 3. 시적 대상 찾기

**시적 대상은?**

아버지

**대상에 대해 설명하는 부분은?**

고향이 아닌 곳에서 침상도 없이 최후를 맞이하신 / 애써 키운 자식에게 유언도 없이 타향에서 돌아가신 / 꿈을 펴지도 못하고 돌아가신 / 늦게 온 의원이 가신 뒤 이웃 늙은이의 손으로 무명이 덮인 아버지

**'대상에 대해 설명하는 부분'+'시적 대상' 순서로 아래에 적어보세요.**

애써 키운 자식에게 유언도 없이 타향에서 (침상 없이) 최후의 밤을 맞이하신(돌아가신) ⤾ 아버지

# 4. 시적 대상에 대한 시적 화자의 태도 찾기

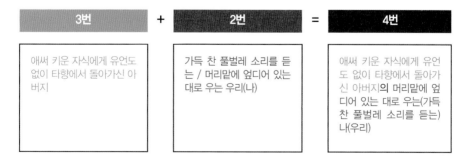

| 3번 | + | 2번 | = | 4번 |
|---|---|---|---|---|
| 애써 키운 자식에게 유언도 없이 타향에서 돌아가신 아버지 | | 가득 찬 풀벌레 소리를 듣는 / 머리맡에 엎디어 있는 대로 우는 우리(나) | | 애써 키운 자식에게 유언도 없이 타향에서 돌아가신 아버지의 머리맡에 엎디어 있는 대로 우는(가득 찬 풀벌레 소리를 듣는) 나(우리) |

# 풀벌레 소리 가득 차 있었다 - 이용악

우리 집도 아니고
일가집도 아닌 집
고향은 더욱 아닌 곳에서
아버지의 침상(寢床) 없는 최후(最後)의 밤은
풀벌레 소리 가득 차 있었다.

노령(露領)을 다니면서까지
애써 자래운 아들과 딸에게
한 마디 남겨 두는 말도 없었고
아무을만(灣)의 파선도
설룽한 니코리스크의 밤도 완전히 잊으셨다
목침을 반듯이 벤 채

다시 뜨시잖는 두 눈에
피지 못한 꿈의 꽃봉오리가 갈앉고
얼음장에 누우신 듯 손발은 식어갈 뿐
입술은 심장의 영원한 정지(停止)를 가리켰다.
때늦은 의원(醫員)이 아모 말없이 돌아간 뒤
이웃 늙은이 손으로
눈빛 미명은 고요히
낯을 덮었다

우리는 머리맡에 엎디어
있는 대로의 울음을 다아 울었고
아버지의 침상 없는 최후의 밤은
풀벌레 소리 가득 차 있었다.

# 1. 돋보기

ㄱ. 왜일까? 이건 뭘까?

**뭘까,** 침상 없는 최후의 밤은?

⇨ 집도, 일가집도, 고향도 아닌 타향에서 침상(침대)조차 없는 가난한 삶을 살다 죽음을 맞이함을 의미하겠네요.

**왜,** 풀벌레 소리 가득 차 있을까?

⇨ 4연에 힌트가 있네요. 아버지의 죽음에 대한 화자의 슬픔을 대변해 주고 있네요.

**왜,** 한 마디 남겨 두는 말도 없으셨을까?

⇨ 힘들게 일하시며 애써 자식들을 자래운(키운) 아버지께서 자식들에게 아무 말도 하지 않았다는 점이 이상하죠? 그건 아마 아버지의 갑작스런 죽음이 그 원인이 아닐까요?

**뭘까,** 아무을만과 니코리스크가?

⇨ 위의 두 곳은 러시아의 추운 지역으로, 아버지와 화자의 가족이 이국땅에서 힘들게 지내고 있음을 알게 해 주는 단서가 되네요.

**뭘까,** 3연에서 '얼음장에 누우신 듯 손발은 식어갈 뿐 / 입술은 심장의 영원한 정지를 가리켰다'의 뜻은?

⇨ 감정을 절제하며 아버지의 죽음을 너무 담담하게 묘사하고 있지요? 감정을 꾹 참고 상황을 객관적으로 설명하는 화자의 모습에서 더 큰 슬픔이 느껴지네요.

**왜,** 풀벌레 소리 가득 차 있을까?

⇨ 1연의 내용을 4연에서 또 한 번 반복하고 있지요? 그런데 이번에는 '우리의 울음'을 '풀벌레 소리'와 같이 소개하고 있네요. 아버지의 죽음을 풀벌레 소리라는 객관적 상관물을 등장시켜 더 비극적으로 상황을 그려냈다고 볼 수 있네요. 다시 말해 제목 '풀벌레 소리 가득 차 있었다'는 '우리의 슬픔으로 가득 차 있었다'로 이해할 수 있겠죠?

ㄴ. 그렇다면 주제는 뭘까?

매우 가난하고 힘들게 살다 갑작스럽게 최후의 밤을 맞이한 아버지의 죽음을 확인하며 슬피 우는 우리(나)

**TIPS**

작가는 일제 강점기 때 고향을 떠나 러시아를 유랑하며 힘겨운 삶을 살다 돌아가신 아버지의 이야기를 그려내고 있습니다. 하지만 이 작품을 한 개인의 이야기로 이해하기보다는 참담한 현실 속에서 고된 삶을 살았던 유랑민들 전체의 이야기로 이해하면 더 좋겠죠?

## 2. 표현기법

ㄱ. 객관적 상관물

개인적 감정을 그대로 드러내는 것이 아니라 사물과 사건을 통해서 객관화 하려는 창작기법으로 독자들의 정서적 반응을 불러일으키는 효과가 있답니다. 본문의 '있는 대로의 울음을 다아 울었'다는 화자의 감정을 '풀벌레 소리 가득 차 있었다' 라는 객관적 상관물로 드러냄으로 독자들이 풀벌레 소리 자체를 화자의 울음으로 느끼도록 하는 방식이예요.

**TIPS**

• 객관적 상관물을 통해 화자의 쓸쓸하고 외로운 처지를 강조한다.(2019학년도 9월 고2 전국연합)

ㄴ. 수미상관

수(머리)미(꼬리)상관(서로 관련이 있음)은 주로 시의 첫 연과 마지막 연의 의미나 형태가 유사하게 나열되는 것을 의미해요. 수미상관이 사용된 작품은 우선 구조적으로 안정감을 주고, 같은 내용이 반복되다 보니 형식상 운율감을 형성하고 내용을 강조하기도 한답니다. 이 작품에서는 '아버지의 침상 없는 최후의 밤은 / 풀벌레 소리 가득 차 있었다' 부분을 수미상관으로 하여 가난했던 아버지의 비참한 죽음에 대한 안타까움을 위에서 설명한 객관적 상관물인 '풀벌레 소리'를 이용하여 강조하고 있다고 볼 수 있겠네요.

## 3. 감상하기

　아버지께서 돌아가신다는 건, 참으로 마음이 아픈 일입니다. 그럼에도 불구하고 '아버지의 죽음'을 '손발은 식어갈 뿐', '입술은 심장의 영원한 정지', '고요히 낯을 덮었다'라며 오히려 무덤덤하게 이야기하다 끝내 '있는 대로의 울음을 다아 울'며 슬픔의 감정을 터뜨리는 화자의 모습이 애처롭기만 합니다. 슬픔을 참고 태연한 척하는 모습이 때론 더 안타깝고 슬플 때가 있지 않나요?

## 묘비명 – 김광규

한 줄의 시는커녕
단 한 권의 소설도 읽은 바 없이
그는 한평생을 행복하게 살며
많은 돈을 벌었고
높은 자리에 올라
이처럼 훌륭한 비석을 남겼다

그리고 어느 유명한 문인이
그를 기리는 묘비명을 여기에 썼다

비록 이 세상이 잿더미가 된다 해도
불의 뜨거움 꿋꿋이 견디며
이 묘비는 살아남아
귀중한 사료가 될 것이니
역사는 도대체 무엇을 기록하며
시인은 어디에 무덤을 남길 것이냐

## 1. 처음 읽고 난 후 느낌과 그 이유 적기 + 이야기 만들기

처음 읽고 난 후 느낌과 그 이유 적기

이야기 만들기

## 2. 시적 화자 찾기

시적 화자는?

화자에 대해 설명하는 부분은?

'화자에 대해 설명하는 부분'+'시적 화자' 순서로 아래에 적어보세요.

## 3. 시적 대상 찾기

시적 대상은?

대상에 대해 설명하는 부분은?

'대상에 대해 설명하는 부분'+'시적 대상' 순서로 아래에 적어보세요.

## 4. 시적 대상에 대한 시적 화자의 태도 찾기

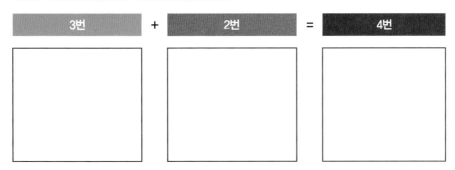

# 묘비명 - 김광규

한 줄의 시는커녕
단 한 권의 소설도 읽은 바 없이
그는 한평생을 행복하게 살며
많은 돈을 벌었고
높은 자리에 올라
이처럼 훌륭한 비석을 남겼다

그리고 어느 유명한 문인이
그를 기리는 묘비명을 여기에 썼다

비록 이 세상이 잿더미가 된다 해도
불의 뜨거움 꿋꿋이 견디며
이 묘비는 살아남아
귀중한 사료가 될 것이니
역사는 도대체 무엇을 기록하며
시인은 어디에 무덤을 남길 것이냐

한평생 한 편의 문학 작품도 읽은 바 없이, 많은 돈을 벌고 높은 자리에 오른 그에게 남겨진 훌륭한 비석

(그 비석에는) 그를 기리기 위해 어느 유명한 문인이 쓴 묘비명이 있음.

– 비록 세상이 잿더미가 된다 해도 꿋꿋이 살아남아 귀중한 사료가 될 묘비(명)

– (그렇게 된다면) 역사는 무엇을 기록해야 하며, 시인은 어디에 무덤을 남겨야 하는가를 (묻는) '나'

82

## 1. 처음 읽고 난 후 느낌과 그 이유 적기 + 이야기 만들기

**처음 읽고 난 후 느낌과 그 이유 적기**

유명한 문인을 긍정적으로 보고 있는 건지, 부정적으로 보고 있는 건지 헷갈린다.

**이야기 만들기**


## 2. 시적 화자 찾기

**시적 화자는?**

나

**화자에 대해 설명하는 부분은?**

역사는 무엇을 기록해야 하며, 시인은 어디에 무덤을 남길 것인지 묻는

**'화자에 대해 설명하는 부분'+'시적 화자' 순서로 아래에 적어보세요.**

역사는 무엇을 기록해야 하며 시인은 어디에 무덤을 남길 것인지 묻는 ⌒ 나


## 3. 시적 대상 찾기

**시적 대상은?**

묘비명

**대상에 대해 설명하는 부분은?**

한평생 한 편의 문학 작품도 읽은 바 없이, 많은 돈을 벌고 높은 자리에 오른 그에게 남겨진 / 그를 기리기 위해 어느 유명한 문인이 쓴 / 비록 세상이 잿더미가 된다 해도 꿋꿋이 살아남아 귀중한 사료가 될

**'대상에 대해 설명하는 부분'+'시적 대상' 순서로 아래에 적어보세요.**

한평생 한 편의 문학 작품도 읽은 바 없이 돈과 권력만을 추구한 그를 기리기 위해 유명한 문인이 남긴 ⌒ 묘비명

비록 세상이 잿더미가 된다 해도 사료로 남을 ⌒ 묘비명


## 4. 시적 대상에 대한 시적 화자의 태도 찾기

| 3번 | + | 2번 | = | 4번 |
|---|---|---|---|---|
| 한평생 돈과 권력만을 추구하다 간 그를 기리기 위해 유명한 문인이 쓴 묘비명. 오랜 시간이 지난 뒤에도 사료로 남을 묘비명 | | 역사는 무엇을 기록해야 하며, 시인은 어디에 무덤을 남길 것인지 묻는 나 | | 한평생 돈과 권력만을 추구하다 간 그를 기리기 위해 유명한 문인이 쓴 묘비명을 보며 시인은 어디에 무덤을 남길 것인지 묻는 나. 그런 묘비명이 오랜 세월이 지난 뒤에도 사료로 남을 것을 생각하며 역사는 무엇을 기록해야 하는지 묻는 나 |

# 묘비명 – 김광규

한 줄의 시는커녕
단 한 권의 소설도 읽은 바 없이
그는 한평생을 행복하게 살며
많은 돈을 벌었고
높은 자리에 올라
이처럼 훌륭한 비석을 남겼다

그리고 어느 유명한 문인이
그를 기리는 묘비명을 여기에 썼다

비록 이 세상이 잿더미가 된다 해도
불의 뜨거움 꿋꿋이 견디며
이 묘비는 살아남아
귀중한 사료가 될 것이니
역사는 도대체 무엇을 기록하며
시인은 어디에 무덤을 남길 것이냐

# 1. 돋보기

**왜,** 어느 유명한 문인은 그를 기리는 묘비명을 썼을까?

⇨ 묘비명은 '죽은 사람에 대한 경력이나 그 일생을 상징하는 말 따위를 새긴 글'로서 죽은 이의 삶을 기리고, 추모하는 뜻을 담는 글이죠. 유명한 시인이 그를 기리는 묘비명을 남겼다면 그의 삶에 그럴 만한 가치가 있었어야 하는데, 1연의 내용을 보면 전혀 그렇지가 않아요. 왜냐하면 그가 생전에 문학과는 담을 쌓았고 돈과 권력을 추구한 사람이라고 했기 때문이죠. 따라서 그를 기리기 위해 쓴 유명한 문인의 묘비명은 그의 삶을 거짓되게 미화하는 글이라고 볼 수밖에 없겠네요. 결국 그 유명한 문인은 문학적 가치보다는 돈과 권력이라는 세속적 가치를 따르는 사람이라고 볼 수 있겠죠?

**왜,** 화자는 '이처럼 훌륭한 비석을 남겼다'라고 말했을까?

⇨ 한 평생 많은 돈을 벌고 높은 자리에 올랐던 '그'를 위한 비석이므로 그만큼 화려할 것이고, 특히 어느 유명한 문인이 그를 기리기 위해 쓴 글까지 새겨져 있으니 표면적으로는 '훌륭한 비석'이라는 표현이 맞겠죠. 그러나 앞의 문답을 고려한다면 화자가 정말로 그 비석을 훌륭하다고 생각하는 것이 아니라는 것을 알 수 있겠죠? 겉으로는 칭송하는 것 같지만 사실은 비꼬고 있는 표현이라 할 수 있습니다.

**왜,** 화자는 '역사는 도대체 무엇을 기록하며 시인은 어디에 무덤을 남길 것이냐'고 묻는 거지?

⇨ 묘비는 오랜 세월이 지난 뒤에도 꿋꿋이 살아남아 있을 것이고, 이 묘비명은 후세 사람들에게 역사를 고증해 주는 중요한 사료가 될 것입니다. 그렇게 되면 후세 사람들은 '그'가, 유명한 문인이 쓴 묘비명 그대로의 삶을 살다 간 것으로 알게 되겠죠. 이런 식으로 역사가 기록된다면 결국 역사는 사실의 기록이 아니라 거짓의 기록이 될 것이고, 돈과 권력을 가진 사람들의 전유물이 될 것입니다. 또한 그 과정에서 '유명한 문인'과 같은 세속적 가치를 좇는 문학가가 거짓된 역사를 만드는 일에 일조하고 있죠? 그래서 화자는 비판적으

로 묻습니다. 역사가 무엇을 기록해야 옳은 것인지, 시인은 어떻게 살다 죽어야 옳은 것인지를 말이죠.

ㄴ. 그렇다면 주제는 뭘까?

돈과 권력을 가진 사람을 위해 거짓을 기록하는 역사와 그 기록에 일조하는 문학인에 대한 비판


## 2. 표현기법

ㄱ. 반어적 표현

'반어적 표현'이란 말하고자 하는 원래의 의미와 반대되는 표현을 하여 오히려 그 의미를 효과적으로 표현하는 것을 말하죠. 이 작품에서는 '이처럼 훌륭한 비석을 남겼다', '귀중한 사료가 될 것이니'에서 겉으로는 대상을 칭송하거나 긍정적으로 평가하는 듯하지만 사실은 비꼬고 있는 반어적 표현을 엿볼 수 있습니다.

**TIPS**

- 반어적 표현을 통해 현실의 부정적 측면을 강조하고 있다.(2020학년도 3월 고3 전국연합)
- 반어적 표현을 사용하여 심리 변화의 양상을 나타내고 있다.(2020학년도 3월 고1 전국연합)
- 반어적 표현을 활용하여 대상의 이중성을 부각하고 있다.(2018학년도 9월 모평)

ㄴ. 비판적 어조

비판적 어조란 시적 대상이나 상황에 대해 못마땅하게 여기는 어조로서, 이 작품의 화자는 처음부터 끝까지 겉으로는 칭송하는 듯하지만 사실은 비꼬는 반어적 표현을 통해 '그'와 '유명한 문인', '묘비명' 등에 대해 비판적 태도를 효과적으로 드러내고 있습니다.

## 3. 감상하기

역사를 '승자의 기록'이라고 부를 때가 있습니다. 그리고 그 기록을 담당하는 이는 권력에 기생하는 문학인이나 지식인들이 될 때가 많았죠. 슬프지만 우리의 역사에도 그런 측면이 있었음은 부인할 수 없는 사실이죠. 그러나 당대의 문학 작품에 의해, 공식적 역사의 이면에서 억압되어 있던 진실들이 드러날 때도 많습니다. 대부분 세속적 권력을 거부하고 당대를 불우하게 살다 간 양심적인 문학인들이 남긴 작품들이죠. 당신은 어떤 문학인이 훌륭하다고 생각하나요?

## 여승女僧 - 백 석

여승은 합장하고 절을 했다.
가지취•의 내음새가 났다.
쓸쓸한 낯이 옛날같이 늙었다.
나는 불경처럼 서러워졌다.

평안도의 어느 산(山) 깊은 금덤판•
나는 파리한 여인에게서 옥수수를 샀다.
여인은 나어린 딸아이를 따리며 가을밤같이 차게 울었다.

섶벌•같이 나아간 지아비 기다려 십 년(十年)이 갔다.
지아비는 돌아오지 않고
어린 딸은 도라지꽃이 좋아 돌무덤으로 갔다.

산꿩도 섧게 울은 슬픈 날이 있었다.
산절의 마당귀에 여인의 머리오리•가 눈물방울과 같이 떨어진 날이 있었다.

•
가지취  참취나물.
금덤판  금점판. 주로 손으로 작업하던 금광의 일터
섶벌  나무섶에 집을 만들고 항상 나다니는 벌.
머리오리  머리카락

88

## 1. 처음 읽고 난 후 느낌과 그 이유 적기 + 이야기 만들기

처음 읽고 난 후 느낌과 그 이유 적기

이야기 만들기

## 2. 시적 화자 찾기

시적 화자는?

화자에 대해 설명하는 부분은?

'화자에 대해 설명하는 부분'+'시적 화자' 순서로 아래에 적어보세요.

## 3. 시적 대상 찾기

시적 대상은?

대상에 대해 설명하는 부분은?

'대상에 대해 설명하는 부분'+'시적 대상' 순서로 아래에 적어보세요.

## 4. 시적 대상에 대한 시적 화자의 태도 찾기

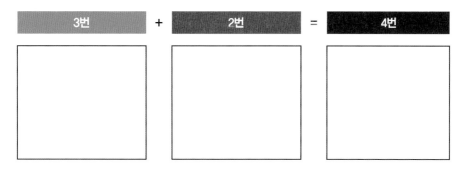

## 여승女僧 - 백 석

여승은 합장하고 절을 했다.
가지취의 내음새가 났다.
쓸쓸한 낯이 옛날같이 늙었다.
나는 불경처럼 서러워졌다.

(현재) 가지취 내음새가 나는 쓸쓸한 낯(얼굴)의 옛날같이 늙은 여승에게 합장한 뒤 서러워진 나

평안도의 어느 산(山) 깊은 금덤판
나는 파리한 여인에게서 옥수수를 샀다.
여인은 나어린 딸아이를 따리며 가을밤같이 차게 울었다.

(과거) 옥수수를 팔던 파리한 여인, 차게 울던 여인

섶벌같이 나아간 지아비 기다려 십 년(十年)이 갔다.
지아비는 돌아오지 않고
어린 딸은 도라지꽃이 좋아 돌무덤으로 갔다.

집나간 지아비를 기다리다 어린 딸을 잃은 여인

산꿩도 섧게 울은 슬픈 날이 있었다.
산절의 마당귀에 여인의 머리오리가 눈물방울과 같이 떨어진 날이 있었다.

산꿩도 섧게 울던 슬픈 날, 눈물을 흘리며 머리를 깎고 여승이 된 여인

**90**

## 1. 처음 읽고 난 후 느낌과 그 이유 적기 + 이야기 만들기

### 처음 읽고 난 후 느낌과 그 이유 적기

쓸쓸함, 서러움, 구조가 이상?: 갑자기 여승 이야기를 하다가 여인이 왜 나오는지 궁금하다.

### 이야기 만들기

## 2. 시적 화자 찾기

시적 화자는?

나

화자에 대해 설명하는 부분은?

(여승에게) 합장한 뒤 서러워진 / (여인에게서) 옥수수를 샀던 / (여인과의 만남을) 회상하는

**'화자에 대해 설명하는 부분'+'시적 화자' 순서로 아래에 적어보세요.**

(여승을 보고) 서러움을 느끼며 (여인과의 만남을) 회상하는 ⌒ 나

## 3. 시적 대상 찾기

시적 대상은?

여승, 여인

대상에 대해 설명하는 부분은?

가지취 내음새가 나는 쓸쓸한 낯이 옛날같이 늙은 / 옥수수를 팔던 파리한 / 차게 울던 / 집나간 지아비를 기다리다 어린 딸을 잃은 / 산꿩도 섧게 울던 슬픈 날, 눈물을 흘리며 머리를 깎던

**'대상에 대해 설명하는 부분'+'시적 대상' 순서로 아래에 적어보세요.**

가지취의 내음새가 나고 쓸쓸한 낯이 옛날같이 늙은 ⌒ 여승

지아비를 기다리며 파리한 모습으로 옥수수를 팔다 어린 딸을 잃고 섧게 울며 머리를 깎고 여승이 된 ⌒ 여인

## 4. 시적 대상에 대한 시적 화자의 태도 찾기

| 3번 | + | 2번 | = | 4번 |
|---|---|---|---|---|
| 가지취의 내음새가 나고 쓸쓸한 낯이 옛날같이 늙은 여승<br>지아비를 기다리며 파리한 모습으로 옥수수를 팔다 어린 딸을 잃고 서럽게 울며 여승이 된 여인 | | (여승을 보고) 서러움을 느끼며 (여인과의 만남을) 회상하는 나 | | 가지취의 내음새가 나고 쓸쓸한 낯이 옛날같이 늙은 여승을 보고 서러움을 느끼며<br>지아비를 기다리며 파리한 모습으로 옥수수를 팔다 어린 딸을 잃고 서럽게 울며 여승이 된 여인을 회상하는 나 |

## 여승女僧 – 백 석

**현재**

여승은 합장하고 절을 했다.
가지취의 내음새가 났다.
쓸쓸한 낯이 옛날같이 늙었다.
나는 불경처럼 서러워졌다.

**과거
회상**

평안도의 어느 산(山) 깊은 금덤판
나는 파리한 여인에게서 옥수수를 샀다.
여인은 나어린 딸아이를 따리며 가을밤같이 차게 울었다.

섶벌같이 나아간 지아비 기다려 십 년(十年)이 갔다.
지아비는 돌아오지 않고
어린 딸은 도라지꽃이 좋아 돌무덤으로 갔다.

산꿩도 섧게 울은 슬픈 날이 있었다.
산절의 마당귀에 여인의 머리오리가 눈물방울과 같이 떨어진 날이 있었다.

# 1. 돋보기

ㄱ. 왜일까? 이건 뭘까?

**왜,** 여승에게 합장한 뒤 화자는 서러워할까?

⇨ '쓸쓸한 낯이 옛날같이 늙었다'라는 표현에서 작가는 이미 여승과 만난 적이 있음을 알 수 있겠죠? 그렇다면 이 여승과 전에 만났을 때도 여승은 쓸쓸한 낯이었겠고 그 상황이 부정적이었기에 지금 화자가 서러워하는 게 아닐까요?

**왜,** 갑자기 2연에서 평안도로 화면이 바뀔까?

⇨ 1연에서의 힌트는 화자가 여승을 만난 적이 있다는 사실이었죠? 그렇다면 2연부터는 어떻게 이 여승을 만났는지의 과거 이야기가 전개되는 건 아닐까요? 마치 영화에서 주인공이 어떤 사람과 만나면서 회상에 빠지듯이요.^^

**왜,** 여인은 파리하고 차게 울었을까?

⇨ 돌아오지 않는 지아비를 십 년간 기다리며 금광의 일터(금점판)에서 옥수수를 팔았다는 사실은 이 여인의 삶이 매우 고달팠음을 의미한다고 볼 수 있겠네요. 잘 먹지 못하다보니 여인은 파리해지고(몸이 마르고 해쓱함.) 차게 울었겠지요?

**뭘까,** 산꿩도 섧게 울은 슬픈 날이 의미하는 건?

⇨ 이 날은 여인이 머리를 깎은 날, 다시 말해 여승이 된 날을 의미하네요. 여인은 자신의 서럽고 원통한 삶 때문에 여승이 되겠다고 다짐했겠죠? 산꿩은 이러한 여인의 서러운 감정을 이입한 대상이라고 볼 수 있겠네요.

**왜,** 여승에게 합장한 뒤 화자는 서러워할까?

⇨ 맨 처음에 나온 질문이었죠? 이제 이해가 되나요? 이 여승이 바로 화자가 만났던 그 여인인데 여전히 그 여인의 얼굴에서 쓸쓸함을 느꼈기 때문에 화자는 서러웠던 게 아닐까요?

ㄴ. 그렇다면 주제는 뭘까?

비극적인 삶을 살던 여승(여인)을 보며 안타까워하는 나

**TIPS**

만약 이 작품이 쓰여진 일제 치하라는 시대 상황이 <보기>에 주어진다면 '비극적 삶을 살던 여승'은 어떤 의미로 재해석할 수 있을까요? 그렇죠. 바로 일제 치하에서 비극적 삶을 살던 우리 민족으로 재해석할 수 있겠죠.

## 2. 표현기법

ㄱ. 역순행적 구성

'과거 → 현재'라는, 시간적 흐름을 역행(거꾸로)하는 구성을 의미해요. 이 작품을 순행(시간순서)적 구성으로 재배열하면 2연 → 3연 → 4연 → 1연이 되겠네요. 다시 말해 이 작품은 비극적 삶을 살다 여승이 된 여인과 재회한 모습을 담은 내용이라고 할 수 있겠네요.

ㄴ. 감각적인 이미지(공감각, 시각, 청각, 미각, 촉각, 후각)

감각적 이미지란 인간의 다섯 가지 감각기관인 시각, 청각, 후각, 촉각, 미각 등을 활용하여 시어나 분위기를 그려내는 것을 의미해요. 공감각적 이미지란 둘 이상의 감각적 이미지가 어우러져 쓰일 때에 하나의 감각을 다른 종류의 감각으로 바꾸어서 표현하는 것을 의미해요. '가지취의 내음새'는 후각을, '산꿩도 섧게 울은'은 청각을, '머리오리가 눈물방울과 같이 떨어진'은 시각적 이미지를, '차게 울었다'는 공감각적 이미지(청각의 촉각화)를 그려내고 있네요.

**TIPS**

- (가)는 시각적 이미지를 통해 자연의 위대함을, (나)는 청각적 이미지를 통해 자연에 대한 두려움을 표현하고 있다.(2021학년도 6월 모평)
- (나)는 청각의 시각화를 통해 소재의 생동감을 부각하고 있다.(2019학년도 6월 모평)
- '바람비 뿌린 소리'와 '두어 소리'의 청각적 이미지를 활용하여 임에게 알리고 싶은 화자의 심정을 나타내고 있다.(2019학년도 6월 모평)

## 3. 감상하기

　자신이 좋아하는 연예인이 있다면, 그 친구는 아마도 그 연예인의 생일이나 취미, 혈액형 등도 모두 알고 있을 거예요. 뿐만 아니라 그 연예인이 자신의 롤모델이 될 수도, 나만의 연인이 될 수도 있을 거고요. 하지만 그러한 연예인도, 슬픔이 있고 어려움이 있고 아픔이 있음을 알기 시작할 때부터는 우리 친구들도 연예인에 대한 '그저 좋은 감정'이 '더욱 응원하는 감정'으로 발전됨을 경험할 거예요. 친구들과의 관계도 마찬가지이겠죠?

　백석이 만났던 여승은, 과거 금점판에서 힘들게 옥수수를 팔며 남편을 기다리다 아이까지 잃었던 여인이예요. 이러한 여인의 과거를 알고 있던 백석은 여승을 만나면서도 여승에 대한 과거의 감정을 떠올리며 깊은 쓸쓸함을 느낀 게 아닐까요?

## 사령 - 김수영

…… 활자(活字)는 반짝거리면서 하늘 아래에서
간간이
자유를 말하는데
나의 영(靈)은 죽어 있는 것이 아니냐

벗이여
그대의 말을 고개 숙이고 듣는 것이
그대는 마음에 들지 않겠지
마음에 들지 않아라

모두 다 마음에 들지 않아라
이 황혼도 저 돌벽 아래 잡초도
담장의 푸른 페인트 빛도
저 고요함도 이 고요함도

그대의 정의(正義)도 우리들의 섬세(纖細)도
행동이 죽음에서 나오는
이 욕된 교외에서는
어제도 오늘도 내일도 마음에 들지 않아라

그대는 반짝거리면서 하늘 아래에서
간간이 자유를 말하는데
우스워라 나의 영은 죽어 있는 것이 아니냐

## 1. 처음 읽고 난 후 느낌과 그 이유 적기 + 이야기 만들기

처음 읽고 난 후 느낌과 그 이유 적기


이야기 만들기


## 2. 시적 화자 찾기

시적 화자는?

화자에 대해 설명하는 부분은?

'화자에 대해 설명하는 부분'+'시적 화자' 순서로 아래에 적어보세요.


## 3. 시적 대상 찾기

시적 대상은?

대상에 대해 설명하는 부분은?

'대상에 대해 설명하는 부분'+'시적 대상' 순서로 아래에 적어보세요.


## 4. 시적 대상에 대한 시적 화자의 태도 찾기

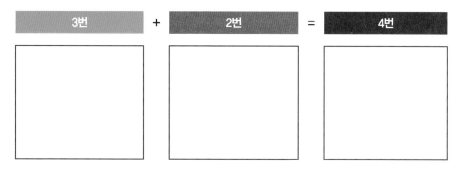

| 3번 | + | 2번 | = | 4번 |
|---|---|---|---|---|
|  |  |  |  |  |

# 사령 - 김수영

…… 활자(活字)는 반짝거리면서 하늘 아래에서
간간이
자유를 말하는데
나의 영(靈)은 죽어 있는 것이 아니냐

벗이여
그대의 말을 고개 숙이고 듣는 것이
그대는 마음에 들지 않겠지
마음에 들지 않어라

모두 다 마음에 들지 않어라
이 황혼도 저 돌벽 아래 잡초도
담장의 푸른 페인트 빛도
저 고요함도 이 고요함도

그대의 정의(正義)도 우리들의 섬세(纖細)도
행동이 죽음에서 나오는
이 욕된 교외에서는
어제도 오늘도 내일도 마음에 들지 않어라

그대는 반짝거리면서 하늘 아래에서
간간이 자유를 말하는데
우스워라 나의 영은 죽어 있는 것이 아니냐

자유를 말하는 활자를 보며 나의 영은 죽어 있는 것이 아니냐고 (이야기하는) 나

벗의 말(활자가 말하는 자유)을 (실천하지 못해) 고개 숙이고 듣는 자신이 마음에 들지 않는 나

세상 모든 것이 마음에 들지 않는 나

교외에서 영혼이 죽은 채로 살고 있어서(행동하고 있어서) 활자가 말하는 정의도, 우리들의 섬세함도 모두 마음에 들지 않는(치욕스럽게 여기는) 나

(그렇기 때문에) 자유를 말하는 활자(그대)를 보며 나의 영은 죽어 있는 것이 아니냐고 (자조적으로 이야기하는) 나

## 1. 처음 읽고 난 후 느낌과 그 이유 적기 + 이야기 만들기

### 처음 읽고 난 후 느낌과 그 이유 적기
어려움, 무기력함: 자신에 대해, 자신의 영에 대해 부정적으로 이야기하고 있다.

### 이야기 만들기

## 2. 시적 화자 찾기

시적 화자는?
나

화자에 대해 설명하는 부분은?
자유를 말하는 활자를 보며 자신의 영은 죽어 있는 것이 아니냐고 이야기하는 / 활자가 말하는 자유를 실천하지 못해 고개 숙이고 듣는 자신이 마음에 들지 않는 / 세상 모든 것이 마음에 들지 않는 / 교외에서 영혼이 죽은 채로 살고 있어서 활자가 말하는 정의도, 우리들의 섬세함도 모두 마음에 들지 않는 / 자유를 말하는 활자를 보며 자신의 영은 죽어 있는 것이 아니냐고 자조적으로 이야기하는

**'화자에 대해 설명하는 부분'+'시적 화자' 순서로 아래에 적어보세요.**
활자가 말하는 자유를 실천하지 못해 고개 숙이고 듣는 자신이 마음에 들지 않는 ⌒ 나
교외에서 영혼이 죽은 채로 살고 있어서 활자가 말하는 정의, 우리들의 섬세함을 비롯해 세상 모든 것이 마음에 들지 않는 ⌒ 나
자신의 영혼이 죽어 있다고 생각하며 자조하는 ⌒ 나

## 3. 시적 대상 찾기

시적 대상은?
그대(벗, 활자)

대상에 대해 설명하는 부분은?
자유와 정의를 말하는

**'대상에 대해 설명하는 부분'+'시적 대상' 순서로 아래에 적어보세요.**
자유와 정의를 말하는 ⌒ 그대(벗, 활자)

## 4. 시적 대상에 대한 시적 화자의 태도 찾기

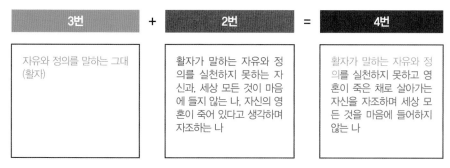

| 3번 | + | 2번 | = | 4번 |
|---|---|---|---|---|
| 자유와 정의를 말하는 그대 (활자) | | 활자가 말하는 자유와 정의를 실천하지 못하는 자신과, 세상 모든 것이 마음에 들지 않는 나, 자신의 영혼이 죽어 있다고 생각하며 자조하는 나 | | 활자가 말하는 자유와 정의를 실천하지 못하고 영혼이 죽은 채로 살아가는 자신을 자조하며 세상 모든 것을 마음에 들어하지 않는 나 |

# 사령 - 김수영

…… 활자(活字)는 반짝거리면서 하늘 아래에서
간간이
자유를 말하는데
나의 영(靈)은 죽어 있는 것이 아니냐

벗이여
그대의 말을 고개 숙이고 듣는 것이
그대는 마음에 들지 않겠지
마음에 들지 않어라

모두 다 마음에 들지 않어라
이 황혼도 저 돌벽 아래 잡초도
담장의 푸른 페인트 빛도
저 고요함도 이 고요함도

그대의 정의(正義)도 우리들의 섬세(纖細)도
행동이 죽음에서 나오는
이 욕된 교외에서는
어제도 오늘도 내일도 마음에 들지 않어라

그대는 반짝거리면서 하늘 아래에서
간간이 자유를 말하는데
우스워라 나의 영은 죽어 있는 것이 아니냐

# 1. 돋보기

ㄱ. 왜일까? 이건 뭘까?

**뭘까**, 자유를 말하는 벗의 정체는?

⇨ 1연에서 '활자는 반짝거리면서 하늘 아래에서 간간이 자유를 말하는데' 라고 말하고 있습니다. 따라서 벗은 활자, 즉 책에 인쇄된 글자라고 볼 수 있겠죠. 화자가 벗의 말을 듣고 있다고 말한 것은 사실 책을 읽고 있는 상황인 것이고, 그 책에 아마도 자유에 관한 언급이 있었던 것이라 생각해 볼 수 있습니다.

**뭘까**, '행동이 죽음에서 나오는 이 욕된 교외'는?

⇨ 화자는 '행동이 죽음에서 나오는 이 욕된 교외'에서는 '모두 다 마음에 들지 않아라', '어제도 오늘도 내일도 마음에 들지 않아라'라고 말하고 있습니다. 심지어 '그대의 정의(正義)'도 마음에 들지 않는다고 말하고 있습니다. 도대체 '이 욕된(부끄럽고 치욕적인) 교외'는 어떤 곳일까요? 어떤 곳이길래 그곳에서는 모든 것과 모든 시간이 다 마음에 들지 않는 것일까요?

'이'라는 지시대명사에 주목한다면 그곳은 화자가 있는 곳이라 생각할 수 있습니다. '욕되다'는 '부끄럽고 치욕적이고 불명예스럽다'는 뜻이고 '교외' 는 '도시의 주변 지역'이므로, 화자는 어느 교외에 있고, 그곳을 부끄럽고 치욕적이고 불명예스러운 공간이라 생각하는 것 같습니다. 그 이유는 아마도 수식어 '행동이 죽음에서 나오는'과 관련 있겠죠? '행동이 죽음에서 나오는' 이 뭘 의미하는지 정확히 알 수는 없지만, 확실한 것은 '죽음'이 부정적인 의미이고, 그 '죽음'에서 나오는 '행동' 역시 부정적인 의미라는 것입니다. 그리고 화자는 '삶에서 나오는 행동'이 아니라 '죽음에서 나오는 행동'이 자신을 부끄럽고 치욕적이고 불명예스럽게 만드는 것이라고 생각한다는 것입니다.

**왜**, 화자는 그대의 말을 고개 숙이고 듣고 있을까? 그리고 그런 자신을 벗이 마음에 들지 않아 할 것이라 생각할까?

⇨ 앞에서도 말했듯이 벗의 말을 듣는다는 것은 책을 읽는 상황을 표현한 것이므로 '그대의 말을 고개 숙이고 듣는 것'은 단지 고개를 숙이고 책을

보는 자세를 의미하는 것이라고도 볼 수 있습니다. 그러나 화자는 그런 자세를 벗, 즉 책이 마음에 들어 하지 않을 것이라 말하고 있는데, 이것은 사실 화자가 그런 자신의 자세를 마음에 들어 하지 않는다는 표현을 돌려한 것이라 볼 수 있습니다. 그렇다면 고개 숙이고 듣는 자세는 단지 고개 숙이고 책을 읽는 것이 아니라 뭔가 다른 것을 의미할 수 있습니다. 우리가 일반적으로 고개를 숙이고 누군가의 말을 들을 때는 듣기 싫거나, 깊게 새겨 듣거나, 반성하거나 뭐 그럴 때죠? 앞에서 파악한 내용을 동원하여 이해해 본다면, 화자는 책이 말하는 '자유', '정의'(그대의 정의)에 미치지 못하는 행동, 즉 '죽음에서 나오는' '행동'을 하고 있고 그런 자신이 있는 곳을 '욕된 교외'라고 말하고 있습니다. 따라서 화자는 책에서 말하는 자유나 정의를 실천하는 행동을 하지도 못하면서 그에 관해 언급하고 있는 책을 읽는 것이 부끄럽고 불편할 것입니다. 결국 화자가 책이 하는 말을 고개 숙이고 듣는 것은 책에서 말하는 자유와 정의를 실천하지 못하는 부끄러움의 표현이고, 화자는 그런 자신이 마음에 들지 않는 것이라 볼 수 있습니다.

**왜**, 화자는 '우스워라 나의 영은 죽어 있는 것이 아니냐'고 말했을까?

⇨  앞의 문답에서, 책에서 말하는 자유와 정의를 실천하지 못하는 자신의 모습에 화자가 부끄러움을 느끼고 있음을 확인할 수 있습니다. 따라서 '나의 영은 죽어 있는 것이 아니냐'라는 스스로에 대한 물음은 실천하지 못하는 소심한 지식인(위에서는 '우리들의 섬세'라 표현됨.)으로서의 자신의 모습에 대한 자학적인 표현임을 알 수 있습니다. 화자는 그런 자신의 모습을 우습다고 말함으로써 스스로를 비웃는 태도를 보이고 있습니다. 그래서 제목도 '죽은 영혼'을 뜻하는 '사령(死靈)'인 거겠죠?


ㄴ. 그렇다면 주제는 뭘까?

책에서 본 자유와 정의를 실천하지 못하는 소심한 자신의 모습을 부끄러워하며 자조적인 웃음을 던지는 '나'

## 2. 표현기법

### ㄱ. 자조적 어조

'자기를 비웃는 듯한 말투'를 의미합니다. 이 작품의 화자는 자유와 정의를 실천하지 못하는 소심한 지식인으로서의 자신의 모습을 스스로 비웃고 있습니다. 이러한 자조적 어조는 자신에 대한 반성적 태도를 표현하는 좋은 방법이며, 특히 글을 읽는 독자로 하여금 자신도 그 비웃음의 대상이 되지나 않는지 반성하게 하는 효과를 낳을 수 있습니다.

**TIPS**

- (가)에서 '나의 영'에 대해 '우스워라'라고 자조한 것은 의사소통의 여지가 축소된 상황에서 자신의 참여만으로는 의사소통의 장을 활성화할 수 없다는 성찰을 드러낸다고 볼 수 있군.(2021학년도 9월 모평)
- 자조적인 어조를 사용하여 시적 정서를 드러내고 있다.(2020학년도 3월 고1 전국연합)

### ㄴ. 의인화

사람이 아닌 대상에 인격이나 사람의 감정을 넣어주고 사람처럼 표현하는 것을 의인이라고 하죠. 이 작품은 재밌게도 책을 '벗', 혹은 '그대'라고 의인화하여 표현하고 있습니다. 이러한 표현을 통해, 책에서 언급된 '자유'나 '정의'를 그저 관념적인 지식이 아니라 자신의 삶 속에서 실천해야 하는 가치로 더욱 효과적으로 나타내고 있습니다. 아는 것을 실천하는 일을 중요하게 여기는 지식인들에게 있어서 책은 끊임없이 자신의 영혼을 일깨워주는 소중한 벗일 수 있겠죠.

**TIPS**

- (가)와 (나)는 인격화된 사물을 청자로 하여 화자의 소망을 전달하고 있다.(2021학년도 6월 모평)
- [가]는 현실 타개의 어려움과 그로 인한 탄식이, [나]는 의인화된 대상과의 대화가 나타나 있다.(2016년 9월 모평)
- (나)에서는 의인화된 자연물을 통해 자신의 처지를 임에게 알리고자 하는 화자의 마음을 드러내고 있다.(2016학년도 9월 모평)

ㄷ. 수미상관

앞에서 이미 설명한 것처럼 시에서 처음과 끝 부분에 같거나 유사한 문장을 반복하여 배치함으로써 운율감을 살리고 형태적 안정감을 주는 기법입니다. 이 작품에서 1연과 5연이 수미상관을 보이는데, 특히 5연에서는 1연에서 '활자'로 표현한 것을 '그대'로 바꾸고, 1연에 없던 '우스워라'를 추가함으로써 의미를 심화하며 끝을 맺고 있습니다.

**TIPS**

- 수미상관의 기법을 활용하여 구조적 안정감을 얻고 있다. (2020학년도 6월 모평)
- 수미상관의 기법을 활용하여 주제 의식을 강조하고 있다. (2020학년도 3월 고1 전국연합)
- ⓐ는 시상 전개의 단서로서 마지막 연과 대응되어 작품의 주제를 강조한다. (2016학년도 9월 모평)

## 3. 감상하기

'아무래도 나는 비켜서 있다. / 절정(絶頂) 위에는 서 있지 않고 / 암만해도 조금쯤 옆으로 비켜서 있다. / 그리고 조금 옆에 서 있는 것이 조금쯤 / 비겁한 것이라고 알고 있다!'

- 김수영, '어느 날 고궁을 나오면서' 中

위의 작품은 김수영 시인의 다른 시입니다. 위에서 보듯이 김수영 시인은 정의롭지 못한 세상에 대해 그 중심에서 정정당당하게 자신의 소리를 내고 싶었던 사람입니다. 그런 김수영에게는 중심에서 벗어난 '교외'와 자신의 소리를 내지 못하는 '고요함'은 비겁함과 다르지 않은 말이었습니다.

# NOTES

## 빈집 – 기형도

사랑을 잃고 나는 쓰네

잘 있거라, 짧았던 밤들아
창밖을 떠돌던 겨울안개들아
아무것도 모르던 촛불들아, 잘 있거라
공포를 기다리던 흰 종이들아
망설임을 대신하던 눈물들아
잘 있거라, 더 이상 내 것이 아닌 열망들아

장님처럼 나 이제 더듬거리며 문을 잠그네
가엾은 내 사랑 빈집에 갇혔네

## 1. 처음 읽고 난 후 느낌과 그 이유 적기 + 이야기 만들기

처음 읽고 난 후 느낌과 그 이유 적기

이야기 만들기

## 2. 시적 화자 찾기

시적 화자는?

화자에 대해 설명하는 부분은?

'화자에 대해 설명하는 부분'+'시적 화자' 순서로 아래에 적어보세요.

## 3. 시적 대상 찾기

시적 대상은?

대상에 대해 설명하는 부분은?

'대상에 대해 설명하는 부분'+'시적 대상' 순서로 아래에 적어보세요.

## 4. 시적 대상에 대한 시적 화자의 태도 찾기

| 3번 | + | 2번 | = | 4번 |
|---|---|---|---|---|
|  |  |  |  |  |

# 빈집 – 기형도

사랑을 잃고 나는 쓰네

잘 있거라, 짧았던 밤들아
창밖을 떠돌던 겨울안개들아
아무것도 모르던 촛불들아, 잘 있거라
공포를 기다리던 흰 종이들아
망설임을 대신하던 눈물들아
잘 있거라, 더 이상 내 것이 아닌 열망들아

장님처럼 나 이제 더듬거리며 문을 잠그네
가엾은 내 사랑 빈집에 갇혔네

---

사랑을 잃고 (글을) 쓰는 나

짧았던 밤, 겨울 안개, 촛불, 종이, 눈물, 열망들(사랑을 얻기 위한 노력과 관련된 대상들)에게 작별의 글을 쓰는 나

– 실패한 사랑의 추억(작별의 글)을 남겨 두고 문을 잠그는 나
– 빈집에 갇힌 내 사랑(실패한 사랑의 추억)을 가엾게 여기는 나

## 1. 처음 읽고 난 후 느낌과 그 이유 적기 + 이야기 만들기

**처음 읽고 난 후 느낌과 그 이유 적기**

슬프다. 대충은 알겠는데 무슨 말 하는지 잘 모르겠다. '문을 잠그네'의 의미가 뭘까.

**이야기 만들기**

## 2. 시적 화자 찾기

**시적 화자는?**

나

**화자에 대해 설명하는 부분은?**

사랑을 잃고 글을 쓰는

사랑을 얻기 위한 노력과 관련된 대상들에게 작별의 글을 쓰는

실패한 사랑의 추억(작별의 글)을 남겨 두고 문을 잠그는

빈집에 갇힌 내 사랑(실패한 사랑의 추억)을 가엾게 여기는

**'화자에 대해 설명하는 부분'+'시적 화자' 순서로 아래에 적어보세요.**

사랑을 잃은 뒤, 사랑을 얻기 위해 노력했던 추억들을 빈집에 남겨 두고 문을 잠그는 ⌒ 나

빈집에 갇힌 자신의 실패한 사랑의 추억을 연민하는 ⌒ 나

## 3. 시적 대상 찾기

**시적 대상은?**

빈집

**대상에 대해 설명하는 부분은?**

실패한 사랑의 추억을 남겨 두고 문을 잠가버린

**'대상에 대해 설명하는 부분'+'시적 대상' 순서로 아래에 적어보세요.**

실패한 사랑의 추억을 남겨 두고 문을 잠가버린 ⌒ 빈집

## 4. 시적 대상에 대한 시적 화자의 태도 찾기

| 3번 | + | 2번 | = | 4번 |
|---|---|---|---|---|
| 실패한 사랑의 추억을 남겨 두고 문을 잠가버린 빈집 | | 사랑을 잃은 뒤, 사랑을 얻기 위해 노력했던 추억들을 빈집에 남겨 두고 문을 잠그는 나, 자신의 실패한 사랑의 추억을 연민하는 나 | | 사랑을 잃은 뒤, 실패한 사랑의 추억을 빈집에 가두고 자신의 가엾은 사랑의 추억을 떠올리는 나 |

# 빈집 – 기형도

사랑을 잃고 나는 쓰네

잘 있거라, 짧았던 밤들아
창밖을 떠돌던 겨울안개들아
아무것도 모르던 촛불들아, 잘 있거라
공포를 기다리던 흰 종이들아
망설임을 대신하던 눈물들아
잘 있거라, 더 이상 내 것이 아닌 열망들아

장님처럼 나 이제 더듬거리며 문을 잠그네
가엾은 내 사랑 빈집에 갇혔네

# 1. 돋보기

ㄱ. 왜일까? 이건 뭘까?

**뭘까,** 화자가 사랑을 잃고 쓰고 있는 것은?

▷ 1연에서 화자는 사랑을 잃은 뒤에 무언가를 쓰고 있다고 했습니다. 아마도 '쓰다'라는 말에 어울리는 목적어는 '글'이겠죠. 그런데 이어지는 2연에서 '잘 있거라, ~들아'를 반복하고 있습니다. 두 연을 자연스럽게 관계 지어본다면 2연의 내용이 화자가 쓰고 있는 글의 내용이라 볼 수 있겠죠? 즉, 화자는 사랑을 잃은 뒤에 여러 대상들에게 작별을 고하는 일종의 편지를 쓰고 있는 것 같습니다.

**뭘까,** 화자가 작별을 고하고 있는 여러 대상들의 의미는?

▷ 일단 여러 대상들은, 그것들과 작별을 고하게 된 계기로 보이는 1연의 '사랑을 잃고'라는 시적 상황과 관련된 것이겠죠? 또, '더 이상 내 것이 아닌 열망들'만 빼고는 모두 과거시제를 표현하는 '-던'이 붙어 있습니다. 이를 종합해 본다면 여러 대상들은 화자의 과거와 관계된 것들이 되겠네요. 그러면 상상력을 좀 발휘해서 이 대상들을 자연스럽게 이어볼까요? 화자는 창밖에 안개가 낀 어느 겨울, 밤이 짧아지도록(늦은 밤까지) 촛불을 켜두고 흰 종이에 무언가를 적은 적이 있는 것 같습니다. 아마도 누군가에 대한 간절한 사랑을 고백하는 글이 아니었을까요? 그런데 그 종이가 공포를 기다리고 있다고 했습니다. 이것은 그 고백이 거절당할지도 모른다는 것에 대한 공포겠죠? 그래서 화자는 망설였고, 망설임 끝에 눈물도 흘렸던 것 같습니다. 자신의 사랑을 고백해야 할지 말아야 할지 밤새 고민하지 않았을까요? 그런데 결국 그 사랑이 잘 되지는 못한 것 같습니다. 자세한 상황은 알 수 없지만 '더 이상 내 것이 아닌 열망들'이라는 표현을 통해 봤을 때 내가 간절히 원하던 그 사랑, 즉 열망이 더 이상 내 것이 아니게 되었으니 말입니다. 결국 2연에서 화자가 작별을 고하고 있는 대상들은 화자가 사랑을 이루기 위해 노력하고 고민했던 과거의 모습들이라고 볼 수 있겠죠?

**왜,** 화자는 그 대상들과 작별을 하고 있는 거지?

⇨  사랑을 잃은 뒤에 그 사랑을 이루기 위해 노력했던 과거 자신의 모습이 얼마나 못나고 헛되게 느껴졌을지 상상이 되지 않나요? 아마도 화자는 그 것들과 작별을 함으로써 그 아픈 기억들을 잊고 싶었나 봅니다.

**왜,** 화자는 자신의 사랑을 빈집에 가둬버린 거지?

⇨  앞의 문답들을 고려해보면, 화자는 너무나 강렬히 원했지만 결국은 이루지 못한 사랑의 아픔을 간직하고 있는 사람입니다. 너무 아픈 사랑이었기 때문에 그 사랑도, 그것과 관련된 기억들도 영원히 다시 떠올릴 수 없도록 어느 공간에 봉인해 버리고 떠나고 싶었던 것이 아닐까요?

**뭘까,** 화자가 빈집이라고 표현하고 있는 것은?

⇨  표면적으로 보면 화자가 있던 집은 그가 떠나버림으로써 이제 빈집이 된 것이겠죠? 그런데 그 곳에 자신의 가여운 사랑을 가두었다고 했으니 따지고 보면 빈집은 아닌 것이죠. 또 상식적으로 생각해 봅시다. 과연 자신의 아픈 기억을 어딘가에 영원히 가둬두고 떠날 수 있을까요? 그럴 수 있다면 너무나 좋겠지만 그건 불가능한 일입니다. 그렇게 본다면 화자는 결국 자신의 소망과는 다르게 실연의 아픔을 조금도 떨쳐버리지 못한 것이고, '빈집'은 아픈 사랑의 기억만 남은 채 텅 비어버린 화자의 공허한 마음을 상징적으로 표현하는 것이라고 볼 수도 있을 것 같습니다. 또한 '빈집'은 사랑했던 사람은 없고, 아픈 사랑의 기억만 남은 채 텅 비어버린 화자의 공허한 마음을 상징적으로 표현하는 것이라고 볼 수도 있을 것 같습니다.

ㄴ. 그렇다면 주제는 뭘까?

실패로 끝나 버린 사랑의 아픈 기억을 영원히 잊고 싶은 '나'

## 2. 표현기법

ㄱ. 추상적 대상의 구체화

추상적인 대상을 구체적인 대상으로 형상화하여 실감을 더해주는 표현 방법으로, '가엾은 내 사랑 빈집에 갇혔네'는 추상적인 감정인 '사랑'을 빈집에 갇힐 수 있는 구체적 사물처럼 표현하고 있습니다.

ㄴ. 상황적 반어

'상황적 반어'란, 기대하는 상황과 실제 상황이 불일치하는 경우를 말합니다. 이 시에서 화자는 가여운 사랑의 추억들을 '빈집'에 가둬버리고 그 곳을 떠나길 원합니다. 그러나 위에서 말한 바대로 이해한다면 이 '빈집'은 아픈 사랑의 기억만 남은 채 텅 비어버린 화자 자신이고, 따라서 화자는 그 빈집에서 조금도 벗어나지 못한 것이고 더 정확히 말한다면 자신이 바로 그 빈집이 되어버린 것입니다. 따라서 이것은 기대되는 상황과 실제 상황이 불일치하는 상황적 반어로 이해할 수 있습니다.

## 3. 감상하기

강렬하게 열망했던 사랑이 실패로 돌아가면 그로 인한 상처는 쉽사리 지워지지 않는 법이죠. 이와 반대로 때론 너무 아픈 기억은 스스로 그 기억을 잊게 한다고 하죠?

# Tips, 현대시 돌아보기

**감각적인 이미지[심상]**  인간의 다섯 가지 감각기관인 시각, 청각, 후각, 촉각, 미각 등을 활용하여 시어나 분위기를 그려내는 것을 의미합니다. 각각 시각적 이미지, 청각적 이미지, 후각적 이미지, 촉각적 이미지, 미각적 이미지 등으로 사용되기도 합니다.
「여승」, 「추억에서」

**감정 이입**  어떤 대상에 자신의 감정을 불어넣는 표현 기법입니다. 다시 말해 개인의 감정을 사물을 통해서 그대로 드러내는 창작기법을 말합니다.
「초혼」

**객관적 상관물**  개인적 감정을 그대로 드러내는 것이 아니라 사물과 사건을 통해서 객관화 하려는 창작기법으로 독자들의 정서적 반응을 불러일으키는 효과가 있답니다.
「풀벌레 소리 가득 차 있었다」

**공감각적 이미지[심상]**  둘 이상의 감각적 이미지가 어우러져 쓰일 때에 하나의 감각을 다른 종류의 감각으로 바꾸어서 표현하는 것을 의미합니다.
「여승」

**독백적 어조**  '혼자 읊조리는 말투'라는 뜻이랍니다.
「길」

**반복**  시어나 시행 등을 반복하여 내용을 강조하거나 형식상 운율감을 주는 표현기법입니다.
「길」

**반어적 표현**  말하고자 하는 원래의 의미와 반대되는 표현을 하여 오히려 그 의미를 효과적으로 표현하는 것을 말합니다.
「묘비명」

**비유**  시인이 나타내고자 하는 것(원관념)을 이와 유사한 다른 것(보조 관념)에 빗대어 표현하는 것으로, 직유, 은유, 활유, 의인 등 다양한 종류가 있습니다. 비유를 통해 추상적인 정서나 사상을 효과적으로 표현하는 것입니다.
「추억에서」

**비판적 어조**  시적 대상이나 상황에 대해 못마땅하게 여기는 어조로서, 대상이나 상황에 대한 비판적 태도를 효과적으로 드러내는 방식입니다.
「묘비명」

**상징적 시어**  추상적인 사물이나 관념 또는 사상을 구체적인 사물로 나타내는 시어입니다.
「길」

**상황적 반어**  기대하는 상황과 실제 상황이 불일치하는 경우를 말합니다. 「서해」, 「빈집」

**수미상관 구성**　수(머리)미(꼬리)상관(서로 관련이 있음)은 주로 시의 첫 연과 마지막 연의 의미나 형태가 유사하게 나열되는 것을 의미합니다. 수미상관이 사용된 작품은 우선 구조적으로 안정감을 주고, 같은 내용이 반복되다 보니 형식상 운율감을 형성하기도 하고 내용을 강조하기도 합니다.　「풀벌레 소리 가득 차 있었다」, 「사령」

**역설적 표현**　모순된 단어나 어구를 한 문장에 넣음으로써 화자의 생각을 강조하는 기법을 말합니다.　「님의 침묵」

**역순행적 구성**　'과거→현재'라는, 시간적 흐름을 역행(거꾸로)하는 구성을 의미합니다.
「여승」

**영탄적 표현**　감정을 강하게 나타내는 수사법으로 주로 독립언이나 용언에서 나타납니다. 그러니 잘 모르겠으면 문장의 마지막 부분을 보면 확인할 수 있겠죠?　「초혼」

**의인화**　사람이 아닌 대상에 인격이나 사람의 감정을 넣어주고 사람처럼 표현하는 것을 말합니다.　「사령」

**자조적 어조**　'자기를 비웃는 듯한 말투'를 의미합니다. 이러한 자조적 어조는 자신에 대한 반성적 태도를 표현하는 좋은 방법이며, 특히 글을 읽는 독자로 하여금 자신도 그 비웃음의 대상이 되지는 않는지 반성하게 하는 효과를 낳을 수 있습니다.　「사령」

**추상적 대상의 구체화**　추상적인 대상을 구체적인 대상으로 형상화하여 실감을 더해주는 표현 방법입니다.　「빈집」

**화자의 정서(태도) 변화**　'시상의 전환' 혹은 '화자의 감정'의 변화라고도 말합니다. 작품 내에서 시적 대상에 대한 화자의 태도가 눈에 띄게 변하는 상황을 의미합니다.
「님의 침묵」

# 고전 시가 알아보기

## 1. 고전 시가란 무엇인가요?

⇨ 예로부터 전하여 내려오는 시가로서 고대 가요, 향가, 고려 속요, 시조, 가사, 민요, 무가, 한시 등을 가리킵니다. 대부분이 현대시처럼 율격을 갖춘 운문의 형태를 띠고 있지요.

## 2. 왜, '고전 시'가 아니라 '고전 시가'일까?

⇨ '고전 시가'도 현대시처럼 '고전 시'라고 하면 될 텐데 왜 '고전 시가'라고 할까요? 그건 '옛날 시[고전 시]'가 노래[가(歌)]로 불렸기 때문입니다.

## 3. 왜, 고전 시가는 어려울까?

⇨ 제일 먼저, 중세 국어로 쓰여 있어 읽기가 어렵기 때문일 거예요. 또한 시대적 배경도 다르고 당시의 유행어(관용적 표현)도 익숙하지 않기 때문일 거고요. 하지만 작품을 만날 때마다 자주 쓰이는 표현(낯선 고사)이나 낱말 뜻(낯선 고어, 한자) 등을 개인 공책에 정리해 놓는다면 이러한 문제는 정말 금방 해결할 수 있답니다. 그래서 〈나만의 고전 시가 공책〉을 만들어 보는 건 정말 중요한 거랍니다! 지금 유행하는 K-POP 가사도 100년 뒤 학생들에게는 암기의 대상 혹은 해석의 대상이 되겠죠?

## 4. 그렇다면 고전 시가는 어떻게 읽어야 할까요?

⇨ 외계어 같은 중세 국어로 표기된 작품을 현대어로 '소리 내어 읽는' 연습을 합니다. 일반적으로 중세 국어는 소리 나는 대로 적을 때가 많기 때문이에요. 무작정 참고서를 보며 내용을 파악하기만 한다면, 자신이 모르는 작품이 나왔을 경우에는 당황할 수밖에 없습니다. 고전 시가의 표기법이 지금과는 많이 달라 읽기가 힘들 거예요. 하지만 낱말 하나하나에 얽매이지 말고 소리 내어 작품을 읽다 보면, 처음엔 시간이 걸리겠지만 조금씩 작품의 맥락과 주제를 찾게 될 거예요.

⇨ 이러한 여러 악조건에도 불구하고, 고전 시가는 현대시보다 구조면에서 훨씬 단순하기 때문에 고전 시가에 대한 정확한 분석법만 알고 있으면 현대시보다 훨씬 쉽게 작품을 감상할 수 있답니다. 또한 고전 시가도 현대시처럼 율격을 갖춘 운문 형태라고 했으니 현대시 공부할 때 함께 했던 '화자'와 '대상'을 찾는 방법도 적용할 수 있겠죠? 자세한 방법은 다음 Tip을 참고해 보세요.

중세 국어 공부 시 기억할 점!

1. 낱말 하나하나에 얽매이지 않고 '전체'에서 '부분'으로 해석한다.

2. 처음에는 가장 가까운 현대어로 해석하여 읽는 연습을 한다.(읽는 게 반이다.)

3. 현대어처럼 읽을 때에는 다음 변화 상황을 적용하며 연습한다.

"중세 국어는 역사적인 변화를 거쳐 현대 국어가 되었습니다. 따라서 중세 국어를 읽을 때 이런 역사적인 변화를 염두에 두고 읽으면 현대 국어에 가깝게 읽을 수 있습니다. 아래 내용은 중세 국어를 읽을 때 염두에 두어야 할 역사적인 변화들입니다. 꼭 기억하였다가 중세 국어로 쓰인 고전 시가를 읽을 때 적용해 보세요~!"

ⓘ 'ㅅ, ㅈ, ㅊ' 뒤에 나오는 이중모음 'ㅑ, ㅕ, ㅛ, ㅠ'는 단모음 'ㅏ, ㅓ, ㅗ, ㅜ'로 바꾸어 읽는다.(단모음화 영향)

   예) 셔울>서울, 하쇼셔>하소서

ⓘ 'ㅁ, ㅂ, ㅍ, (ㅃ)' 뒤에 나오는 모음 'ㅡ'를 'ㅜ'로 바꾸어 읽는다.(원순모음화 영향)

   예) 스믈>스물, 눈믈>눈물, 블[火]>불, 플[草]>풀

ⓘ 'ㄷ, ㅌ'이 모음 'ㅣ, ㅑ, ㅕ, ㅛ, ㅠ'와 만날 때 'ㅈ, ㅊ'으로 바꾸어 읽는다.(구개음화 참조)

   예) 디내다>지내다, 꽃이 디다>꽃이 지다

ⓘ 어두에 나오는 '니, 냐, 녀, 뇨, 뉴' 등의 'ㄴ'은 빼고 읽는다.(두음법칙 참조)

   예) 니르다>이르다, 님금>임금

ⓘ 'ㅴ, ㅳ, ㅺ'와 같은 어두자음군(語頭子音群)은 무조건 맨 뒤에 있는 자음을 된소리로 읽는다.

   예) 'ㅴ', 'ㅳ', 'ㅺ'는 모두 'ㄸ'로 읽는다.

ⓘ 주격 조사 '가'는 16세기부터 나타난다. 그 전에는 '이/ㅣ'로 나타났으니 읽을 때 상황에 맞게 '이/가' 중 하나를 선택한다.

   예) 배(바+ㅣ): 바가, 태자(太子)ㅣ: 태자가

'4. 그렇다면 고전 시가는 어떻게 읽어야 할까요?'에서 말했듯이 고전 시가는 '선경후정(先景後情)'이라는 단순한 구조를 가지고 있어 내용상 작품을 이해하기 매우 쉽습니다. 또한 자주 사용되는 '대구(對句)', '대조(對照)'라는 표현 기법을 적용해 본다면 더더욱 이해하기 쉬울 거고요.

ⓘ '선경후정'이란, 앞부분에 자연 경관이나 사물 혹은 상황에 대한 묘사를 먼저하고 뒷부분에 자기의 감정이나 정서를 그려 내는 시의 구성을 말합니다. 결국 화자의 감정이나 정서가 작품의 뒷부분에 나타나 있다는 말이니, 작품의 뒷부분을 집중해서 보는 연습도 중요하겠지요? *

ⓘ '대구'란, '호랑이는 죽어서 가죽을 남기고, 사람은 죽어서 이름을 남긴다.'와 같이 어조나 어세**가 비슷한 어구를 짝지어 특별한 효과를 만들어 내는 표현 방법입니다. 그렇기 때문에 유사한 구조의 문장이 나온다면 중세 국어로 이해하기 어렵다 하더라도 유사한 두 어구가 서로에게 어떤 의미인지 힌트를 줄 수 있겠지요?

ⓘ '대조'란, '인생은 짧고 예술은 길다.'와 같이 둘 이상인 대상의 내용을 맞대어 같고 다름을 검토한다는 것을 말합니다. 이러한 대조의 기법을 활용할 때는 서로 다른 내용을 명확하게 대비하여 화자가 말하고 싶은 대상이나 내용, 주제 등을 강조하며 전할 수 있지요. 작품을 보면서 하나하나 적용해 보기로 해요.

* 선경후정　이 '선경후정'을 '넓은 의미'로도 볼 수 있는데 이때는 '선경'의 '경'이 '경치'뿐만 아니라 '상황'으로까지 확대 해석될 수 있고, '후정'의 '정'이 '감정'분 아니라 앞에서 밝힌 '상황'에 대한 '이해' 혹은 '판단', '태도' 등으로도 해석될 수 있습니다. 물론 '선경' 부분에서도 화자의 '감정'이 나타날 때도 있으니 전체적인 흐름을 확인해 봐야겠죠?

** 어세　말에서 느껴지는 힘. 말의 높낮이나 장단, 세고 여림 따위.

고전 시가는 시대의 흐름에 따라 그 모양(구성/형태)이 바뀌어 왔습니다. 그렇지만 아래 표를 보면 공통적으로 작품의 마지막 부분인 '후정'에 주제가 있는 것과, 고전 시가의 주제가 대부분 일정하다는 사실을 알 수 있을 거예요.

| | 한시 | | 향가 | | 시조 | 가사 |
|---|---|---|---|---|---|---|
| 형식 | 기(수) | → | 4구 | 4구체 | 초장 | 서사 |
| | 승(함) | | 4구 | 8구체 | 중장 | 본사 |
| | 전(경) | | | | | |
| | 결(미) | | 2구 | 10구체 | 종장 | 결사 |

| | |
|---|---|
| 구조 | 선경(先景): 먼저 '경치' 또는 '상황'을 언급한다. 물론 선경에서도 화자의 감정이 드러날 때도 있지만 대부분 후정에 나타날 때가 많다.<br><br>후정(後情): 언급했던 '경치'에 대한 화자의 감정이나 '상황'에 대한 화자의 이해, 판단, 태도 등을 말한다.<br><br>주제(主題): 결(한시) = 2구(향가) = 종장(시조) = 결사(가사)<br>고전 시가의 주제는 주로, 충(忠), 효(孝), 예(禮), 자연친화(自然親和), 인생무상(人生無常), 사랑과 이별임.<br><br>*표현기법*<br>– 대구(對句): 문법 구성이 같으며 서로 대응하는 말<br>– 대조(對照): 둘 이상의 대상의 내용을 맞대어 같고 다름을 검토함. 서로 달라서 대비가 됨. |

1. 고전 시가에서는 현대시에서 중요하게 이야기했던 '이야기 만들기' 과정을 생략했어요. 이야기 만들기는 '주어진 작품의 내용을 요약하고 연결하여 하나의 연속적인 이야기로 바꾸는 과정'인데, 고전 시가의 대부분이 너무 짧아 더 이상 요약할 필요가 없었기 때문이에요.(22쪽 참조)

2. 대신, 길잡이에서 '시적 화자'와 '시적 대상'을 파악할 때, 내용의 연결을 위한 관계 표지(접속 부사, 지시어, 연결 어미 등)를 직접 넣어 보았어요.(23쪽 참조) 물론 내용이 짧아 본문은 대부분 그대로 가져왔고요.

## 제망매가 祭亡妹歌 – 월명사

| | |
|---|---|
| 生死路隱 | 생사(生死) 길은 |
| 此矣有阿米次肹伊遣 | 예 있으매 머뭇거리고, |
| 吾隱去內如辭叱都 | 나는 간다는 말도 |
| 毛如云遣去內尼叱古 | 못다 이르고 어찌 갑니까. |
| 於內秋察早隱風未 | 어느 가을 이른 바람에 |
| 此矣彼矣浮良落尸葉如 | 이에 저에 떨어질 잎처럼 |
| 一等隱枝良出古 | 한 가지에 나고 |
| 去奴隱處毛冬乎丁 | 가는 곳 모르온저. |
| 阿也彌陀刹良逢乎吾 | 아아, 미타찰(彌陀刹)*에서 만날 나 |
| 道修良待是古如 | 도(道) 닦아 기다리겠노라. |

•

미타찰(彌陀刹)  아미타 부처님이 있는 극락세계(서방정토).

# 1. 처음 읽고 난 후 느낌과 그 이유 적기

# 2. 시적 화자 찾기

시적 화자는?

화자에 대해 설명하는 부분은?

'화자에 대해 설명하는 부분'+'시적 화자' 순서로 아래에 적어보세요.

# 3. 시적 대상 찾기

시적 대상은?

대상에 대해 설명하는 부분은?

'대상에 대해 설명하는 부분'+'시적 대상' 순서로 아래에 적어보세요.

# 4. 시적 대상에 대한 시적 화자의 태도 찾기

| 3번 | + | 2번 | = | 4번 |
|-----|---|-----|---|-----|
|     |   |     |   |     |

## 제망매가 祭亡妹歌 – 월명사

| | |
|---|---|
| 生死路隱 | 생사(生死) 길은 |
| 此矣有阿米次肹伊遣 | 예 있으매 머뭇거리고, |
| 吾隱去內如辭叱都 | '나는 간다'는 말도 |
| 毛如云遣去內尼叱古 | 못다 이르고 어찌 갑니까. |
| 於內秋察早隱風未 | 어느 가을 이른 바람에 |
| 此矣彼矣浮良落尸葉如 | 이에 저에 떨어질 잎처럼 |
| 一等隱枝良出古 | 한 가지에 나고 |
| 去奴隱處毛冬乎丁 | 가는 곳 모르온저. |
| 阿也彌陁刹良逢乎吾 | 아아, 미타찰(彌陀刹)에서 만날 나 |
| 道修良待是古如 | 도(道) 닦아 기다리겠노라. |

## 1. 처음 읽고 난 후 느낌과 그 이유 적기

이별. 슬픔. 희망(?). 기다림: 누군가와 이별을 했는데 미타찰이라는 곳에서 그 사람과 다시 만날 때까지 기다리겠다고 했기 때문에.

## 2. 시적 화자 찾기

시적 화자는?

나

화자에 대해 설명하는 부분은?

한 가지에 나고 가는 곳 몰라 (안타까운) / 미타찰에서 만날 (것을 믿는)

도 닦아 기다리겠다고 (다짐하는)

**'화자에 대해 설명하는 부분'+'시적 화자' 순서로 아래에 적어보세요.**

한 가지에서 나고 가는 곳 몰라 안타까워하는 ⌒ 나

미타찰에서 (누이를) 만날 것을 믿고 도 닦으며 기다리겠다고 다짐하는 ⌒ 나

## 3. 시적 대상 찾기

시적 대상은?

매(妹, 누이)

대상에 대해 설명하는 부분은?

망(亡, 죽은) / '나는 간다'는 말도 못다 이르고 간

어느 가을 이른 바람에 떨어질 잎처럼 간

**'대상에 대해 설명하는 부분'+'시적 대상' 순서로 아래에 적어보세요.**

'나는 간다'는 말도 못다 이르고 죽은 ⌒ 누이

어느 가을 이른 바람에 떨어질 잎처럼 간 ⌒ 누이

## 4. 시적 대상에 대한 시적 화자의 태도 찾기

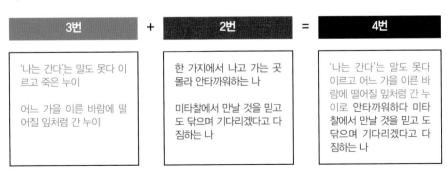

| 3번 | + | 2번 | = | 4번 |
|---|---|---|---|---|
| '나는 간다'는 말도 못다 이르고 죽은 누이<br><br>어느 가을 이른 바람에 떨어질 잎처럼 간 누이 | | 한 가지에서 나고 가는 곳 몰라 안타까워하는 나<br><br>미타찰에서 만날 것을 믿고 도 닦으며 기다리겠다고 다짐하는 나 | | '나는 간다'는 말도 못다 이르고 어느 가을 이른 바람에 떨어질 잎처럼 간 누이로 안타까워하다 미타찰에서 만날 것을 믿고 도 닦으며 기다리겠다고 다짐하는 나 |

# 제망매가 祭亡妹歌 - 월명사

| 선경 | | |
|---|---|---|
| | 生死路隱 | 삶과 죽음의 길은 |
| | 此矣有阿米次肹伊遣 | 여기에 있으므로 머뭇거리는데, |
| | 吾隱去內如辭叱都 | '나(누이)는 간다'는 말도 |
| | 毛如云遣去內尼叱古 | 다 하지 못하고 어찌 갔단 말입니까. |
| | 於內秋察早隱風未 | 어느 가을 이른 바람에 |
| | 此矣彼矣浮良落尸葉如 | 여기저기에 떨어지는 나뭇잎처럼 |
| | 一等隱枝良出古 | 한 가지에서 태어나고도 |
| | 去奴隱處毛冬乎丁 | 가는 곳을 모르겠군요. |

기
서

| 후정 | | |
|---|---|---|
| | 阿也彌陀刹良逢乎吾 | 아아, (죽은 누이와)극락세계에서 만날 나(화자)는 |
| | 道修良待是古如 | 불도를 닦으며 기다리겠습니다. |

결

---

**TIPS**

'제망매가'의 배경 설화 - 신라 서라벌의 사천왕사(四天王寺)에 피리를 잘 부는 스님이 있었다. 그의 이름은 월명(月明)이었는데, 그는 향가도 잘 지어 일찍이 죽은 누이를 위하여 재(齋)를 올릴 때 향가를 지어 제사를 지냈다. 이렇게 노래를 불러 제사를 지냈더니, 문득 회오리바람이 불어 지전(紙錢)이 서쪽(미타찰, 서방정토)으로 날아가 사라졌다.

# 1. 돋보기

ㄱ. 왜일까? 이건 뭘까?

**뭘까**, 제망매가의 뜻은?

⇨   제(祭)는 '제사를 지내다, 제문을 쓰다'라는 뜻, 망매(亡妹)는 '죽은 누이'라는 뜻, 가(歌)는 '노래'라는 뜻이에요. 연결해 보면, '죽은 누이에게 제사를 지내는 노래'를 의미하겠네요. 벌써 제목에 시적 대상과 상황이 다 나와 있네요.

**뭘까**, '나는 간다'는 말도 못다 이르고 죽었다는 말이?

⇨   '나는 간다'의 '나'는 시적 대상인 죽은 누이를 가리키는 것이겠죠? 그렇다면 이렇게 작별 인사마저 남기지 못하고 죽었다는 건 누이의 죽음이 갑작스러웠음을 의미한다고 볼 수 있겠네요. '어찌 갑니까'는 화자의 안타까움을 나타내는 어조로 볼 수 있고요.

**뭘까**, '어느 가을 이른 바람에/이에 저에 떨어질 잎처럼'이란 말이?

⇨   가을에 낙엽이 지는 건 당연한 것이지만, 본문에 나온 낙엽은 '이른 바람'에 다른 낙엽보다 빨리 떨어짐, 다시 말해 누이의 죽음이 너무 빠른 시간에 왔음(요절함)을 표현한 것으로 볼 수 있습니다. 또한 화자는 여기저기 떨어지는 낙엽처럼 자신의 누이가 어디로 가는지 모르는 부정적 상황마저도 '이에 저에 떨어질 잎'이라는 비유적 표현으로 자신의 안타까운 심정을 처절하게 드러내고 있습니다.

**왜**, '한 가지에 나고'도 가는 곳을 모를까?

⇨   위에서 '잎'을 누이의 비유적 표현으로 봤다면 그 잎들이 붙어있는 '한 가지'는 뭘까요? 그렇죠, 바로 부모님으로 볼 수 있겠죠? 한 부모의 자식으로 태어나서도 누이의 요절(夭折, 젊은 나이에 죽음)에 어떠한 준비도 반응도 하지 못한 화자의 안타깝고도 허망한 심정이 나타났다고 볼 수 있겠네요.

**왜**, 갑자기 화자는 '도 닦아 기다리겠노라'고 할까요?

⇨   갑작스런 누이의 요절에 대해 안타까워하며 허망해하던 화자가 갑자기 '불도를 닦으며 기다리겠다'는 '기다림', '다시 만남에 대한 소망'의 메시지로 작품을 마무리할 수 있었을까요? 바로, '미타찰(극락세계)'에서 누이와 다시 만날 것이라는 믿음이 화자의 '슬픔'을 '소망'이라는 감정으로 승화시

켰기 때문이겠지요. 화자의 정서가 '슬픔'에서 '소망'으로 바뀌는 순간입니다. 어디서 본 내용이죠? 바로 현대시 한용운의 '님의 침묵'에서 이와 유사한 내용을 본 적이 있죠?(50쪽 참조)

ㄴ. 그렇다면 주제는 뭘까?

**이별** 죽은(갑자기 요절한) 누이로 슬프지만 누이와 다시 만날 거라 소망하는 나

> **TIPS**
>
> 선경후정 구조를 잊지 마세요! 여기서 주제와 직결된 '후정'은 어디일까요? 역시 마지막 두 구겠네요. <기>와 <서>의 내용이 죽은 누이와 그에 대한 화자의 슬픔을 다룬 '선경'이라면, <결>은 그러한 슬픈 감정을 종교의 힘으로 승화시키는 화자의 의지를 드러낸 '후정'이라 볼 수 있겠네요.

## 2. 표현기법

### ㄱ. 10구체 향가의 구조 및 특징

향가는 네 줄인 '4구체'와 여덟 줄인 '8구체' 그리고 열 줄인 '10구체'가 있습니다. 그 중 10구체 향가는 향가의 완성된 형태로 보고 이를 별칭인 '사뇌가(詞腦歌)'라고 부르기도 한답니다. 10구체 향가는 <기>, <서>, <결>이라는 3단 구성을 보입니다. 대체로 1~4구가 <기>, 5~8구가 <서>, 9~10구가 <결>을 이루는데, <결>에서 작품의 핵심에 해당하는 화자의 정서와 태도가 드러날 때가 많습니다. '제망매가'도 10구체 향가이므로 '아아'라는 감탄사로 시작하는 9~10구<결>에서 작품에서 가장 중심이 되는 화자의 정서와 태도가 드러나고 있습니다. 나중에는 10구체 향가의 구조가 우리나라 시조에도 영향을 주는데 <기>, <서>, <결>이라는 3단 구성은 '초장', '중장', '종장'이라는 3장 구성이 되고, <결>의 감탄사는 '종장'의 낙구가 된답니다.

### ㄴ. 시상의 전환

작품 내에서 시적 대상에 대한 화자의 정서와 태도가 눈에 띄게 변하는 상황을 의미해요. 자세한 내용은 한용운의 '님의 침묵'에서 다시 한번 확인해 보세요.

ㄷ. 비유

비유란 어떤 사물이나 현상을 그와 비슷한 다른 사물이나 현상에 빗대어 표현하는 방식으로, 본문에서는 〈서〉 부분에 잘 나타나 있습니다. '이른 바람', '나뭇잎', '한 가지' 등의 소재는 모두 〈기〉에서 밝혔던 누이의 죽음과 관련된 것들을 다시금 비유적으로 표현한 것으로, 작가의 슬픔과 허무의 감정을 감각적으로 표현했다고 볼 수 있습니다.

## 3. 감상하기

우리가 가장 사랑하는 가족과 이별의 고통을 겪은 적이 있나요? 아니면 내가 가장 아끼던 애완동물과 헤어진 적이 있나요? 이러한 이별은 우리에게 크나큰 슬픔과 심적 고통을 주지요. 하지만 우리는 이별의 아픔 속에서 영원히 살 순 없습니다. 그래서 많은 사람들이 이러한 이별의 아픔을 잊으려고 다른 일에 몰두하거나 다른 사랑을 찾기도 합니다. 아니면 종교의 힘으로 승화시키려 하고요. '제망매가'는 누이와의 이별로 인한 슬픔을, 부처님 세계인 극락에서 누이와 다시 만날 것이라는 소망으로 승화시키고 있습니다. 하지만 이러한 화자의 모습이 오히려 더욱 애잔하게 보이네요.

## 백설이 조자진 – 이색

백설(白雪)이 조자진• 골에 구루미 머흐레라•

반가온 매화(梅花)는 어늬 곳에 픠엿눈고

석양(夕陽)에 홀로 셔 이셔 갈 곳 몰라 ᄒ노라

•
조자지다  줄어들다
머흐레라  험하구나

## 1. 처음 읽고 난 후 느낌과 그 이유 적기




## 2. 시적 화자 찾기

시적 화자는?


화자에 대해 설명하는 부분은?



'화자에 대해 설명하는 부분'+'시적 화자' 순서로 아래에 적어보세요.




## 3. 시적 대상 찾기

시적 대상은?


대상에 대해 설명하는 부분은?



'대상에 대해 설명하는 부분'+'시적 대상' 순서로 아래에 적어보세요.




## 4. 시적 대상에 대한 시적 화자의 태도 찾기

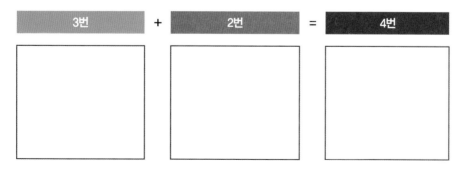

| 3번 | + | 2번 | = | 4번 |
| --- | --- | --- | --- | --- |
|  |  |  |  |  |

# 백설이 주자진 – 이색

백설(白雪)이 주자진 골에 구루미 머흐레라

반가온 매화(梅花)는 어늬 곳에 픠엿는고

석양(夕陽)에 홀로 셔 이셔 갈 곳 몰라 하노라

## 1. 처음 읽고 난 후 느낌과 그 이유 적기

어색해요. 방황?: 반가운 매화는 어디 있는지 모르고 자신은 갈 곳 몰라 해서.

## 2. 시적 화자 찾기

**시적 화자는?**
나

**화자에 대해 설명하는 부분은?**
(반가운 매화를) 찾지 못한
석양에 홀로 서 있는
갈 곳 몰라 하는

**'화자에 대해 설명하는 부분'+'시적 화자' 순서로 아래에 적어보세요.**
매화를 찾지 못한 ⌒ 나
석양에 홀로 서 있는 ⌒ 나
갈 곳 몰라 하는 ⌒ 나

## 3. 시적 대상 찾기

**시적 대상은?**
골짜기

**대상에 대해 설명하는 부분은?**
백설이 줄어든
구름만 험한
반가운 매화가 피지 않은

**'대상에 대해 설명하는 부분'+'시적 대상' 순서로 아래에 적어보세요.**
'백설이 줄어들고 구름만 험하며 반가운 매화가 피지 않은 ⌒ 골짜기

## 4. 시적 대상에 대한 시적 화자의 태도 찾기

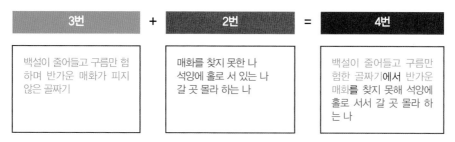

| 3번 | + | 2번 | = | 4번 |
|---|---|---|---|---|
| 백설이 줄어들고 구름만 험하며 반가운 매화가 피지 않은 골짜기 | | 매화를 찾지 못한 나 석양에 홀로 서 있는 나 갈 곳 몰라 하는 나 | | 백설이 줄어들고 구름만 험한 골짜기에서 반가운 매화를 찾지 못해 석양에 홀로 서서 갈 곳 몰라 하는 나 |

# 백설이 주자진 – 이색

선경

흰 눈이 줄어든 골짜기에 구름이 험하구나 •-------------------- 초장

반가운 매화는 어느 곳에 피었는가 •-------------------- 중장

후정 ─ 석양에 홀로 서 있어 갈 곳 몰라 하노라 •-------------------- 종장

# 1. 돋보기

**뭘까,** '백설'과 '구름'과 '매화'의 관계는?

⇨ 먼저 '백설(흰 눈)'이 줄어간다는 건 겨울이 끝나간다는 의미겠죠? 겨울이 끝나면 당연히 봄이 와야 하고요. 화자는 겨울의 상징인 '백설'의 자리에 봄의 상징인 '반가운 매화'가 와야 하는데 그 대신 '험한 구름'이 왔다며 갈 곳 몰라 하고 있습니다. 이를 통해 '매화'와 '구름'이 서로 대조적인 관계임을 알 수 있겠죠?

**뭘까,** '구름'과 '매화', '골(골짜기)'의 의미는?

⇨ 화자는, '구름'을 '험하다'로 '매화'를 '반갑다'로 표현했습니다. 화자가 기다리는 대상이 구름이 아니라 매화임을 알 수 있겠네요. 쉽게 말해 '구름'은 화자가 '매화'를 보지 못하게 방해하는 부정적 존재로, '매화'는 화자가 기다리는 긍정적 존재로 볼 수 있겠네요. 작품만 봤을 때는 이렇게 부정과 긍정 혹은 대조적 의미로 구름과 매화의 의미를 볼 수 있습니다. 하지만 작가나 작품이 쓰인 시대적 배경을 고려하여 '매화'와 '구름'의 의미를 이해해 본다면(이런 경우 시험에서는 〈보기〉에 작가의 삶이나 당대의 시대적 배경에 대한 정보를 줍니다.) '매화'는 작가 자신처럼 '망해가는 고려 왕조에 충성을 바치는 신하들'을, '구름'은 '고려를 버리고 조선을 건국하려는 간신들'을 의미한다고 볼 수 있습니다. 그렇다면 '골짜기'는 그런 충신들과 간신들이 함께 존재하는 '조정'이나 '당시의 정치 상황'이 되겠죠.

**왜,** 석양에 홀로 서 있을까?

⇨ 화자는 봄의 전령인 매화를 찾을 수 없었죠? 다시 말해 임금에게 충성할 수 있는 신하를 찾지 못한 상황을 묘사한다고 할 수 있겠네요.

**왜,** 갈 곳 몰라 할까?

⇨ '석양에 홀로 서 있는' 상황, 위에서 말한 것처럼 임금에게 충성할 수 있는 신하를 찾지 못한 상황을 어찌해야 할지 몰라 안타깝게 여기는 화자의 태도로 볼 수 있습니다.

ㄴ. 그렇다면 주제는 뭘까?

**충(忠)** 간신이 가득한 조정에서 충신을 찾지 못해 홀로 한탄하는 '나'

## 2. 표현기법

ㄱ. 시조의 구성

고전 시가에서 세 줄짜리 작품이 나오면 무조건 갈래상 '시조'로 보면 됩니다. 시조는, 형식상 첫 줄은 초장(初章), 둘째 줄은 중장(中章), 셋째 줄은 종장(終章)으로 구성되어 있고, 내용상 초장과 중장은 '선경(先景)'으로 종장은 '후정(後情)'으로 볼 수 있답니다. 그렇다면 주제는 '종장'에 있겠지요? 또한 시조에서는 제목이 의미가 없습니다. 워낙 짧은 작품이기에[그래서 단가(短歌)라고 불리기도 했지요] 당시에 제목을 따로 붙이지 않았고, 초장에 나온 첫 구절을 편의상 제목으로 올린 것이기 때문이죠.

ㄴ. 상징

상징이란 추상적인 대상을 구체적인 대상으로 나타내어 표현하는 방식입니다.

**TIPS**

사군자(四君子): 동양화에서, 고결함이 군자와 같다는 뜻으로, 매화·난초·국화·대나무를 일컫는 말이예요. 고전 시가에서 이 사군자는 정말 자주 나온답니다. 그러니 아래 내용을 잘 정리해 놓고 자주 보면 도움이 되겠지요? 매화·난초·국화·대나무 순서는 봄·여름·가을·겨울 순서에 맞추어 놓은 것으로 다음과 같은 특징을 지니고 있어요. '매화'는 추위를 무릅쓰고 이른 봄에 제일 먼저 꽃을 피웁니다. '난초'는 한여름에도 시들지 않고 깊은 산중에서 은은한 향기를 멀리까지 퍼뜨리고요. '국화'는 늦가을에도 첫 추위(된서리)를 이겨내며 독야청청 피어난답니다. '대나무'는 모든 식물의 잎이 떨어진 추운 겨울에도 푸른 잎을 계속 유지한답니다. 이러한 각 식물 특유의 장점을 군자(君子), 즉 덕(德)과 학식을 갖춘 사람의 인품에 비유하여 사군자라고 부른답니다.

ㄷ. 대조법(대조의 기법)

대조법(對照法)은 서로 반대되는 대상이나 내용을 내세워 주제를 강조하거나 인상을 선명하게 표현하는 수사법입니다. 본문에서는 '매화'와 '구름'이 서로 반대되는 대상이 된다고 위에서 밝혔지요? 그렇다면 화자는 무엇을 강조하거나 선명하게 표현하려고 한 걸까요? 네, '충신'인 '매화'가 없음을 강조하기 위해 그와 대조되는 '구름'(간신)만이 가득한 상황을 대비적으로 부각한 것이라 볼 수 있겠네요.

**TIPS**

- 대조적 소새를 통해 삶에 대한 글쓴이의 인식을 드러내고 있다.(2020학년도 6월 모평)
- 대조적 표현을 활용하여 대상에 대한 일반적인 생각을 드러내고 있다.(2020학년도 3월 고2 전국연합)

## 3. 감상하기

자신과 마음이 맞는 친구가 있나요? 혹시 나만 그렇게 생각하는 건 아닌가요? 아래 이야기를 읽어보고 '백설이 주자진'의 화자의 마음을 이해해 보도록 해요.

백아(伯牙)는 거문고를 잘 연주했고 종자기(鍾子期)는 (백아의 연주를) 잘 감상했다. 백아가 거문고를 탈 때 그 뜻이 높은 산에 있으면 종자기는 "훌륭하다. 우뚝 솟은 그 느낌이 태산 같구나."라고 했고, 그 뜻이 흐르는 물에 있으면 종자기는 "멋있다. 넘칠 듯이 흘러가는 그 느낌은 마치 강과 같군."이라고 했다. 백아가 뜻하는 바를 종자기는 다 알아맞혔다. 하지만 종자기가 죽자 백아는 더 이상 세상에 자기의 음악을 알아주는 사람[知音]이 없다고 말하고 거문고를 부수고 줄을 끊고 종신토록 연주하지 않았다.《열자(列子) 〈탕문(湯問)〉》

위의 이야기는 백아절현(伯牙絕絃)이라는 한자성어의 배경이 되는 이야기랍니다. 백아와 종자기의 관계처럼 서로를 알고 이해해 주는 친구를 만나기는 쉽지 않은 일입니다. 작가 '이색'의 모습에서 진정한 친구를 찾는 '백아'의 모습이 보이는 건 정말 우연일까요? 아니면 바로 나의 이야기는 아닐까요?

## 오백 년 도읍지를 - 길재

오백 년 도읍지를 필마(匹馬)*로 도라드니,

산천(山川)은 의구(依舊)ᄒ되* 인걸(人傑)은 간 듸 업다.

어즈버, 태평연월(太平烟月)*이 ᄭᅵᆷ이런가 ᄒ노라.

•

필마  한 필의 말
의구ᄒ되  옛날 그대로인데
태평연월  근심이나 걱정이 없는 편안한 세월

## 1. 처음 읽고 난 후 느낌과 그 이유 적기


## 2. 시적 화자 찾기

시적 화자는?

화자에 대해 설명하는 부분은?

'화자에 대해 설명하는 부분'+'시적 화자' 순서로 아래에 적어보세요.


## 3. 시적 대상 찾기

시적 대상은?

대상에 대해 설명하는 부분은?

'대상에 대해 설명하는 부분'+'시적 대상' 순서로 아래에 적어보세요.


## 4. 시적 대상에 대한 시적 화자의 태도 찾기

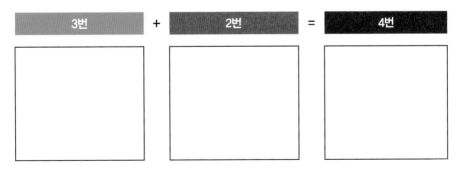

| 3번 | + | 2번 | = | 4번 |
|---|---|---|---|---|
|  |  |  |  |  |

# 오백 년 도읍지를 – 길재

오백 년 도읍지를 필마(匹馬)로 도라드니,

산천(山川)은 의구(依舊)ㅎ되 인걸(人傑)은 간 듸 업다.

어즈버, 태평연월(太平烟月)이 쑴이런가 ㅎ노라.

## 1. 처음 읽고 난 후 느낌과 그 이유 적기

허무하다. 안타깝다: 산천은 옛날 그대로인데 인걸은 없어서.


## 2. 시적 화자 찾기

시적 화자는?

나

화자에 대해 설명하는 부분은?

(오백 년 도읍지를) 필마로 돌아 든

'어즈버'하며 태평연월이 꿈이었던가 생각하는

**'화자에 대해 설명하는 부분'+'시적 화자' 순서로 아래에 적어보세요.**

(오백 년 도읍지를) 필마로 돌아들면서 '어즈버'하며 태평연월이 꿈이었던가 생각하는 ⌒ 나


## 3. 시적 대상 찾기

시적 대상은?

오백 년 도읍지

대상에 대해 설명하는 부분은?

산천은 의구한데(옛날과 같은데) 인걸은 간 곳이 없는

**'대상에 대해 설명하는 부분'+'시적 대상' 순서로 아래에 적어보세요.**

산천은 의구한데(옛날과 같은데) 인걸은 간 곳이 없는 ⌒ 오백 년 도읍지


## 4. 시적 대상에 대한 시적 화자의 태도 찾기

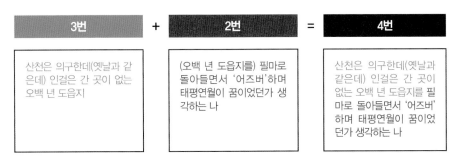

| 3번 | + | 2번 | = | 4번 |
|---|---|---|---|---|
| 산천은 의구한데(옛날과 같은데) 인걸은 간 곳이 없는 오백 년 도읍지 | | (오백 년 도읍지를) 필마로 돌아들면서 '어즈버'하며 태평연월이 꿈이었던가 생각하는 나 | | 산천은 의구한데(옛날과 같은데) 인걸은 간 곳이 없는 오백 년 도읍지를 필마로 돌아들면서 '어즈버'하며 태평연월이 꿈이었던가 생각하는 나 |

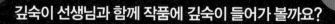

# 오백 년 도읍지를 – 길재

선경
오백 년 도읍지를 한 필의 말로 돌아드니 ●----------------------- 초장

산천(山川)은 옛날과 같은데 인걸은 간 데 업다. ●--------------- 중장

후정
아, 슬프다! 태평스러운 시절이 꿈이었던가 하노라. ●------------- 종장

# 1. 돋보기

**뭘까, '오백 년 도읍지'는?**

➡ 오백 년 도읍지는 말 그대로 오백 년 동안 한 나라의 수도였던 곳을 뜻합니다. 그런데 중장을 보면 그곳이 산천은 옛날과 같지만 인걸(뛰어난 인재)들은 간 곳이 없는 장소가 되어 버렸음을 알 수 있습니다. 한 나라의 수도였던 곳의 자연은 변함이 없지만 그곳에 있던 수많은 인재들이 사라졌다는 것은 무엇을 뜻할까요? 아마도 그곳을 도읍지로 하던 나라가 망했음을 의미하겠죠. 따라서 오백 년 도읍지는 오백 년 동안 지속되던 어느 나라의 수도였던 곳이지만, 지금은 그 나라가 망해서 그곳에 있던 수많은 인재들이 다 사라져버린 공간을 의미한다고 볼 수 있습니다. 만약 이 작품의 작가인 '길재'가 고려 말의 신하로서 조선이 건국된 뒤 두 임금을 섬길 수 없다며 조선에 협력하기를 거부한 사람이라는 정보가 주어진다면, 오백 년 도읍지는 멸망한 고려의 수도였던 곳을 의미한다는 것까지도 생각해 볼 수 있겠죠? 그런데 이런 정보까지 꼭 외워야 해석이 되는 것은 아니랍니다. 이와 같이 작가의 삶을 통해 작품을 해석하는 작가론적 해석을 하길 원한다면 출제자는 〈보기〉를 통해 이런 정보를 줄 것이기 때문이죠.

**왜, 화자는 '태평연월이 꿈이런가 ᄒ노라'라고 말했을까?**

➡ 화자는 필마(한 필의 말)를 타고 지금은 망해버린 어느 나라의 도읍지였던 곳을 둘러보고 있습니다. 그곳의 자연은 옛날과 다름이 없지만, 그곳에 있던 수많은 인재들은 이제 단 한 명도 남지 않았습니다. 그 모습을 보면서 화자는 태평연월(태평했던 시절)이 하룻밤의 꿈이었던 것인가라고 말하고 있습니다. 태평연월은 그 나라가 망하기 전의 융성했던 시절을 의미하는 것이라 볼 수 있습니다. 따라서 화자는 망해버린 어느 나라의 도읍지에 지금은 아무 것도 남지 않은 모습을 보며 한 나라의 흥망성쇠가 결국 하룻밤의 꿈처럼 무상한 것임을 느끼며 탄식하고 있는 것이라 볼 수 있습니다. 이런 감정을 '나라가 망한 뒤에 보리만 무성하게 자라 있는 것을 보며 탄식한

다'는 뜻의 '맥수지탄(麥秀之嘆)'이라고 표현하기도 하죠. 나라의 흥망성쇠도 넓게는 인간의 역사라는 점을 고려한다면, 나라가 망한 뒤 느끼는 탄식과 허무함은 넓게는 인간사의 무상함과도 깊은 관련을 가지고 있다고 볼 수 있겠네요.

ㄴ. 그렇다면 주제는 뭘까?

**맥수지탄(麥秀之嘆), 인생무상(人生無常)**   아무 것도 남지 않은 옛 도읍지를 돌아보며 느끼는 망국의 슬픔과 인간사의 무상함.


## 2. 표현기법

ㄱ. 대조

대조는 앞에서도 말했듯이 두 대상의 차이점을 부각하는 표현 기법입니다. 이 작품의 중장에서는 옛날과 다름없는 산천과 간 데 없는 인걸을 대조함으로써 인간사(人間事)의 유한함을 부각하고 있습니다. 이를 통해 망국의 슬픔과 인간사의 무상감을 효과적으로 드러내고 있는 것이죠.

> **TIPS**
> - '문밖'은 '방바닥'에 대비됨으로써 '나'가 거미들의 만남이 실현된다고 확신하는 공간이다.(2022 수능 예비 시행)
> - ㉠은 화자의 행위에 담긴 의미가 드러나는 공간이고, ㉣은 대상의 행위에 담긴 의미가 드러나는 공간이다.(2020학년도 4월 고3 전국연합)
> - <제2장>과 <제125장>은 모두 자연 현상과 인간의 삶을 대조적으로 보여 주고 있다.(2016학년도 수능)

ㄴ. 종장의 첫 음보

시조는 보통 종장 첫 음보에서 '어즈버', '아해야', '님금하' 같은 감탄사나 부르는 말 등을 통해 시상을 집약합니다. 이 작품에서도 '어즈버(아, 슬프다!)'라는 슬픔을 의미하는 감탄사를 활용하고 있죠. 이러한 방식은 앞의 '제망매가' 표현기법에서 언급했듯이 10구체 향가의 감탄사가 영향을 준 것이라 할 수 있습니다. 이를 통해 문학사의 흐름상, 시조의 발생에 향가의 영향이 컸을 것이라 추정하고 있죠.

## 3. 감상하기

여러분들도 어린 시절에 살던 동네나 자신이 살던 집을 찾아 가 본 적이 있으신 가요? 주변의 자연 풍경은 크게 변하지 않았는데 거리나 건물의 모습이 크게 변했거나 예전 모습을 전혀 찾을 수 없어서 아쉬웠던 경험은 없으신가요? 또 어떤 경우에는 외적인 모습은 크게 변하지 않았는데도, 어린 시절에는 넓게만 보였던 골목과 높게만 보였던 건물들이 이제는 너무 작고 초라하게 느껴지는 것에서 자신이 훌쩍 커버렸다는 사실과 지나버린 시절로 돌아갈 수 없다는 안타까움을 느낀 적은 없으신가요? 그럴 때 우리가 느끼는 마음이 바로 '무상감(無常感)'입니다. 과거의 공간에 대한 애착이 크면 클수록 그 공간이 변해버린 데서 오는 무상감은 더 크겠죠?

# 도산십이곡陶山十二曲 - 이황

고인(古人)도 날 몯 보고 나도 고인(古人) 몯 뵈.

고인(古人)을 몯 뵈도 녀던* 길 알퓌 잇니,

녀던 길 알퓌 잇거든 아니 녀고 엇멸고.

〈제9곡〉


당시(當時)예 녀둔 길흘 몃 히룰 버려 두고,

어듸 가 둔니다가 이제야 도라온고.

이제나 도라오나니 년 듸* ᄆᆞᆷ 마로리.

〈제10곡〉


청산(靑山)는 엇뎨ᄒᆞ야 만고(萬古)애 프르르며,

유수(流水)는 엇뎨ᄒᆞ야 주야(晝夜)애 긋디 아니눈고.

우리도 그치디 마라 만고상청(萬古常靑)*호리라.

〈제11곡〉


*

녀다  가다. 다니다. (녀던, 녀고, 녀둔)

년 듸  다른 데 (녀느, 여느)

만고상청(萬古常靑)  영원히 푸름

144

## 1. 처음 읽고 난 후 느낌과 그 이유 적기

## 2. 시적 화자 찾기

시적 화자는?

화자에 대해 설명하는 부분은?

'화자에 대해 설명하는 부분'+'시적 화자' 순서로 아래에 적어보세요.

## 3. 시적 대상 찾기

시적 대상은?

대상에 대해 설명하는 부분은?

'대상에 대해 설명하는 부분'+'시적 대상' 순서로 아래에 적어보세요.

## 4. 시적 대상에 대한 시적 화자의 태도 찾기

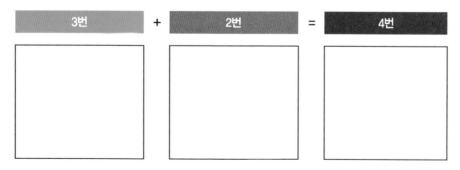

## 도산십이곡陶山十二曲 - 이황

고인(古人)도 날 몯 보고 나도 고인(古人) 몯 뵈.
고인(古人)을 몯 뵈도 녀던 길 알퓌 잇늬,
녀던 길 알퓌 잇거든 아니 녀고 엇뎔고.

〈제9곡〉

당시(當時)예 녀둔 길흘 몃 히룰 부려 두고,
어듸 가 돈니다가 이제야 도라온고.
이제나 도라오나니 녀 듸 무움 마로리.

〈제10곡〉

청산(青山)눈 엇뎨ᄒᆞ야 만고(萬古)애 프르르며,
유수(流水)눈 엇뎨ᄒᆞ야 주야(晝夜)애 긋디 아니눈고.
우리도 그치디 마라 만고상청(萬古常青)호리라.

〈제11곡〉

## 1. 처음 읽고 난 후 느낌과 그 이유 적기

역시 어려운 말이 많아요. 낱말을 정리해야지! 이건, 모르는 게 아니라 아직 익숙하지 않은 거야!!!

## 2. 시적 화자 찾기

시적 화자는?
나

화자에 대해 설명하는 부분은?

| | |
|---|---|
| 고인(옛사람)을 못 뵌 / 고인이 가던 길이 앞에 있음을 아는 | |
| (고인이 가던 길을) 아니 가고 어찌할까 자문하는 | 〈제9곡〉 |
| (당시에 가던 길을) 몇 해를 버려두고 (다른 곳을 다니다가) 이제 돌아온 | |
| 년 듸(다른 데, 중장의 '어듸'에 마음 말겠다고(두지 않겠다고) 다짐하는 | 〈제10곡〉 |
| (만고에 푸르른 청산과 주야에 그치지 않는 유수처럼) 그치지 않기를 다짐하는 | 〈제11곡〉 |

**'화자에 대해 설명하는 부분'+'시적 화자' 순서로 아래에 적어보세요.**

옛사람을 못 뵌 / 고인이 가던 길이 앞에 있음을 알면서 어떻게 안 갈 수가 있을까 자문하는 / 당시에 가던 길을 몇 해를 버려두고 어디 가 다니다 이제 돌아온 / 다른 데에 마음 두지 않겠다고 다짐하는 / 청산과 유수처럼 그치지 않기를 다짐하는 ⤴ 나

## 3. 시적 대상 찾기

시적 대상은?
길

대상에 대해 설명하는 부분은?
고인(옛사람)이 녀던(가던)

**'대상에 대해 설명하는 부분'+'시적 대상' 순서로 아래에 적어보세요.**

옛사람이 가던 ⤴ 길

## 4. 시적 대상에 대한 시적 화자의 태도 찾기

| 3번 | + | 2번 | = | 4번 |
|---|---|---|---|---|
| 옛사람이 가던 길 | | 옛사람을 못 뵌 / 앞에 있음을 알면서 아니 가고 어찌할까 자문하는 / 몇 해를 버려두고 어디 가 다니다 이제 돌아온 / 다른 데에 마음 두지 않겠다고 다짐하는 / 그치지 않고 만고상청하기를 다짐하는 나 | | 옛사람을 못 뵈었으나 그 사람이 가던 길이 앞에 있음을 알고 그 길을 따르겠다고 다짐하는 나

옛사람이 가던 길을 버리고 다른 데를 다니다가 이제 돌아와 딴마음 먹지 않겠다고 다짐하는 나

옛사람이 가던 길을 따르는 것을 그치지 않겠다고 다짐하는 나 |

# 도산십이곡 陶山十二曲 - 이황

선경 ⌈ 옛사람도 날 못보고 나도 옛사람을 못 뵈었다. ●------------------- 초장

　　 ⌊ 옛사람을 못 뵈어도 가던 길 앞에 있으니, ●------------------- 중장

후정 ⌈ 가던 길 앞에 있거든 아니 가고 어찌할꼬. ●------------------- 종장

〈제9곡〉


선경 ⌈ 당시에 가던 길을 몇 해를 버려두고, ●------------------- 초장

　　 ⌊ 어디 가 다니다가 이제야 돌아왔는가. ●------------------- 중장

후정 ⌈ 이제야 돌아오니 다른 데에 마음 주지 않으리. ●------------------- 종장

〈제10곡〉


선경 ⌈ 푸른 산은 어찌하여 오랫동안 푸르며, ●------------------- 초장

　　 ⌊ 흐르는 물은 어찌하여 밤낮으로 그치지 아니하는가. ●------------------- 중장

후정 ⌈ 우리도 그치지 말자. 영원히 푸르리라. ●------------------- 종장

〈제11곡〉

# 1. 돋보기

ㄱ. 왜일까? 이건 뭘까?

**뭘까,** '도산십이곡'의 뜻은?

⇨   안동에 도산서원을 세운 퇴계 이황이 도산서원에서 지은 12수(12곡)의
연시조를 뜻합니다. 연시조는 주제가 통일되어 있습니다. 즉, 도산십이곡
의 경우에도 〈제1곡〉부터 〈제6곡〉의 일관된 주제는 '자연을 사랑하는 마
음'(언지)이고, 〈제7곡〉부터 〈제12곡〉의 일관된 주제는 '학문 수양의 필요
성'(언학)입니다. 그렇다면 오늘 본문인 〈제9곡〉, 〈제10곡〉, 〈제11곡〉의 주
제는 뭘까요? 그렇죠. 무조건 학문 수양의 필요성이 주제로 나타나겠죠?
혹시 이 작품이 시험에 나온다 하더라도 위와 같은 설명이 〈보기〉로 주어
질 테니 너무 염려하지 마세요.

**뭘까,** '고인'의 정체는?

⇨   고인(古人)은 말 그대로 '옛사람'을 뜻하는데 〈제9곡〉 중장에 있는 '녀던
길(가던 길)'에서 이 '옛사람'에 대한 힌트를 찾을 수 있겠네요. 그렇다면
그 길을 가던 사람은 누구일까요? 바로 '옛사람'이겠죠? 이제 이 내용을 전
체 주제인 '학문 수양의 필요성'과 연관시켜서 다시 해석해 보세요. 어떻게
될까요? '옛사람이 가던 길'은 바로 '학문의 길' 혹은 성인들이 남긴 '책'이
되겠네요.

**왜,** 화자는 '아니 가고 어찌할꼬'하며 자문할까?

⇨   본문은 '성인들(맹자, 공자 등) 혹은 선조들을 직접 만나보지 못했지만,
그들이 남겨 놓은 학문의 길, 책이 내 앞에 있으니, 내가 그 책을 공부하지
않고 어찌하겠는가'라고 말하고 있습니다. 연시조 '언학(言學)'의 전체 주
제가 학문 수양의 필요성이라고 했으니 '아니 가고 어찌할꼬'는 '나도 학문
수양에 정진할 것이다'라는 다짐으로 볼 수 있겠네요.

**뭘까,** 〈제10곡〉의 초장에 있는 '녀든 길'과 종장의 '넌 듸'의 의미는?

⇨   〈제9곡〉에서 '녀든 길'의 의미가 '학문 수양에 정진하는 것'이라고 정리
했으니 '몇 해를 버려두고'는 '몇 해 동안 공부를 하지 않았음'으로 이해할

수 있겠네요. 그 동안 화자는 '어디(년 듸) 가' 다녔다고 했는데 아마도 '어디'는 학문 수양과 대조적인 길(벼슬길)인 듯합니다. 종장에서 이제 다시 학문 수양에 정진하기로 했으니 돌아오기 전에 화자가 다녔던 길(년 듸, 다른 데, 다른 일, 벼슬길)에는 다시 마음을 주지 않겠다는 다짐으로 보입니다.

**뭘까,** 〈제11곡〉의 '우리도 그치디 마라'에서 우리가 그치지 말 것은?

➪ 〈제11곡〉만 보면 그저 아름다운 자연을 노래하는 것으로 이해할 수 있습니다. 학생들이 가장 많이 실수하고 틀리는 부분이지요. 하지만 연시조 특성상 이 부분도 역시 '학문 수양 정진'이라는 하나의 주제 안에서 이해해야 합니다. 마지막 '만고상청'하기 위해 화자가 취해야 할 태도가 뭐였지요? 바로 '우리도 그치지 말아라'입니다. 그렇다면 무엇을 그치지 말아야 한다는 것일까요? 맞아요. '학문 정진'이지요. 이처럼 연시조는 하나의 주제, 하나의 흐름 안에서 보아야 각각의 의미도 바르게 파악할 수 있는 거지요.

ㄴ. 그렇다면 주제는 뭘까?

**학문 정진**

〈제9곡〉 고인이 가던 학문의 길이 앞에 있으니 학문에 정진하겠다고 다짐하는 나

〈제10곡〉 잠시 학문의 길에서 떠났다 돌아왔지만 다시는 학문 정진의 길에서 떠나지 않겠다고 다짐하는 나

〈제11곡〉 영원한 자연처럼 학문 정진을 그치지 않겠다고 다짐하는 나

## 2. 표현기법

ㄱ. 연시조의 유기적 통일성

연시조는 평시조 여러 수가 병렬적으로 놓여있는 구성을 취하지만, 이 평시조들은 하나의 주제로 긴밀히 연결되어 있습니다. 애국가도 1절부터 4절까지 있는데 주제는 모두 '나라 사랑'으로 통일되어 있죠? 이러한 구성이라고 생각하면 이해하기 쉬울 거예요.

ㄴ. 설의법(설의적 표현)

평서문을 의문문의 형태로 바꾸어 그 문장에 담긴 주장이나 감정을 '강조'하는 표현 방법으로, 평서문으로 표현했을 때와 그 의미는 같지만 격정적인 느낌을 주어 상대방의 마음을 움직이는 데 매우 효과적이랍니다. 물론 감탄문 자체를 활용하여 표현하기도 한답니다. 고전 시가에서는 이러한 설의법을 정말 자주 사용하는데, <제9곡>의 '아니 녀고 엇덜고.'에서도 '가지 않고 어찌할 것인가', 다시 말해 '반드시 가겠다'는 화자의 의지를 강조하고 있습니다.

ㄷ. 대구법(대구적 표현)

비슷한 어조나 어세를 가진 어구를 짝 지어 표현의 효과를 높이는 방법으로, 단순한 구조의 유사성만이 아니라, 내용도 유사하거나 대조적인 성격으로 나타나야 한답니다. 쉽게 말해서 '구절을 짝지어 나타내는 방법'으로 이해하면 될 거예요. <제11곡>에 보면 초장과 중장이 형식적으로도 짝을 이루고 있고(~은 엇데흐야 ~애 ~하다) 내용상으로도 비슷한 내용(자연의 영원성을 예찬)을 주거니 받거니 하고 있지요?

ㄹ. 대조법

〈제10곡〉의 초장에 있는 '녀든 길'과 종장의 '년 듸'가 대조적으로 쓰여서 '학문의 길'을 걷겠다는 화자의 다짐을 강조하고 있지요? 이색의 '백설이 ᄌ자진' 표현 기법에 있는 '대조법'을 참고해 보세요.(135쪽 참조)

## 3. 감상하기

우리는 꼭 시험기간이 되면 갑자기 보고 싶은 책이 생기거나 괜히 SNS나 유튜브, 인터넷 검색, PC방 등에 더 관심이 갈 때가 있습니다. 아마도 시험의 압박감을 피하기 위한 방어기제가 작동한 거겠죠? 그러면서도 다시금 '정신 차리고 공부해야지!'하며 열심히 공부할 때도 있고, 아니면 진짜 현실을 망각한 채 허송세월하다가 성적표를 받은 뒤 깊은 후회와 탄식이 있은 뒤에 다시금 '이제부터라도 공부해야지!'하며 마음을 다잡을 때가 있지요? 오늘 본문의 작가 이황 할아버지는 이러한 우리에게 정신 차리고 공부하라는 조언을 하고 계시네요. 혹시 지금 이 순간에도 딴 생각이 든다면 천 원짜리 지폐를 펴 보세요. 거기에 그려진 이황 할아버지를 보며 다시금 이황 할아버지의 조언을 마음에 새겨봅시다.

# NOTES

# 어부가漁父歌 - 이현보

이 듕에 시름 업스니 어부(漁父)의 생애(生涯)이로다.
일엽편주(一葉片舟)•를 만경파(萬頃波)•에 씌워 두고,
인세(人世)를 다 니졧거니 날 가는 줄롤 안가.

〈제1수〉

구버는 천심녹수(千尋綠水)• 도라보니 만첩청산(萬疊靑山)•
십장홍진(十丈紅塵)•이 언매나 가렸난고
강호(江湖)애 월백(月白)하거든 더옥 무심(無心)하여라.

〈제2수〉

산두(山頭)에 한운(閒雲)이 기(起)ᄒ고 수중(水中)에 백구(白鷗)이 비(飛)이라.
무심(無心)코 다정(多情)ᄒ니 이 두 거시로다.
일생(一生)애 시르믈 닛고 너를 조차 노로리라.

〈제4수〉

장안(長安)을 도라보니 북궐(北闕)이 천 리(千里)로다.
어주(漁舟)에 누어신돌 니즌 스치 이시랴.
두어라 내 시름 아니라 제세현(濟世賢)•이 업스랴.

〈제5수〉

•
일엽편주  나뭇잎처럼 작은 배 한 척
만경파  한없이 넓은 바다
천심녹수  천 길이나 되는 푸른 물
만첩청산  겹겹이 둘러싸인 푸른 산
십장홍진  열 길이나 되는 붉은 먼지 즉 속세
제세현  세상을 구제할 현명한 선비

## 1. 처음 읽고 난 후 느낌과 그 이유 적기

## 2. 시적 화자 찾기

시적 화자는?

화자에 대해 설명하는 부분은?

'화자에 대해 설명하는 부분'+'시적 화자' 순서로 아래에 적어보세요.

## 3. 시적 대상 찾기

시적 대상은?

대상에 대해 설명하는 부분은?

'대상에 대해 설명하는 부분'+'시적 대상' 순서로 아래에 적어보세요.

## 4. 시적 대상에 대한 시적 화자의 태도 찾기

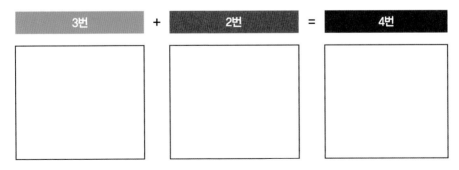

| 3번 | + | 2번 | = | 4번 |
|---|---|---|---|---|
|  |  |  |  |  |

# 어부가 漁父歌 - 이현보

이 듕에 시름 업스니 어부(漁父)의 생애(生涯)이로다.
일엽편주(一葉片舟)를 만경파(萬頃波)애 씌워 두고,
인세(人世)를 다 니젯거니 날 가눈 줄롤 안가.

〈제1수〉


구버는 천심녹수(千尋綠水) 도라보니 만첩청산(萬疊靑山)
십장홍진(十丈紅塵)이 언매나 가롓난고
강호(江湖)애 월백(月白)하거든 더옥 무심(無心)하여라.

〈제2수〉


산두(山頭)에 한운(閒雲)이 기(起)ᄒ고 수중(水中)에 백구(白鷗)이 비(飛)이라.
무심(無心)코 다정(多情)ᄒ니 이 두 거시로다.
일생(一生)애 시르믈 닛고 너를 조차 노로리라.

〈제4수〉


장안(長安)을 도라보니 북궐(北闕)이 천 리(千里)로다.
어주(漁舟)에 누어신돌 니즌 스치 이시랴.
두어라 내 시름 아니라 제세현(濟世賢)이 업스랴.

〈제5수〉

156

## 1. 처음 읽고 난 후 느낌과 그 이유 적기

핵심을 파악하기 어렵다.: 한자어가 많고 내용이 점점 많아져 한눈에 들어오지 않기 때문에.

## 2. 시적 화자 찾기

시적 화자는?

나

화자에 대해 설명하는 부분은?

| | |
|---|---|
| 인세를 다 잊고 날 가는 줄을 모르는 | 〈제1수〉 |
| 강호에 밝은 달이 뜨면 더 욕심이 없어지는 | 〈제2수〉 |
| 일생에 시름을 잊고 너(한운, 백구)를 좇아 놀고 싶은 | 〈제4수〉 |
| 제세현이 있을 것이므로 (북궐에 대한) 시름을 거두고 싶은 | 〈제5수〉 |

**'화자에 대해 설명하는 부분'+'시적 화자' 순서로 아래에 적어보세요.**

인세를 다 잊고 날 가는 줄을 모르는 / 강호에 밝은 달이 뜨면 더 욕심이 없어지는 / 일생에 시름을 잊고 너(한운, 백구)를 좇아 놀고 싶은 / 제세현이 있을 것이므로 (북궐에 대한) 시름을 거두고 싶은 ⌒ 나

## 3. 시적 대상 찾기

시적 대상은?

어부의 삶, 자연, 한운과 백구, 북궐

대상에 대해 설명하는 부분은?

| | | |
|---|---|---|
| 이 중에 시름 없는 | | |
| 일엽편주를 만경파에 띄어 두고 즐기는 | 어부의 삶 | 〈제1수〉 |
| 굽어보면 천심녹수, 돌아보면 만첩청산이 있는 | | |
| 십장홍진이 완전히 가려져 있는 | 자연 | 〈제2수〉 |
| 산두에 일어나는, 수중에 나는 | | |
| 무심코 다정한 | 한운과 백구 | 〈제4수〉 |
| 장안을 돌아보니 천 리 먼 곳에 있는 | | |
| 어주에 누웠어도 잊은 적이 없는 | 북궐 | 〈제5수〉 |

**'대상에 대해 설명하는 부분'+'시적 대상' 순서로 아래에 적어보세요.**

이 중에 시름 없는 / 일엽편주를 만경파에 띄어 두고 즐기는 ⌒ 어부의 삶

굽어보면 천심녹수, 돌아보면 만첩청산이 있는 / 십장홍진이 완전히 가려져 있는 ⌒ 자연

산두에 일어나는, 수중에 나는 / 무심코 다정한 ⌒ 한운과 백구

장안을 돌아보니 천 리 먼 곳에 있는 / 어주에 누웠어도 잊은 적이 없는 ⌒ 북궐

## 4. 시적 대상에 대한 시적 화자의 태도 찾기

| 3번 | + | 2번 | = | 4번 |
|---|---|---|---|---|

| 3번 | 2번 | 4번 |
|---|---|---|
| 이 중에 시름 없는 / 일엽 편주를 만경파에 띄워 두고 즐기는 어부의 삶<br>굽어보면 천심녹수, 돌아보면 만첩청산이 있는 / 십장홍진이 완전히 가려져 있는 자연<br>산두에 일어나고 수중에 나는 / 무심코 다정한 한운과 백구 | 인세를 다 잊고 날 가는 줄을 모르는 / 강호에 밝은 달이 뜨면 더 욕심이 없어지는 / 일생에 시름을 잊고 너(한운, 백구)를 좇아 놀고 싶은 / 제세현이 있을 것이므로 (북궐에 대한) 시름을 거두고 싶은 나 | 넓은 바다에 작은 배를 띄워 두고 시름 없이 어부의 삶을 즐기며 인세를 다 잊고 사는 나<br>천심녹수와 만첩청산으로 둘러싸여 십장홍진이 완전히 가려진 자연 속에서 욕심 없이 사는 나<br>산 정상에서 일어나는 한운과 수중에 나는 백구를 보며 욕심 없는 그들을 좇아 시름을 잊고 함께 놀고 싶은 나<br>고깃배에 누웠어도 천 리나 떨어진 북궐에 대한 시름을 잊지 못하다가, 나 말고 세상을 구할 현자가 있을 것이라 생각하며 시름을 거두고 싶은 나 |

# NOTES

# 어부가漁父歌 - 이현보

선경 ┌ 이 세상살이 가운데 걱정 없는 것이 어부의 생활이로다. ●----------- 초장
　　 └ 작은 배 한 척을 한없이 넓은 바다 위에 띄어 두고 ●----------- 중장
후정 ─ 인간 세상을 다 잊었으니 세월 가는 줄을 알겠는가? ●----------- 종장

〈제1수〉

선경 ┌ 굽어보니 천 길이나 되는 물, 돌아보니 겹겹이 둘러싸인 푸른 산이로다. 초장
　　 └ 열 길이나 되는 붉은 먼지는 얼마나 가렸는가? ●----------- 중장
후정 ─ 강호에 달이 밝으니 더욱 욕심이 없어라. ●----------- 종장

〈제2수〉

선경 ┌ 산봉우리에 한가로운 구름이 일어나고 물 위에는 흰 갈매기가 날고 있네. 초장
　　 └ 욕심 없이 다정한 것은 이 두 것이로다. ●----------- 중장
후정 ─ 한 평생 시름을 잊고 너희들을 좇아 놀겠노라. ●----------- 종장

〈제4수〉

선경 ┌ 서울을 돌아보니 북궐이 천 리나 떨어져 있구나. ●----------- 초장
　　 └ 고깃배에 누워 있은들 잊은 적이 있으랴 ●----------- 중장
후정 ─ 두어라, 내 걱정 아니로다. 세상을 구할 인재가 없겠는가? ●----------- 종장

〈제5수〉

# 1. 돋보기

ㄱ. 왜일까? 이건 뭘까?

**뭘까,** '북궐'의 의미는?

➪   화자는 〈5수〉에서 고깃배에 누웠어도 북궐을 잊은 적이 없다고 말하고
있는데, 이때 북궐(北闕)은 화자가 있는 곳에서 북쪽에 위치한 궁궐을 뜻
하는 것입니다. 그렇게 본다면 궁궐은 임금이 계신 곳이므로 '북궐'을 잊은
적이 없다는 것은 임금에 대한 생각, 넓게는 나라 일에 대한 생각을 잊은
적이 없다는 뜻으로 이해할 수 있습니다. 이와 같이 고전 시가에서는 먼 곳
에서 임금이 계신 궁궐이나 궁궐 뒤에 위치한 삼각산, 궁궐 앞을 흐르는 한
강 등을 바라보거나 떠올리며 임금에 대한 걱정이나 나라 일에 대한 걱정
을 표현할 때가 많습니다. 김상헌의 '가노라 삼각산아~'에서도 '삼각산'과
'한강수'가 그런 의미로 사용되고 있습니다.

**왜,** 화자는 〈1수〉에서 '인세를 다 니젯거니'라고 하면서도 〈5수〉에서 '니즌 스
치 이시랴?'라고 하는 것일까?

➪   〈1수〉에서 〈4수〉까지 화자는 '십장홍진(속세)'과 완전히 단절된 깊은 자
연 속에서 '어주(고깃배)' 위에 누워 인간 세상을 잊고 어부로서의 삶을 즐
기고 있다고 말하고 있습니다. 또한 세상일에 대한 시름을 잊고 무심한 채
로(세속적 욕망을 버린 채로) '한운, 백구'와 같은 자연의 존재들과 하나 된
삶을 즐기고 있다고 말하고 있습니다. 그러나 〈5수〉에서는 고깃배에 누워
있으면서도 '북궐'을 잊은 적이 없다고 말함으로써 앞서했던 이야기들과
모순된 진술을 하고 있습니다. 이러한 모순을 우리는 어떻게 이해해야 할
까요? 모순을 받아들일 수 없다는 관점에 서면 두 진술 중 하나는 거짓일
수밖에 없을 것입니다. 즉 자연을 즐기고 있다는 말이나 속세를 완전히 잊
었다는 말 중에 하나는 거짓말이 될 수밖에 없는 거죠. 그러나 자신의 솔
직한 감정을 드러내는 시라는 갈래에서 화자가 독자에게 거짓말을 한다고
이해하기는 어렵습니다. 물론 진의(眞義)와 반대로 말해 표현 효과를 높이
는 반어가 있긴 합니다만 이를 반어로 보기도 어려울 것 같습니다. 그렇다

면 화자의 모순된 진술을 있는 그대로 받아들이는 관점에서 이해해 봅시다. 이렇게 되면 화자의 모순된 진술은 화자의 모순된 정서를 있는 그대로 드러낸 것으로 이해할 수 있습니다. 즉 화자에게는 자연에서 유유자적한 삶을 살고 싶은 마음과 그러면서도 한편으로는 임금이나 나라 일에 대한 걱정을 잊을 수 없는 마음이 다 있는 것이죠. 이렇게 이해하면 화자의 모순된 진술은 자연을 즐기고 싶은 삶과 나라 일을 걱정하는 삶 사이에서 내적 갈등을 드러내고 있는 것으로 이해할 수 있겠죠. 그리고 이렇게 해석하는 것이 사실 타당하다고 볼 수 있습니다. 왜냐하면 당대 사대부들의 사고방식이 실제로 그랬기 때문입니다. 조선의 사대부들은 세속으로 나오면 임금을 섬기며 백성들을 윤택하게 해야 하고, 자연에 처하면 세속의 일은 잊고 자연과 벗하며 유유자적한 삶을 사는 것을 이상적인 삶이라 여겼습니다. 그래서 조선 시대 사대부들의 시가에는 이 두 가지 상반된 삶의 방식 사이에서의 내적 갈등이 드러나는 경우가 많습니다. 정철의 '관동별곡'에서도 관찰사로서 선정을 펼치고 싶은 마음과 자연 속에서 즐기며 신선이 되고 싶은 마음 사이에서 갈등하는 화자의 모습이 잘 드러나죠.

**왜,** 화자는 마지막에 '두어라 내 시름 아니라 제세현이 업스랴'라고 말하는 것일까?

⇨ 앞서 말했듯이 화자는 자연 속에서의 유유자적한 삶에 대한 갈망과 임금과 나라 일에 대한 걱정 사이에서 내적 갈등을 하고 있었습니다. 그러나 마지막에 '두어라 내 시름이 아니라'라고 말함으로써 임금이나 나라 일에 대한 걱정을 접으려 하고 있죠. 자신이 아니라도 이 세상을 구할 현자가 있을 것이라고 스스로를 위로하면서 말이죠. 따라서 마지막 진술은 화자가 내적 갈등을 끝내고 자연 속에서 유유자적한 삶을 살겠다는 의지를 표현한 것으로 읽을 수 있겠습니다.

ㄴ. 그렇다면 주제는 뭘까?

**강호 한정** 자연 속에서 유유자적한 삶을 살길 원하면서도 임금과 나라에 대한 걱정을 버리지 못하던 화자가 결국 임금과 나라에 대한 걱정을 잊겠다고 다짐함.

## 2. 표현기법

ㄱ. 색채의 대비

시에서는 색채를 대비함으로써 대상들의 차이점을 효과적으로 부각하는 경우가 있습니다. 이 작품의 <2수>에서도 자연을 푸른 색('녹수', '청산')으로, 속세를 붉은 색('홍진')으로 표현함으로써 자연과 속세라는 공간의 대조적인 특성이 효과적으로 부각되도록 하고 있죠.

**TIPS**
- <제3수>와 <제4수>에서는 색채 대비를 통해 '사우'의 장단점을 제시하고 있다.(2018학년도 10월 고3 전국연합)

ㄴ. 관습적 표현

이 작품에서는 속세와 완전히 떨어진 깊은 자연을 묘사하는 데에 상투적으로 쓰이는 '천심녹수(千尋綠水)', '만첩청산(萬疊靑山)'이나, 속세를 묘사하는 데에 상투적으로 쓰이는 '십장홍진(十丈紅塵)'과 같은 관습적인 표현을 활용하고 있습니다. 또한 '백구(白鷗)'의 경우에도 욕심 없는 자연의 존재를 표현할 때 쓰는 관습적인 대상물로, '백구'를 좇아 놀고 싶다는 표현 역시 고전 시가에서 물아일체의 경지를 표현할 때 쓰는 단골 표현입니다. 위에서 이미 언급한 '북궐'의 경우에도 임금을 뜻하는 관습적 표현이라 볼 수 있습니다.

## 3. 감상하기

여러분들도 이 작품의 화자처럼 해야 할 일과 하고 싶은 일 사이에서 갈등한 경험이 있죠? 이를테면 열심히 시험공부를 해야 할 때일수록 내가 좋아하는 일을 실컷 하며 놀고 싶은 마음이 더 굴뚝같아지는 경험을 해 보셨으리라 생각합니다. 이와 같이 욕망과 책임 사이에서의 갈등은 예나 지금이나 인간이라면 누구나 겪고 있는 문제이기 때문에 이 작품은 시대를 초월한 보편성을 가지고 있습니다.

이 작품에서 대비되고 있는 두 개의 삶의 방식은 세속적 욕망을 따르는 유심(有心)의 삶과 세속적 욕망을 버린 무심(無心)의 삶이라 할 수 있습니다. 다음은 두 가지 삶의 방식과 그에 관련된 공간 및 삶의 태도를 정리한 내용입니다. 앞으로 고전 시가를 읽을 때 항상 염두에 두고 읽도록 합시다.

| 有心[욕심이 있음] | 無心[욕심이 없음] |
|---|---|
| 유학자들이 부정적으로 생각하는 삶 | 유학자들이 긍정적으로 생각하는 삶 |
| 현실 세계, 물질 중심 | 이상 세계, 정신 중심 |
| 관련된 낱말 | 관련된 낱말 |
| 홍진(紅塵) | 자연합일(自然合一), 물아일체(物我一體) |
| 속세(俗世), 인세(人世) | 강호(江湖)=자연(自然), 청산(靑山), 백구(白鷗) |
| 세속(世俗), 속계(俗界) | 안분지족(安分知足), 인빈낙도(安貧樂道) |
| | 빈이무원(貧而無怨) |

# NOTES

## 개를 여라믄이나 기르되 – 작자 미상

개를 여라믄이나 기르되 요 개굿치 얄믜오랴.

뮈온 님 오며는 쏘리를 홰홰 치며 쒸락 느리 쒸락 반겨서 내돗고 고온 님 오며는 뒷발을 버동버동 므르락 나으락 캉캉 즈져셔 도라가게 혼다.

쉰밥이 그릇 그릇 난들 너 머길 줄이 이시랴.

**166**

## 1. 처음 읽고 난 후 느낌과 그 이유 적기

## 2. 시적 화자 찾기

시적 화자는?

화자에 대해 설명하는 부분은?

'화자에 대해 설명하는 부분'+'시적 화자' 순서로 아래에 적어보세요.

## 3. 시적 대상 찾기

시적 대상은?

대상에 대해 설명하는 부분은?

'대상에 대해 설명하는 부분'+'시적 대상' 순서로 아래에 적어보세요.

## 4. 시적 대상에 대한 시적 화자의 태도 찾기

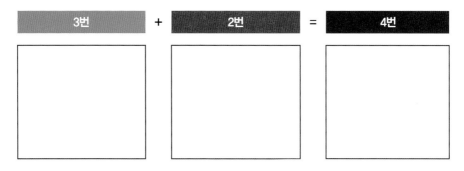

# 개를 여라믄이나 기르되 – 작자 미상

개를 여라믄이나 기르되 요 개굿치 얄믜오랴.

뮈온 님 오며는 꼬리를 홰홰 치며 쮜락 ᄂᆞ리 쮜락 반겨서 내돗고 고온 님 오며는 뒷발을 버동버동 므르락 나으락 캉캉 즈져서 도라가게 혼다.

쉰밥이 그릇 그릇 난들 너 머길 줄이 이시랴.

## 1. 처음 읽고 난 후 느낌과 그 이유 적기

무슨 말인지 정확히는 모르지만 재미있다. 왜 개를 얄미워하는지 모르겠다.


## 2. 시적 화자 찾기

시적 화자는?

나

화자에 대해 설명하는 부분은?

기르는 여라믄의 개 중에 한 마리를 얄미워하는

쉰밥이 그릇그릇 생겨도 그 개를 먹일 일은 없다고 말하는

**'화자에 대해 설명하는 부분'+'시적 화자' 순서로 아래에 적어보세요.**

기르는 여라믄의 개 중에 한 마리가 얄미워 쉰밥이 그릇그릇 생겨도 그 개를 먹일 일은 없다고 말하는 ⌒ 나


## 3. 시적 대상 찾기

시적 대상은?

개

대상에 대해 설명하는 부분은?

미운 임 오면 꼬리를 홰홰 치며 뛰었다 내리뛰었다 반겨서 내달리고, 고운 임 오면 뒷발을 버둥버둥 물러섰다가 나아갔다가 캉캉 짖어서 돌아가게 하는

**'대상에 대해 설명하는 부분'+'시적 대상' 순서로 아래에 적어보세요.**

미운 임 오면 꼬리를 홰홰 치며 뛰었다 내리뛰었다 반겨서 내달리고, 고운 임 오면 뒷발을 버둥버둥 물러섰다가 나아갔다가 캉캉 짖어서 돌아가게 하는 ⌒ 개


## 4. 시적 대상에 대한 시적 화자의 태도 찾기

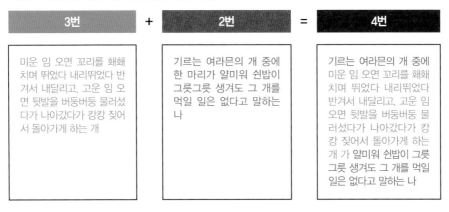

| 3번 | + | 2번 | = | 4번 |
|---|---|---|---|---|
| 미운 임 오면 꼬리를 홰홰 치며 뛰었다 내리뛰었다 반겨서 내달리고, 고운 임 오면 뒷발을 버둥버둥 물러섰다가 나아갔다가 캉캉 짖어서 돌아가게 하는 개 | | 기르는 여라믄의 개 중에 한 마리가 얄미워 쉰밥이 그릇그릇 생겨도 그 개를 먹일 일은 없다고 말하는 나 | | 기르는 여라믄의 개 중에 미운 임 오면 꼬리를 홰홰 치며 뛰었다 내리뛰었다 반겨서 내달리고, 고운 임 오면 뒷발을 버둥버둥 물러섰다가 나아갔다가 캉캉 짖어서 돌아가게 하는 개 가 얄미워 쉰밥이 그릇그릇 생겨도 그 개를 먹일 일은 없다고 말하는 나 |

## 개를 여라믄이나 기르되 – 작자 미상

개를 열이 넘게 기르지만 이 개처럼 얄미우랴. ●------------------- 초장

**선경**

미운 임이 오면 꼬리를 홰홰 치면서 뛰어 올랐다 내리 뛰었다 하면서 반겨서 내달리고, 고운 임이 오면 뒷발을 버둥거리면서 물러섰다가 나아갔다가 캉캉 짖어서 돌아가게 한다. ●------- 중장

**후정** 쉰밥이 그릇그릇 남을지라도 너 먹일 줄이 있으랴? ●------------ 종장

# 1. 돋보기

ㄱ. 왜일까? 이건 뭘까?

**뭘까,** '뮈온 님'과 '고온 님'의 의미는?

⇨ '뮈온 님(미운 임)'과 '고온 님(고운 임)'을 개가 미워하는 임과 개가 좋아하는 임으로 이해한다면, 미운 임이 오면 반겨서 맞이하고 고운 임이 오면 짖어서 돌아가게 하는 개의 행동은 이해할 수 없습니다. 상식적으로 개는 자신이 좋아하는 사람은 반기고, 싫어하거나 낯선 사람에게는 짖어대니까요. 그러므로 '뮈온 님'과 '고온 님'은 개가 아니라 화자가 미워하는 임과 좋아하는 임으로 이해하는 것이 타당합니다.

**왜,** 화자는 '개'를 얄미워하는 것일까?

⇨ '개'는, 화자가 싫어하는 이는 반갑게 맞이하면서 오히려 화자가 좋아하는 이에게는 무섭게 짖어서 돌아가게 하고 있습니다. 그러므로 화자는 자신이 좋아하는 임을 돌아가게 하는 이 개가 얄미울 수밖에 없겠죠?

**왜,** 개는 화자가 좋아하는 이에게 무섭게 짖어대는 걸까?

⇨ 개가 왜 하필 화자가 좋아하는 이에게는 무섭게 짖어대는 걸까요? 화자가 좋아하는 이가 과거에 개가 싫어할 만한 어떤 행동을 한 것일까요? 그렇게 이해할 수도 있겠지만, 현재 작품에서는 그런 추리를 할 만한 단서가 전혀 없습니다. 그렇다면 질문을 좀 바꿔 보겠습니다. 만약 여러분들이 화자의 상황이었다면, 어떻게 했을까요? 즉, 좋아하는 사람이 왔는데 여러분들이 키우는 개가 그를 향해 무섭게 짖어대서 매번 그를 돌아가게 한다면 말입니다. 아마도 개의 행동을 제지하고 좋아하는 임을 반갑게 맞이하지 않았을까요? 좋아하는 사람이 돌아올 수 있다면 개 한 마리 짖는 게 무슨 문제가 되겠습니까? 그런데 이 작품의 화자는 그 개 때문에 임이 돌아오지 못한다면서도 여전히 개를 기르고 있습니다. 선뜻 이해하기 어려운 태도죠? 따라서 개가 정말로 화자가 좋아하는 임에게 무섭게 짖어대서 그를 내쫓고 있다고 이해하기는 어려울 것 같습니다. 결국 개가 자신이 좋아하는 임을 돌아가게 한다는 것은 사실이 아니라 화자의 주관적인 생각으로 이

해하는 것이 합당할 것 같습니다.

**왜,** 화자는 자신이 키우는 개가 임을 돌아가게 한다고 생각하게 되었을까?

⇨ 화자의 상황을 생각해 봅시다. 화자는 '고온 임'(사랑하는 임)이 돌아오기를 기다리고 있지만 임은 오지 않는 상황인 것 같습니다. 기다림이 길어지면 여러 가지 걱정이 생기겠지요? '혹시 그에게 무슨 문제라도 생겼나?', '돌아오는 길이 너무 멀어서 오래 걸리는 건가?' 등등. 그러다 계속 돌아오지 않으면 조금씩 불안감이 스며들기 시작합니다. '내가 싫어진 걸까?', '다른 사람이 생긴 걸까?' 등등. 이런 생각을 하다보면 마음이 아프고 힘들겠죠. 이럴 때 보통 사람은 그런 상황을 합리화할 수 있는 좋은 핑계 거리를 찾으려 합니다. 그래서 이런 생각을 하게 된 거겠죠. '임이 돌아오지 않는 이유는 이놈의 얄미운 개 때문이야!'라고. 그럼으로써 화자는 임이 오지 않는 상황에서 느끼는 아픔과 오지 않는 임에 대한 원망의 감정을 누그러뜨리고 있는 것 같습니다. 이렇게 이해한다면 임이 돌아오지 않는 상황을 엉뚱하게도 개의 탓으로 돌리고 있는 화자의 모습이 안타깝기도 하지만 또한 우스꽝스럽기도 하죠?

ㄴ. 그렇다면 주제는 뭘까?

**임을 기다리는 마음**　임이 돌아오지 않는 이유를 개의 탓으로 돌리며 임을 기다리는 마음.

## 2. 표현기법

ㄱ. 사설시조의 특징

사설시조는, 조선 후기 주로 평민들에 의해 지어진 것으로 평시조와 달리 창작자를 확정할 수 없고(작자 미상), 사대부들의 정제된 평시조와 달리 초·중·종장 중 두 장 이상이 길어진 형식상의 파격(破格)을 보입니다. 특히 중장이 길어진 경우가 많았는데 이는 사설시조 작가들이 절실한 감정을 표현하기 위해 상황을 구체화하거나, 유사한 상황이나 대상을 열거 내지 반복하여 제시하였기 때문입니다. 이를 통해 볼 때 평민들은 형식의 아름다움보다는 하고 싶은 이야기가 더 중요했다고 볼 수 있습니다.('사설시조'라는 명칭도 시조에 '이야기'를 뜻하는 '사설'이 붙어서 생긴 것이죠.) 이 작품에서도 길어진 중장에서 개의 행동이 매우 구체적으로 묘사되어 있어 생동감이 느껴지도록 하고 있습니다.

**TIPS**
- 임을 그리워하는 절실한 마음을 드러내기 위해 화자의 행동을 구체적으로 제시하다 보니 중장이 길어졌군.(2017학년도 6월 고1 전국연합)

### ㄴ. 해학성

해학성은 익살스럽고도 품위가 있는 말이나 행동이 지닌 특징을 의미합니다. 쉽게 말해 웃음을 유발하는 특성인 것이죠. 이 작품도 해학성을 지니고 있습니다. 임이 돌아오지 않는 이유를 엉뚱하게도 자신이 키우는 개의 탓으로 돌리는 화자의 태도가 웃음을 유발하고 있는 것이죠. 이런 해학성은 조선 후기 평민 문학에 공통적으로 드러나는 요소이기도 합니다. 비극적이거나 고통스러운 상황 속에서도 웃음을 잃지 않았던 평민들의 건강한 사유가 그들이 향유하는 문학에서도 발현된 것이죠. 그래서 이런 평민 문학의 해학성을 '웃음으로 눈물 닦기'라는 말로 표현하기도 합니다.

**TIPS**
- '잠'을 의인화하여 잠이 쏟아지는 화자의 현재 상황을 해학적으로 표현하고 있다.(2019학년도 6월 고1 전국연합)
- '주추리 삼대'를 임으로 착각하여 달려가는 화자의 우스꽝스러운 모습에서 해학성을 느낄 수 있군.(2017학년도 6월 고1 전국연합)

### ㄷ. 감정의 전가

우리는 여러 가지 이유로 어떤 대상에 대한 부정적 감정을 솔직하게 표현하지 않는 경우가 종종 있습니다. 그럴 때 그런 감정을 억압하거나 숨길 수도 있겠지만 그렇게 하기 어려운 경우에는 다른 대상에게 그 감정을 쏟아 부을 때도 있죠. 이런 것을 '감정의 전가'라고 합니다. 이 작품에서도 원망의 전가가 드러납니다. 화자는 돌아오지 않은 임에 대한 원망의 감정을 자신이 기르는 개에게 돌림으로써 기다림의 아픔을 견디고 있는 것이죠. 이런 태도는 우리의 전통적인 여성상과도 관련이 있습니다. 고전 시가에서 기다리고 있는 이는 주로 여성이고, 돌아오지 않는 이는 주로 남성인 경우가 많은데, 남성 중심적 문화 속에서 여성 화자가 돌아오지 않는 남자에 대한 원망을 직접적으로 표출하기는 어려웠기에 다른 존재나 상황을 탓하는 경우가 많았던 것이죠.

**TIPS**

- 초장에서 화자가 개에게 '즛지마라'라고 한 것은 '밤사람'이 개가 짖는 소리에 발걸음을 되돌릴까 염려했기 때문이겠군.(2022학년도 수능 예비 시행)

ㄹ. 의성어와 의태어의 활용

사람이나 사물의 소리를 흉내 낸 의성어나 사람이나 사물의 모습이나 움직임을 흉내 낸 의태어를 활용하게 되면 대상을 좀 더 구체적이고 생동감 있게 그려낼 수 있다는 장점이 있습니다.(의성어와 의태어를 아우르는 말로 '음성상징어'라는 표현을 쓰기도 합니다.) 그래서 시에서는 의성어와 의태어를 활용하여 대상이나 상황을 구체화하는 경우가 많습니다. 이 작품에서도 중장에서 '홰홰', '버동버동', '캉캉' 등을 활용하여 개의 행동을 생동감 있게 묘사하고 있습니다.

**TIPS**

- 음성 상징어의 사용으로 생동감을 부각하고 있다.(2020학년도 9월 모평)
- [B]는 음성 상징어(의성어나 의태어)를 활용하여 행동의 격렬함을 강조한다.(2020학년도 6월 모평)
- '곰븨님븨', '천방지방' 같은 음성 상징어를 활용하여 화자의 행동을 생동감 있게 표현하고 있군.(2017학년도 6월 고1 전국연합)

## 3. 감상하기

우리도 살다 보면 엉뚱한 대상에게 화풀이하는 경우가 있죠? 드라마나 영화 같은 데서도 남자친구에게 화가 난 여자가, 그 남자가 선물한 곰 인형을 때리며 화풀이하는 장면은 단골로 나옵니다. 그런데 신기하게도 그렇게 하고 나면 화가 좀 풀립니다. 아마도 부정적인 감정은 그것을 누가 들어주든 아니든, 그것을 밖으로 표현하는 것만으로도 치유가 되는 특징이 있나 봅니다.

## 듸들에 동난지이 사오 – 작자 미상

듸들에 동난지이* 사오. 져 쟝스야, 네 황후* 그 무서시라 웨는다, 사쟈.

외골 내육(外骨內肉), 양목(兩目)이 상천(上天), 전행후행(前行後行), 소(小)아리 팔
족(八足), 대(大)아리 이족(二足), 청장(淸醬)* 아스슥하난 동난지이 사오.

쟝스야, 하 거복이 웨지 말고 게젓이라 하렴은.

*
동난지이  게젓.
황후  물건.
청장  진하지 않은 간장

# 1. 처음 읽고 난 후 느낌과 그 이유 적기

## 2. 시적 화자 찾기

시적 화자는?

화자에 대해 설명하는 부분은?

'화자에 대해 설명하는 부분'+'시적 화자' 순서로 아래에 적어보세요.

## 3. 시적 대상 찾기

시적 대상은?

대상에 대해 설명하는 부분은?

'대상에 대해 설명하는 부분'+'시적 대상' 순서로 아래에 적어보세요.

## 4. 시적 대상에 대한 시적 화자의 태도 찾기

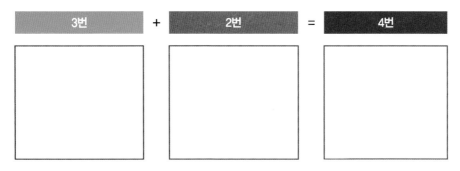

| 3번 | + | 2번 | = | 4번 |
|:---:|:---:|:---:|:---:|:---:|
| | | | | |

## 딕들에 동난지이 사오 – 작자 미상

딕들에 동난지이 사오. 져 쟝스야, 네 황후 긔 무서시라 웨눈다, 사쟈.


외골 내육(外骨內肉), 양목(兩目)이 상천(上天), 전행후행(前行後行), 소(小)아리 팔
족(八足), 대(大)아리 이족(二足), 청장(淸醬) 아스슥하난 동난지이 사오.


쟝스야, 하 거복이 웨지 말고 게젓이라 하렴은.

## 1. 처음 읽고 난 후 느낌과 그 이유 적기

어렵다. 어려운 한자어가 쓰여 무슨 뜻인지 알기 어려웠다.

## 2. 시적 화자 찾기

시적 화자는?
나

화자에 대해 설명하는 부분은?
장수(장사꾼)에게 '네 황후(네가 파는 물건)가 그 무엇이라 외치느냐?'고 물으며 '(그 물건을) 사자.'라고 말하는
장수에게 '거북하게 외치지 말고 게젓이라 하렴.'이라고 말하는

**'화자에 대해 설명하는 부분'+'시적 화자' 순서로 아래에 적어보세요.**
장수(장사꾼)에게 '네 황후(네가 파는 물건)가 그 무엇이라 외치느냐?'고 물으며 '(그 물건을) 사자.'라고 말하는 ⌒ 나
장수에게 '거북하게 외치지 말고 게젓이라 하렴.'이라고 말하는 ⌒ 나

## 3. 시적 대상 찾기

시적 대상은?
장수

대상에 대해 설명하는 부분은?
(게젓을) '외골 내육, 양목이 상천, 전행후행, 소아리 팔족, 대아리 이족, 청장 아스슥하는 동난지이'라고 외치는

**'대상에 대해 설명하는 부분'+'시적 대상' 순서로 아래에 적어보세요.**
(게젓을) '외골 내육, 양목이 상천, 전행후행, 소아리 팔족, 대아리 이족, 청장 아스슥하는 동난지이'라고 외치는 ⌒ 게젓 장수

## 4. 시적 대상에 대한 시적 화자의 태도 찾기

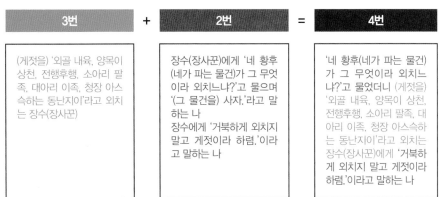

| 3번 | + | 2번 | = | 4번 |
|---|---|---|---|---|
| (게젓을) '외골 내육, 양목이 상천, 전행후행, 소아리 팔족, 대아리 이족, 청장 아스슥하는 동난지이'라고 외치는 장수(장사꾼) | | 장수(장사꾼)에게 '네 황후(네가 파는 물건)가 그 무엇이라 외치느냐?'고 물으며 '(그 물건을) 사자.'라고 말하는 나<br>장수에게 '거북하게 외치지 말고 게젓이라 하렴.'이라고 말하는 나 | | '네 황후(네가 파는 물건)가 그 무엇이라 외치느냐?'고 물었더니 (게젓을) '외골 내육, 양목이 상천, 전행후행, 소아리 팔족, 대아리 이족, 청장 아스슥하는 동난지이'라고 외치는 장수(장사꾼)에게 '거북하게 외치지 말고 게젓이라 하렴.'이라고 말하는 나 |

# 듸들에 동난지이 사오 – 작자 미상

선경

여러분, 동난젓 사오. 저 장수야, 네 물건 그것이 무엇이라 외치느냐? 사자. 초장

겉은 뼈요 속은 살이고, 두 눈은 위로 솟아 하늘을 향하고, 앞뒤로 가는 작은 발 여덟 개, 큰 발 두 개, 진하지 않은 간장에 (씹으면) 아삭아삭한 동난적 사오. ●─중장

후정

장수야, 너무 거북하게 외치지 말고 게젓이라 하려무나. ●-------종장

# 1. 돋보기

ㄱ. 왜일까? 이건 뭘까?

**왜,** 화자는 게젓 장수에게 거북하게 외치지 말고 게젓이라 하라고 권유했을까?

⇨ 중장의 '외골 내육 ~ 대아리 이족'을 보면, 게젓 장수가 게의 외양을 한자어를 써가며 굉장히 어렵게 표현하고 있음을 알 수 있습니다. 그냥 '게'라고 표현하면 간단할 것을 한자어를 써가며 표현하니 너무 길기도 하고, 한자어를 모르는 사람들은 장수의 외침을 듣고도 그가 도대체 뭘 팔고 있는지 모를 수도 있습니다. 따라서 화자는 게젓 장수에게 그렇게 어려운 한자어를 사용하여 듣기 거북하게 외치지 말고 간단하고 쉽게 우리말로 외치라고 권유하고 있는 것이라 볼 수 있습니다.

**왜,** 게젓 장수는 한자어를 쓰고 있을까요?

⇨ 게젓 장수는 왜 사람들이 잘 알아듣지도 못하는 어려운 한자어를 써가며 물건을 팔고 있을까요? 가끔 상대가 잘 이해하지도 못할 어려운 한자어를 섞어가며 말하는 사람들이 있습니다. 이런 사람들은 상대에게 자신이 말하고자 하는 바를 정확히 전달하는 것보다는 자신의 학식을 과시하는 데 목적을 두고 있습니다. 이런 태도를 '현학적(衒學的)'이라고 부르기도 하죠. 게젓 장수는 바로 그런 부류의 사람인 것 같습니다. 자신이 파는 물건이 무엇인지 정확히 전달하는 것보다는 자신의 학식을 과시하고 싶은 것이죠. 이렇게 본다면 화자가 게젓 장수에게 쉬운 우리말로 외치라고 권하는 것은 게젓 장수의 그런 현학적인 태도에 대해 빈정거리는 것이라고도 볼 수 있겠습니다.

> **TIPS**
>
> 이 작품이 평민들이 지은 사설시조라는 것을 고려한다면 이 작품 속의 게젓 장수는 평민들이 알아듣기 어려운 한자어를 일부러 써가며 자신의 학식을 자랑하던 당대의 양반 계층이나 그런 양반 계층을 어설프게 모방하는 평민들을 비꼬기 위해 설정한 가공의 존재로 이해해 볼 수도 있습니다.

ㄴ. 그렇다면 주제는 뭘까?

**풍자**  쉬운 우리말을 두고 어려운 한자어를 사용하는 현학적인 태도를 비판함.

## 2. 표현기법

ㄱ. 대화체

시는 기본적으로 화자의 독백인 경우가 많지만, 때에 따라서는 화자가 특정한 상대와 대화하는 방식으로 시가 전개되는 경우가 있습니다. 시가 마치 한 편의 소설이나 연극처럼 등장인물들이 주고받는 대화를 통해 전개되면 시적 상황을 좀 더 생동감 있게 보여줄 수 있다는 장점이 있겠죠. 이 작품에서도 게젓을 파는 장수와 게젓을 사려고 하는 화자의 대화가 직접 인용되었기 때문에 시적 상황이 좀 더 생동감 있게 표현되고 있습니다.

**TIPS**
- (나)에서는 대화적 어조를 사용하여 시상을 전개하고 있다.(2022학년도 수능 예시)
- 특정 대상과의 대화를 활용하여 시적 상황을 구체적으로 묘사하고 있다.(2020학년도 9월 고2 전국연합)

ㄴ. 열거를 통한 중장의 확대

열거는 비슷한 어구나 내용적으로 연결되는 어구를 늘어놓는 표현 방법입니다. 앞에서도 언급했지만 중장은 게의 외양을 표현하는 한자어들을 열거하고 있습니다. 이렇게 함으로써 어려운 한자어를 써가며 '게'를 설명하는 장면이 극대화되고 웃음을 유발하는 것이죠. 이처럼 열거는 사설시조에서 일반적으로 중장을 확대함으로써 특정 장면을 극대화하거나 해학성을 얻는 좋은 표현 방법이었답니다.

## 3. 감상하기

　요즘에도 특별한 이유 없이 영어나 특정 분야의 전문 용어를 섞어 가며 이야기하길 좋아하는 사람들이 있죠? 잘나 보이고 싶은 마음은 예나 지금이나 똑같나 봅니다.

## 고시古詩 – 정약용

| | |
|---|---|
| 燕子初來時(연자초래시) | 제비 한 마리 처음 날아왔을 때 |
| 喃喃語不休(남남어불휴) | 지지배배 그 소리 그치지 않네. |
| 語意雖未明(어의수미명) | 말하는 뜻 분명히 알 수 없지만 |
| 似訴無家愁(사소무가수) | 집 없는 서러움을 호소하는 듯 |
| 楡槐老多穴(유괴로다혈) | "느릅나무 홰나무 묵어 구멍 많은데 |
| 何不此淹留(하부차엄류) | 어찌하여 그 곳에 깃들지 않니?" |
| 燕子復喃喃(연자부남남) | 제비 다시 지저귀며 |
| 似與人語酬(사여인어수) | 사람에게 말하는 듯 |
| 楡穴鸛來啄(유혈관래탁) | "느릅나무 구멍은 황새가 쪼고 |
| 槐穴蛇來搜(괴혈사래수) | 홰나무 구멍은 뱀이 와서 뒤진다오." |

184

## 1. 처음 읽고 난 후 느낌과 그 이유 적기

## 2. 시적 화자 찾기

시적 화자는?

화자에 대해 설명하는 부분은?

'화자에 대해 설명하는 부분'+'시적 화자' 순서로 아래에 적어보세요.

## 3. 시적 대상 찾기

시적 대상은?

대상에 대해 설명하는 부분은?

'대상에 대해 설명하는 부분'+'시적 대상' 순서로 아래에 적어보세요.

## 4. 시적 대상에 대한 시적 화자의 태도 찾기

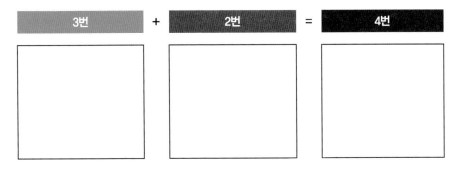

| 3번 | + | 2번 | = | 4번 |
|---|---|---|---|---|
|  |  |  |  |  |

## 고시古詩 - 정약용

| | |
|---|---|
| 燕子初來時(연자초래시) | 제비 한 마리 처음 날아왔을 때 |
| 喃喃語不休(남남어불휴) | 지지배배 그 소리 그치지 않네. |
| 語意雖未明(어의수미명) | 말하는 뜻 분명히 알 수 없지만 |
| 似訴無家愁(사소무가수) | 집 없는 서러움을 호소하는 듯 |
| 楡槐老多穴(유괴로다혈) | "느릅나무 홰나무 묵어 구멍 많은데 |
| 何不此淹留(하부차엄류) | 어찌하여 그 곳에 깃들지 않니?" |
| 燕子復喃喃(연자부남남) | 제비 다시 지저귀며 |
| 似與人語酬(사여인어수) | 사람에게 말하는 듯 |
| 楡穴鸛來啄(유혈관래탁) | "느릅나무 구멍은 황새가 쪼고 |
| 槐穴蛇來搜(괴혈사래수) | 홰나무 구멍은 뱀이 와서 뒤진다오." |

## 1. 처음 읽고 난 후 느낌과 그 이유 적기

불쌍함. 답답함: 서러움을 호소하지만 대안이 없는 것 같아서.

## 2. 시적 화자 찾기

시적 화자는?

나

화자에 대해 설명하는 부분은?

(제비가 호소하는 소리를 듣는) / (제비에게) 느릅나무와 홰나무에 깃들라고 조언하는

**'화자에 대해 설명하는 부분'+'시적 화자' 순서로 아래에 적어보세요.**

제비가 호소하는 소리를 듣는 ⌢ 나

제비에게 느릅나무와 홰나무에 깃들라고 조언하는 ⌢ 나

## 3. 시적 대상 찾기

시적 대상은?

제비

대상에 대해 설명하는 부분은?

집 없는 서러움을 호소하는

느릅나무와 홰나무에 깃들지 못하는 이유를 말하는

**'대상에 대해 설명하는 부분'+'시적 대상' 순서로 아래에 적어보세요.**

집 없는 서러움을 호소하는 ⌢ 제비

느릅나무와 홰나무에 깃들지 못하는 이유를 말하는 ⌢ 제비

## 4. 시적 대상에 대한 시적 화자의 태도 찾기

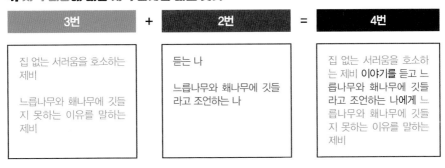

| 3번 | + | 2번 | = | 4번 |
|---|---|---|---|---|
| 집 없는 서러움을 호소하는 제비<br><br>느릅나무와 홰나무에 깃들지 못하는 이유를 말하는 제비 | | 듣는 나<br><br>느릅나무와 홰나무에 깃들라고 조언하는 나 | | 집 없는 서러움을 호소하는 제비 **이야기를 듣고** 느릅나무와 홰나무에 깃들라고 조언하는 나에게 느릅나무와 홰나무에 깃들지 못하는 이유를 말하는 제비 |

# 고시古詩 - 정약용

| 선경 | 燕子初來時(연자초래시) | 제비 한 마리 처음 날아왔을 때 |
| | 喃喃語不休(남남어불휴) | 지지배배 그 소리 그치지 않네. |
| | 語意雖未明(어의수미명) | 말하는 뜻 분명히 알 수 없지만 |
| | 似訴無家愁(사소무가수) | 집 없는 서러움을 호소하는 듯 |
| | 楡槐老多穴(유괴로다혈) | "느릅나무 홰나무 묵어 구멍 많은데 |
| | 何不此淹留(하부차엄류) | 어찌하여 그 곳에 깃들지 않니?" |
| | 燕子復喃喃(연자부남남) | 제비 다시 지저귀며 |
| | 似與人語酬(사여인어수) | 사람에게 말하는 듯 |
| 후정 | 楡穴鸛來啄(유혈관래탁) | "느릅나무 구멍은 황새가 쪼고 |
| | 槐穴蛇來搜(괴혈사래수) | 홰나무 구멍은 뱀이 와서 뒤진다오." |

188

## 1. 돋보기

ㄱ. 왜일까? 이건 뭘까?

**뭘까,** 제비와 황새와 뱀의 관계는?

⇨  본문 마지막을 보면, 황새는 제비를 쪼고 뱀은 제비의 집을 뒤지는 존재
입니다. 다시 말해 황새와 뱀은 제비의 생존을 위협하는 존재이므로 제비
와 대립적 관계가 되겠네요.

**뭘까,** 제비와 황새와 뱀이 의미하는 건?

⇨  이 한시는 백성들을 수탈하는 관리들의 횡포를 우의적 수법으로 고발
한 작품입니다.(역시 시험문제에서는 〈보기〉에 위와 같은 설명이 나오겠지
요?) 제비가 고통 받는 백성들을 의미한다면 자연히 제비와 대립적 관계인
황새와 뱀은 탐관오리가 되겠지요?(대조적 표현)

**왜,** 화자는 조언을 했을까?

⇨  화자는 '느릅나무와 홰나무 구멍'을 대안으로 제시했지만 화자조차도 고
통받던 백성들의 실상을 잘 알지 못했던 것 같아요. 어떻게 보면 화자는,
백성의 고통을 알지 못했던 자신까지 비판하고 있다고 볼 수 있겠네요.

ㄴ. 그렇다면 주제는 뭘까?

**현실 비판**  관리들의 횡포로 고통 받는 백성들

---

**TIPS**

선경후정 구조를 잊지 마세요! 여기서 주제와 직결된 '후정'은 어디일까요? 바로 마지막 두
구겠네요. "느릅나무 구멍은 황새가 쪼고 / 홰나무 구멍은 뱀이 와서 뒤진다오." 이 말은 결
국, 어디에서든 관리들의 횡포가 심해서 백성들은 살 수 없다는 백성들의 탄식을 표현한
것일 테니까요.

---

## 2. 표현기법

### ㄱ. 대화체

상대에게 말을 건네는 방식을 대화체라고 합니다. 이 작품은 화자와 제비가 대화를 하는 것처럼 시상을 전개하고 있죠? 이게 바로 대화체의 특징이지요.

**TIPS**

- (나)에서는 대화적 어조를 사용하여 시상을 전개하고 있다.(2022학년도 수능 예시)
- 특정 대상과의 대화를 활용하여 시적 상황을 구체적으로 묘사하고 있다.(2020학년도 9월 고2 전국연합)

### ㄴ. 우의적 표현

말하고자 하는 바를 다른 대상에 빗대어 표현하는 것으로, 보통 대상을 풍자하기 위한 방법으로 많이 활용됩니다. 이 작품은 수탈하는 관리의 모습을 황새와 뱀으로, 억압받는 백성들의 모습은 제비에 빗댐으로써 탐관오리의 횡포를 효과적으로 풍자하고 있습니다.

**TIPS**

- '둥글소'를 도와 '앙상한 계절'과 '차군 달빛'에 대항하는 곤충의 모습은 일제 강점기 혹독한 현실에 대한 극복 의지를 의미한다고 볼 수 있겠군.(2020학년도 4월 고3 전국연합)
- '죽어 있는 줄 알았던 허물'의 이미지와 '걸레'가 된 '팔순의 어머니'의 이미지는 자식을 위한 헌신으로 남루해진 모습을 형상화하고 있다.(2020학년도 4월 고3 전국연합)

### ㄷ. 대조적 표현

'제비 vs 황새, 뱀' 이렇게 대조적인 모습을 하고 있네요? 이색의 '백설이 ᄌ자진' 표현기법에 있는 '대조법'을 참고해 보세요.(135쪽 참조)

## 3. 감상하기

사회의 부조리는 뉴스나 영화의 단골 소재로 등장합니다. 조선시대 때도 이러한 사회적 부조리는 별반 차이가 없었나 봅니다. 200년 전과 같은 부조리가 지금도 계속되는 것을 보면, 200년 뒤에도 이러한 부조리가 사라질 것 같지는 않습니다. 하지만 우리가 정약용처럼 이러한 부조리가 잘못되었음을 인식하고 약자의 삶이 나아지도록 노력한다면 '제비'와 같은 아픔을 겪는 사람들이 조금씩 줄어들지 않을까요?

## 사친思親 - 허난설헌

千里家山萬疊峯(천리가산만첩봉)　　만첩 봉우리 산 속 천 리 먼 고향에

歸心長在夢魂中(귀심장재몽혼중)　　돌아가고픈 마음은 오랫동안 꿈속에 있네

寒松亭\*畔孤輪月(한송정반고륜월)　　한송정 가에는 외로운 달

鏡浦臺\*前一陣風(경포대전일진풍)　　경포대 앞에는 한 줄기 바람

沙上白鷗恒聚散(사상백구항취산)　　모래 위에 갈매기는 늘 모였다 흩어지고

波頭漁艇每西東(파두어정매서동)　　파도 위에 고깃배는 늘 오고 가리니

何時重踏臨瀛路(하시중답임영로)　　언제 다시 강릉에 가

更着斑衣膝下\*縫(채무반의슬하봉)　　다시 색동옷 입고 어머니 곁에서 바느질 할꼬

·

한송정, 경포대　화자의 고향 강릉에 있던 정자와 누각

슬하　무릎 아래, 부모 곁

# 1. 처음 읽고 난 후 느낌과 그 이유 적기


# 2. 시적 화자 찾기

시적 화자는?

화자에 대해 설명하는 부분은?


'화자에 대해 설명하는 부분'+'시적 화자' 순서로 아래에 적어보세요.


# 3. 시적 대상 찾기

시적 대상은?

대상에 대해 설명하는 부분은?


'대상에 대해 설명하는 부분'+'시적 대상' 순서로 아래에 적어보세요.


# 4. 시적 대상에 대한 시적 화자의 태도 찾기

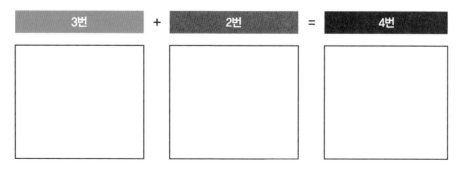

## 사친思親 - 허난설헌

| | |
|---|---|
| 千里家山萬疊峯(천리가산만첩봉) | 만첩 봉우리 산 속 천 리 먼 고향에 |
| 歸心長在夢魂中(귀심장재몽혼중) | 돌아가고픈 마음은 오랫동안 꿈속에 있네 |
| 寒松亭畔孤輪月(한송정반고륜월) | 한송정 가에는 외로운 달 |
| 鏡浦臺前一陣風(경포대전일진풍) | 경포대 앞에는 한 줄기 바람 |
| 沙上白鷗恒聚散(사상백구항취산) | 모래 위에 갈매기는 늘 모였다 흩어지고 |
| 波頭漁艇每西東(파두어정매서동) | 파도 위에 고깃배는 늘 오고 가리니 |
| 何時重踏臨瀛路(하시중답임영로) | 언제 다시 강릉에 가 |
| 更着斑衣膝下縫(채무반의슬하봉) | 다시 색동옷 입고 어머니 곁에서 바느질 할꼬 |

## 1. 처음 읽고 난 후 느낌과 그 이유 적기

외로움. 그리움: 강릉에 돌아가 오랫동안 어머니 곁에 있고 싶다고 해서.

## 2. 시적 화자 찾기

**시적 화자는?**
나

**화자에 대해 설명하는 부분은?**
돌아가고픈 마음이 오랫동안 꿈 속에 있는(품은/추억하는)
다시 색동옷 입고 어머니 곁에서 바느질하길 바라는

**'화자에 대해 설명하는 부분'+'시적 화자' 순서로 아래에 적어보세요.**
돌아가고픈 마음을 오랫동안 품고 추억하며 다시 색동옷 입고 어머니 곁에서 바느질하길 바라는 ⌒ 나

## 3. 시적 대상 찾기

**시적 대상은?**
고향

**대상에 대해 설명하는 부분은?**
만첩 봉우리 산 속 천 리 멀리 있는 / 한송정 가에는 외로운 달이 있는
경포대 앞에는 한 줄기 바람이 있는 / 모래 위에 갈매기가 늘 오가는
파도 위에 고깃배가 늘 오가는

**'대상에 대해 설명하는 부분'+'시적 대상' 순서로 아래에 적어보세요.**
한송정 가에는 외로운 달이 있고 경포대 앞에는 한 줄기 바람이 있으며 모래 위에 갈매기가 파도 위에는 고깃배가 늘 오가는 만첩 봉우리 산 속 천리 멀리 있는 ⌒ 고향

## 4. 시적 대상에 대한 시적 화자의 태도 찾기

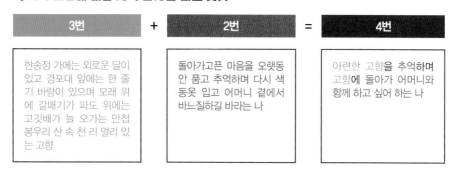

| 3번 | + | 2번 | = | 4번 |
|---|---|---|---|---|
| 한송정 가에는 외로운 달이 있고 경포대 앞에는 한 줄기 바람이 있으며 모래 위에 갈매기가 파도 위에는 고깃배가 늘 오가는 만첩 봉우리 산 속 천 리 멀리 있는 고향 | | 돌아가고픈 마음을 오랫동안 품고 추억하며 다시 색동옷 입고 어머니 곁에서 바느질하길 바라는 나 | | 아련한 고향을 추억하며 고향에 돌아가 어머니와 함께 하고 싶어 하는 나 |

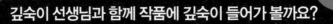

# 사친思親 – 허난설헌

선경

| 千里家山萬疊峯 | 만첩 봉우리 산 속 천 리 먼 고향에 | 수련 |
| 歸心長在夢魂中 | 돌아가고픈 마음은 오랫동안 꿈속에 있네 | |
| 寒松亭畔孤輪月 | 한송정 가에는 외로운 달 | 함련 |
| 鏡浦臺前一陣風 | 경포대 앞에는 한 줄기 바람 | |
| 沙上白鷗恒聚散 | 모래 위에 갈매기는 늘 모였다 흩어지고 | 경련 |
| 波頭漁艇每西東 | 파도 위에 고깃배는 늘 오고 가리니 | |

후정

| 何時重踏臨瀛路 | 언제 다시 강릉에 가 | 미련 |
| 更着斑衣膝下縫 | 다시 색동옷 입고 어머니 곁에서 바느질 할꼬 | |

# 1. 돋보기

ㄱ. 왜일까? 이건 뭘까?

**뭘까,** 제목의 뜻은?

▷ '사친(思親)'은 '어버이를 그리워하며 생각하다'는 뜻입니다. 마지막에 '어머니'가 등장하는 걸 보면 특별히 '어머니를 그리워하며 생각하다'는 뜻으로 볼 수 있겠네요.

**뭘까,** '한송정 가에는 ~ 늘 오고 가리니'가 의미하는 건?

▷ 함련과 경련(3~6행)은 모두 수련(1~2행)에서 화자가 돌아가고 싶어 했던 고향의 구체적인 모습입니다. 9행에 보면 화자가 돌아가고 싶어 했던 고향이 '강릉'임을 밝히고 있죠? 바로 화자의 고향인 강릉의 전경을 추억하고 있는 거지요. 한송정이나 경포대는 모두 강릉의 유명한 정자와 누각의 이름이고, 모래와 파도는 경포해수욕장 근처를 의미한 거라고 볼 수 있겠네요.

**왜,** 화자는 '다시 색동옷 입고 어머니 곁에서 바느질'을 하고 싶을까?

▷ 중국 주나라 때 노래자(老萊子)라는 사람이 색동옷을 입고 늙은 부모 앞에서 재롱을 부려 부모를 즐겁게 해 주었다는 '노래지희(老萊之戲)'라는 고사가 있습니다. 화자의 '색동옷 입고'라는 표현에서 이러한 노래자의 효심이 엿보이기도 하지요? 그렇지만 문맥상 다시 색동옷을 입는다는 표현은, 현실적으로는 불가능하지만 화자가 다시 어린 시절로 돌아가 어머니 옆에 있고 싶다는 바람을 이야기한 것으로도 볼 수 있지 않을까요?

ㄴ. 그렇다면 주제는 뭘까?

**그리움, 효(孝)** 그립던 고향에 돌아가 예전처럼 어머니와 함께 하고 싶은 나

---

**TIPS**

선경후정 구조를 잊지 마세요! 여기서 주제와 직결된 '후정'은 어디일까요? 역시 마지막 두 구겠네요. 수련부터 경련까지의 내용이 그리워하던 고향을 묘사한 '선경'이라면, 미련은 어린 시절로 돌아가 그리워하던 고향에서 어머니와 함께 하고 싶다는 화자의 그리움을 나타낸 '후정'이라 볼 수 있겠네요. 제목과도 연결이 되지요?

## 2. 표현기법

ㄱ. 근체시(近體詩)의 구성과 특징

한시는 형식적 제약에서 자유로운 고체시(古體詩)와 형식적 제약 안에서 쓰인 근체시(近體詩)로 나뉩니다. 근체시는 4행인 '절구'와 8행인 '율시'로 나뉘고 한 행에 5글자가 들어간 '5언'과 7글자가 들어간 '7언'으로 나뉩니다. 그렇다면 오늘 작품 '사친(思親)'은 어디에 해당될까요? 그렇죠, 7언 율시에 해당되겠네요. 중요한 건 이 안에서도 선경후정(先景後情) 구조가 있다는 사실이지요. 대부분의 주제는 바로 미련에 있답니다. 이러한 근체시의 구조를 외울 필요는 없지만 주제가 마지막에 나온다는 사실은 기억해야겠지요?

> **TIPS**
>
> 고체시(古體詩)는 근체시에 비해 형식적 제약이 없는 한시로서 고시(古詩)라고도 불리는데 대표적인 것이 바로 정약용의 '고시(古詩)'입니다. 앞에서 배웠으니 다시 한번 참고해 보세요.(184쪽 참조)

ㄴ. 시각적 이미지

시각을 활용하여 시어나 분위기를 그려내는 것을 의미해요. 특히 함련과 경련에 나타난 강릉 경포대 주변의 경관 묘사나 미련에 나타난 '색동옷'이란 색채감 등은 모두 시각적 이미지로 볼 수 있겠네요. 현대시 백석의 '여승'에서 설명한 표현기법 중 '감각적 이미지'를 참고하세요.(94쪽 참조)

> **TIPS**
>
> - (가)는 시각적 이미지를 통해 자연의 위대함을 표현하고 있다.(2021학년도 6월 모평)
> - 봉우리를 '부용'을 꽂고 '백옥'을 묶은 듯한 시각적 형상으로 묘사하여 대상의 아름다움을 표현하였다.(2021학년도 6월 모평)
> - 자연물을 통하여 시간적 배경을 시각적으로 드러내고 있다.(2020학년도 9월 모평)

## 3. 감상하기

주변에서 혹은 TV 프로그램에서 돌아가신 부모님이나 떠나온 고향을 그리워하는 이야기를 듣거나 직접 경험한 적이 있나요? 요즈음은 여행이나 어학연수 등으로 잠시 한국을 떠나본 친구들도 많이 있더군요. '외국에 나가면 누구나 애국자가 된다'라는 우스갯소리가 있듯이 고향이나 부모님이 가까이에 계실 때는 그 소중함을 모를 때가 많은 우리입니다. 송강 정철의 '어버이 살아실 제 섬기기를 다하여라 / 지나간 후면 애닯아 어찌하리 / 평생에 고쳐 못할 일이 이뿐인가 하노라'라는 시조가 생각나네요.

**MORE**

근체시 구조 좀 더 알아보기

| 5언 절구: 한 행에 5글자가 들어가면서 4행인 근체시 |
| --- |
| 〈수련〉 ○ ○ ○ ○ ○ |
| 〈함련〉 ○ ○ ○ ○ ○ |
| 〈경련〉 ○ ○ ○ ○ ○ |
| 〈미련〉 ○ ○ ○ ○ ○ |

| 7언 절구: 한 행에 7글자가 들어가면서 4행인 근체시 |
| --- |
| 〈수련〉 ○ ○ ○ ○ ○ ● ● |
| 〈함련〉 ○ ○ ○ ○ ○ ● ● |
| 〈경련〉 ○ ○ ○ ○ ○ ● ● |
| 〈미련〉 ○ ○ ○ ○ ○ ● ● |

| 5언 율시: 한 행에 5글자가 들어가면서 8행인 근체시 |
| --- |
| 〈수련〉 ○ ○ ○ ○ ○<br>● ● ● ● ● |
| 〈함련〉 ○ ○ ○ ○ ○<br>● ● ● ● ● |
| 〈경련〉 ○ ○ ○ ○ ○<br>● ● ● ● ● |
| 〈미련〉 ○ ○ ○ ○ ○<br>● ● ● ● ● |

| 7언 율시: 한 행에 7글자가 들어가면서 8행인 근체시 |
| --- |
| 〈수련〉 ○ ○ ○ ○ ○ ● ●<br>● ● ● ● ● ● ● |
| 〈함련〉 ○ ○ ○ ○ ○ ● ●<br>● ● ● ● ● ● ● |
| 〈경련〉 ○ ○ ○ ○ ○ ● ●<br>● ● ● ● ● ● ● |
| 〈미련〉 ○ ○ ○ ○ ○ ● ●<br>● ● ● ● ● ● ● |

# Tips, 고전 시가 돌아보기

**10구체 향가의 구조 및 특징**   향가는 네 줄인 '4구체'와 여덟 줄인 '8구체' 그리고 열 줄인 '10구체'가 있습니다. 그 중 10구체 향가는 향가의 완성된 형태로 보고 이를 별칭인 '사뇌가(詞腦歌)'라고 부르기도 한답니다. 이 10구체 향가는 〈기〉, 〈서〉, 〈결〉이라는 3단 구성을 지니고 있습니다. 보통 〈기〉가 4구, 〈서〉가 4구, 〈결〉이 2구로 되어 있고, 이 마지막 〈결〉에 화자의 중요한 감정이 드러나 있을 때가 많습니다. 왜냐하면 10구체 향가의 〈결〉구는 항상 '감탄사'로 시작하기 때문이지요. 나중에는 10구체 향가의 구조가 우리나라 시조에도 영향을 주는데 〈기〉, 〈서〉, 〈결〉이라는 3단 구성은 '초장', '중장', '종장'이라는 3장 구성이 되고, 〈결〉의 감탄사는 '종장'의 낙구가 된답니다.    「제망매가」

**감정의 전가(轉嫁)**   우리는 여러 가지 이유로 어떤 대상에 대한 부정적 감정을 솔직하게 표현하지 않는 경우가 종종 있습니다. 그럴 때 그런 감정을 억압하거나 숨길 수도 있겠지만 그렇게 하기 어려운 경우에는 다른 대상에게 그 감정을 쏟아 부을 때도 있죠. 이런 것을 '감정의 전가'라고 합니다.    「개를 여라믄이나 기르되」

**고체시(古體詩)**   고체시는 근체시에 비해 형식적 제약이 없는 한시로서 고시(古詩)라고도 불립니다.    「고시」, 「사친」

**관습적 표현**   습관적으로 혹은 오랫동안 써온 표현 방식으로 관용적 표현이라고 하기도 합니다.    「어부가」

**근체시(近體詩)의 구성과 특징**   한시는 형식적 제약에서 자유로운 고체시(古體詩)와 형식적 제약 안에서 쓰인 근체시(近體詩)로 나뉩니다. 근체시는 4행인 '절구'와 8행인 '율시'로 나뉘고 한 행에 5글자가 들어간 '5언'과 7글자가 들어간 '7언'으로 나뉩니다.
    「사친」

**대구법(對句法)**   비슷한 어조나 어세를 가진 어구를 짝 지어 표현의 효과를 높이는 방법으로, 단순한 구조의 유사성만이 아니라 내용도 유사하거나 대조적인 성격으로 나타나야 한답니다. 쉽게 말해서 '구절을 짝지어 나타내는 방법'으로 이해하면 됩니다.
    「도산십이곡」

**대조법**  서로 반대되는 대상이나 내용을 내세워 주제를 강조하거나 인상을 선명하게 표현하는 수사법으로, 두 대상의 차이점을 부각하는 것이 특징입니다.

「백설이 자자진」, 「오백 년 도읍지를」, 「도산십이곡」, 「고시」

**대화체**  상대에게 말을 건네는 방식을 대화체라고 합니다. 시는 기본적으로 화자의 독백인 경우가 많지만, 때에 따라서는 화자가 특정한 상대와 대화하는 방식으로 시가 전개되는 경우가 있습니다. 시가 마치 한 편의 소설이나 연극처럼 등장인물들이 주고받는 대화를 통해 전개되면 시적 상황을 좀 더 생동감 있게 보여줄 수 있다는 장점이 있겠죠.

「딕들에 동난지이 사오」, 「고시」

**비유**  어떤 사물이나 현상을 그와 비슷한 다른 사물이나 현상에 빗대어 표현하는 방식입니다.

「제망매가」

**사군자(四君子)**  동양화에서, 고결함이 군자와 같다는 뜻으로, 매화 · 난초 · 국화 · 대나무를 일컫는 말이예요. 고전 시가에서 이 사군자는 정말 자주 나온답니다. 그러니 아래 내용을 잘 정리해 놓고 자주 보면 도움이 되겠지요? 매화 · 난초 · 국화 · 대나무 순서는 봄 · 여름 · 가을 · 겨울 순서에 맞추어 놓은 것으로 다음과 같은 특징을 지니고 있어요. '매화'는 추위를 무릅쓰고 이른 봄에 제일 먼저 꽃을 피웁니다. '난초'는 한여름에도 시들지 않고 깊은 산중에서 은은한 향기를 멀리까지 퍼뜨리고요. '국화'는 늦가을에도 첫 추위(된서리)를 이겨내며 독야청청 피어난답니다. '대나무'는 모든 식물의 잎이 떨어진 추운 겨울에도 푸른 잎을 계속 유지한답니다. 이러한 각 식물 특유의 장점을 군자(君子), 즉 덕(德)과 학식을 갖춘 사람의 인품에 비유하여 사군자라고 부른답니다.

「백설이 자자진」

**사설시조의 특징**  사설시조는, 조선 후기 주로 평민들에 의해 지어진 것으로 평시조와 달리 창작자를 확정할 수 없고(작자 미상), 사대부들의 정제된 평시조와 달리 초·중·종장 중 두 장 이상이 길어진 형식상의 파격(破格)을 보입니다. 특히 중장이 길어진 경우가 많았는데 이는 사설시조 작가들이 절실한 감정을 표현하기 위해 상황을 구체화하거나, 유사한 상황이나 대상을 열거 내지 반복하여 제시하였기 때문입니다. 이를 통해 볼 때 평민들은 형식의 아름다움보다는 하고 싶은 이야기가 더 중요했다고 볼 수 있습니다.('사설시조'라는 명칭도 시조에 '이야기'를 뜻하는 '사설'이 붙어서 생긴 것이죠.)

「개를 여라믄이나 기르되」

**상징**  추상적인 대상을 구체적인 대상으로 나타내어 표현하는 방식입니다.

「백설이 자자진」

**색채의 대비**  색채를 대비함으로써 대상들의 차이점을 효과적으로 부각하는 방식입니다.

「어부가」

**설의법(設疑法)**  평서문을 의문문의 형태로 바꾸어 그 문장에 담긴 주장이나 감정을 '강조'하는 표현 방법으로, 평서문으로 표현했을 때와 그 의미는 같지만 격정적인 느낌을 주어 상대방의 마음을 움직이는 데 매우 효과적입니다.

「도산십이곡」

**시각적 이미지**  시각을 활용하여 시어나 분위기를 그려내는 것을 의미해요.

「사친」

**시상의 전환**  작품 내에서 시적 대상에 대한 화자의 태도가 눈에 띄게 변하는 상황을 의미합니다.

「제망매가」

**시조의 구성**  고전 시가에서 세 줄짜리 작품이 나오면 무조건 갈래상 '시조'로 보면 됩니다. 시조는, 형식상 첫줄은 초장(初章), 둘째 줄은 중장(中章), 셋째 줄은 종장(終章)으로 구성되어 있고, 내용상 초장과 중장은 '선경(先景)'으로 종장은 '후정(後情)'으로 구성되어 있답니다. 그렇다면 주제는 '종장'에 있겠지요? 또한 시조에서는 제목이 거의 의미가 없습니다. 워낙 짧은 작품이기에[그래서 단가(短歌)라고 불리기도 했지요.] 당시에 제목을 따로 붙이기보다는 초장에 나온 첫 구절을 편의상 제목으로 올린 거랍니다.

「백설이 자자진」

**연시조의 유기적 통일성**  연시조는 평시조 여러 수가 나란히 놓여 있는 구성을 취하지만 이 평시조들은 하나의 주제로 긴밀히 연결되어 있습니다.

「도산십이곡」

**열거를 통한 중장의 확대**  열거는 비슷한 어구나 내용적으로 연결되는 어구를 늘어놓는 표현 방법입니다. 사설시조는 일반적으로 열거를 통해 중장을 확대함으로써 특정 장면을 극대화하거나 해학성을 얻는 경우가 많습니다.

「뒷들에 동난지이 사오」

**우의적 표현**  다른 사물에 빗대어 비유하거나 풍자적 표현을 사용하는 표현 기법입니다.

「고시」

**의성어와 의태어(음성 상징어)의 활용**  사람이나 사물의 소리를 흉내 낸 의성어나 사람이나 사물의 모습이나 움직임을 흉내 낸 의태어를 활용하게 되면 대상을 좀 더 구체적이고 생동감 있게 그려낼 수 있다는 장점이 있습니다. 그래서 시에서는 의성어와 의태어를 활용하여 대상이나 상황을 구체화하는 경우가 많습니다.

「개를 여라믄이나 기르되」

**종장의 첫 음보**  시조는 보통 종장 첫 음보에서 '어즈버', '아해야', '님금하' 같은 감탄사나 부르는 말 등을 통해 시상을 집약합니다.

「오백 년 도읍지를」

**해학성**  해학성은 익살스럽고도 품위가 있는 말이나 행동이 지닌 특징을 의미합니다. 쉽게 말해 웃음을 유발하는 특성을 말합니다. 이런 해학성은 조선 후기 평민 문학에 공통적으로 드러나는 요소이기도 합니다. 비극적이거나 고통스러운 상황 속에서도 웃음을 잃지 않았던 평민들의 건강한 사유가 그들이 향유하는 문학에서도 발현된 것이죠. 그래서 이런 평민 문학의 해학성을 '웃음으로 눈물 닦기'라는 말로 표현하기도 합니다.　　　　　　　　　　　　　　　　　　　　　　　　　　　「개를 여라믄이나 기르되」

**3**

# 산문,
## 현대 소설과 고전 소설과
## 친해지기

## 소설 알아보기

### 소설이란 뭘까?

⇨ 소설이란, '사건 중심으로 이어지는 현실에 있을 법한 이야기'를 말합니다. 사전에서는 다음과 같이 소설이 정의되어 있습니다. '사실 또는 작가의 상상력에 바탕을 두고 허구적으로 이야기를 꾸며 나간 산문체의 문학 양식으로 일정한 구조 속에서 배경과 등장인물의 행동, 사상, 심리 따위를 통하여 인간의 모습이나 사회상을 드러내는 문학 양식이다.'

### 왜 제목이 중요할까?

⇨ 제목은 작가가 작품을 통해 전달하고자 하는 핵심적인 메시지를 인상적으로 표현하기 위한 수단이므로, 작품의 제목은 해당 글의 핵심 단어나 주제 혹은 주요 내용과 연관된 때가 많습니다. 따라서 작품 제목은 우리 친구들이 작품을 이해하거나 감상하는 데 많은 도움이 될 거예요.

### 소설을 읽을 때 제일 중요하게 볼 것은 뭘까?

⇨ 국어 시간에 인물, 사건, 배경이 소설 구성의 3요소라는 걸 배운 적이 있나요? 어떤 선생님들은 꼭 외우라고 하고 시험에서 묻기도 할 정도로 중요하게 다루는 내용이죠. 그런데 여러분들은 정작 인물, 사건, 배경을 중심으로 소설을 읽어 본 적이 있나요? 아마도 없을 거라 생각합니다. 대부분 자신의 눈으로 소설을 읽기보다는 수업에서 선생님이 가르쳐주시는 대로 소설을 읽기 때문이죠. 그런데 말입니다.^^ 우리가 앞으로 우리 친구들에게 보여줄 '자신의 눈으로' 소설 읽기 방법에서는 이 세 가지가 제일 중요한 요소가 될 것입니다.

### 왜 '인물, 사건, 배경'이 중요할까?

⇨ 인물은 소설에 등장하는 사람입니다. 작품 속에 등장하여 사건을 이끌어 가는 주체로, 사건을 진행시키거나 소설의 주제를 이끌어 내기도 하지요. 이를 테면 '춘향전'에서 '춘향', '이몽룡', '변 사또' 등은 서로서로 관계를 맺으면서 '춘향전'의

중심 사건을 이끌어가고 주제를 드러내죠. 그렇기 때문에 우리가 소설을 읽을 때 주요 인물의 말이나 행위를 통해 보이는 인물 간의 관계와 그 진행 양상을 살피다 보면 자연스럽게 중심 사건과 갈등, 주제 등을 찾을 수 있게 됩니다.

▷ **사건**은 등장인물들이 일으키고 겪는 행동과 갈등으로, 주로 등장인물들이 일으키는 갈등 요소를 중심으로 일어나는 일들을 말합니다. 사건(갈등)이 없는 소설은, 놀이기구가 없는 놀이동산이나 물이 없는 수영장과 같이 말이 안 되는 것이죠. 소설은 사건의 흐름을 통해 주제를 드러냅니다. 이를 테면 '춘향전'에서 춘향과 몽룡이 헤어진 뒤 몽룡이 과거 급제를 한 일, 변 사또가 춘향에게 수청을 강요했지만 춘향이 이를 거절해서 옥에 갇힌 일, 몽룡이 과거 급제를 했지만 거지꼴로 나타나 이를 숨긴 일, 변 사또의 생일날에 춘향이 끝까지 수청을 거절한 일, 몽룡이 암행어사로 나타나 변 사또를 혼내주고 춘향을 구한 일은 모두 '춘향전'에서 일어난 사건입니다. 그런데 이 일련의 사건이 결국 춘향이가 구원되고 변 사또가 벌을 받는 것으로 끝맺는 것은 권선징악의 주제를 드러내는 것이 이 소설의 목적이기 때문이죠. 그래서 인물들의 관계를 중심으로 벌어지는 사건의 흐름을 따라가면서 사건의 원인, 진행 과정, 결말의 처리 방식 등을 살펴보면 소설의 주제를 손쉽게 찾을 수 있습니다.

▷ **배경**은 인물이 행동하거나 사건이 일어나는 '시간'과 '장소'를 말합니다. 배경은 말 그대로 사건이 일어나는 배경을 형성하기도 하고, 사건의 발생과 흐름에 필연성 내지 사실성을 부여하기도 합니다. 또한 작가는 배경의 묘사를 통해서 등장인물의 정서와 적절한 분위기를 형성하고 주제를 암시하거나, 명확히 드러내기도 합니다. 다시 말해 배경을 적절히 이해하게 되면 사건, 인물, 주제가 좀 더 선명해지는 효과를 얻게 되는 것이죠.

## 소설을 어떻게 읽어야 할까?

▷ 그럼, 소설을 '인물', '사건', '배경'을 중심으로 읽으려면 어떻게 해야 할까요? 여러 가지 방법들이 있겠지만 우리가 여러분들에게 소개하고 싶은 방법은 '인물 관계도 그리기'입니다. 인물 관계도 그리기는 어떻게 하느냐고요? 이어지는 '길잡이'에서 자세히 안내할 테니 잘 따라 오세요.

# #1 길잡이와 함께

안녕하세요? 이번 시간은 '소설은 어떻게 즐기지?'의 첫 번째 단계로(두 번째 단계는 '깊숙이') 소설에 한 걸음 다가가는 시간입니다. 가장 좋은 건, 소설의 일부가 아니라 한 권 전체를 읽으며 아래 순서대로 작품에 다가가 보는 겁니다. 하지만 오늘은 설명을 하는 부분이라 실제 예는 작품의 일부만을 대상으로 하도록 할게요. 다시 한 번 강조하지만, 이 방법이나 순서가 절대적인 것은 아니랍니다. 단지 우리 친구들이 소설과 이런 방식으로 친해지면 좋겠다는 하나의 방법에 대한, 말 그대로 길잡이일 뿐이지요.

## 📘 인물 관계도 그리기

- 등장인물 찾으며 읽기
  - 너무 많이 찾지 말고, 중요하다 생각되는 2~4명 정도만 찾으면 돼요.
  - 고전 소설의 경우에는 동일한 인물을 다르게 호칭할 때가 많으니 호칭만 보고 다른 인물로 착각하는 일이 없도록 주의해야 해요!
- 등장인물 특징 표시하기
  - 등장인물의 말이나 행동 혹은 감정이나 생각, 평가 등의 등장인물을 파악할 수 있는 단서가 나타난 부분은 인물별로 표시를 하면서 읽어 보세요.(인물별로 색깔을 달리해서 표시해도 되고, 아니면 〈 〉나 [ ], ( ), { } 등 괄호의 종류를 달리해서 표시해도 돼요.)
  - 위에서 등장인물별로 표시한 내용을 종합하여 각 인물의 특징을 적어봅시다.

- 등장인물 간의 관계도 그리기
  - 등장인물 간의 갈등이 없는 경우에는 인물과 인물을 '줄표(-)'로 잇고 그 아래에 '애인(愛人)·연적(戀敵)·친구' 등 두 인물의 관계를 나타내는 말이나 '우호적', '적대적' 등 두 인물 간의 감정이나 태도를 나타내는 말을 간단히 써 줍니다.
  - 등장인물 간의 갈등이 있는 경우에는 인물과 인물 사이에 '화살표'를 그려줍니다. 화살표의 방향은 갈등과 관련된 행위의 주체로부터 그 행위의 대상에게 향해갑니다. 예를 들어,

  철수 → 순희: 철수가 순희에게 한 행위와 관련하여 갈등이 발생한 경우

  철수 ← 순희: 순희가 철수에게 한 행위와 관련하여 갈등이 발생한 경우

  철수 ↔ 순희: 철수와 순희가 서로에게 한 행위로 인해 갈등이 발생한 경우

이런 방식으로요. 그런 뒤 화살표 위나 아래에 갈등과 관련된 행위를 간단히 써 주고 시간 순서가 중요한 경우에는 선후를 표시할 수 있는 기호(ㄱ, ㄴ, ㄷ 등)로 순서를 표시해 주세요. 이를테면 김유정의 「동백꽃」에서 '점순'이 '나'에게 호의로 준 굵은 감자 세 개를 '나'가 거절하면서 둘의 갈등이 시작되죠. 이를 관계도로 그리면 아래와 같이 됩니다.

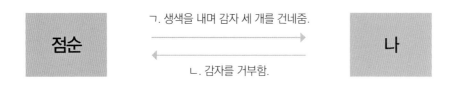

## 2 핵심 갈등 찾기
- 앞에서 그린 인물 관계도의 갈등 중 가장 중요하다고 생각되는 핵심 갈등을 찾아보세요.
- 핵심 갈등은 일반적으로 주인공이 개입된 갈등이에요.
- 소설의 제목 혹은 중심 소재와 관련지어 보면 핵심 갈등을 찾기 쉽습니다.
- 핵심 갈등이 발생한 원인을 파악해 보세요.

**3 핵심 갈등의 마무리 방식 파악하기 (주제 찾기)**

- 앞에서 찾은 핵심 갈등이 어떻게 마무리되었는지 그 결과(갈등의 해결, 지속, 심화)를 씁니다.

- 핵심 갈등이 어떻게 마무리되었는지, 왜 그렇게 마무리했을지를 생각해 보면 작가가 소설을 통해 전하고자 하는 주제(主題)를 추론할 수 있어요!

- 핵심 갈등의 마무리 방식에서 주제를 추론할 때는 소설의 제목이나 중심 소재를 참고해 보는 것도 좋습니다. 앞에서 언급했듯이 작품의 제목이나 중심 소재는 소설의 주제와 큰 관련을 맺고 있는 경우가 많거든요.

**4 갈등의 진행 양상을 중심으로 소설의 내용 재구성하기 (줄거리 쓰기)**

- 등장인물 간의 갈등이 발생, 진행, 마무리되는 과정을 중심으로 소설의 내용을 재구성하면 그것이 소설의 줄거리가 됩니다.

# #2 깊숙이와 함께

안녕하세요? 저는 '깊숙이' 선생님입니다. 앞의 '길잡이'에서 갈등을 중심으로 소설의 주제를 찾고, 줄거리를 재구성하는 방법을 배웠다면, 이제 작품 속으로 들어가 작품의 깊은 의미와 중요한 표현기법들까지도 찾아보는 방법을 배워보는 시간이예요. 이 단계까지 오면, 우리 친구들이 무심히 넘어갔던 내용이 얼마나 어마어마한 의미를 담고 있는지 확인할 수 있고, 아마도 고등학교 내신 시험이나 수능에 출제되는 표현기법, 내용 파악까지도 쉽게 이해할 수 있을 거예요.

## ◗ 돋보기

'돋보기'는 작품에 깊숙이 들어가는 첫 번째 단계로, 스스로 질문하고 답을 찾는 과정을 통해 작품에 표면적으로 드러나지 않은 내용을 추론해 보는 과정이랍니다. 작품을 읽으면서 궁금증이 생기는 것들에 대해 '왜일까?', '이건 뭘까?'라는 질문을 스스로 던지고 그에 대한 답을 찾아가다 보면 처음 읽었을 땐 볼 수 없었던 작품의 깊은 의미까지도 찾아낼 수 있을 거예요.

## 2 표현기법

'표현기법'은 작품에 깊숙이 들어가는 두 번째 단계로, 작가가 자신의 생각을 작품에 어떤 방식으로 표현했는지를 찾아보는 과정이랍니다. 서술자의 시점이 '1인칭'인지 '3인칭'인지, '복선'이 어떻게 사용되었는지, '역순행 구성'인지 '액자식 구성'인지 등, 소설을 읽고 즐기면서 이러한 서술 전략 및 구성 방식까지 찾을 수 있다면 일석이조의 시간이 될 수 있겠죠?

'Tip'은 앞에서 설명한 표현기법이 모의고사나 대학수학능력시험에서 어떻게 출제되는지 보여주는 '실제 예'랍니다.

## 3 감상하기

'감상하기'는 시에서와 마찬가지로 작품에 깊숙이 들어가는 마지막 단계로, 우리가 소설을 읽고 도달해야 하는 가장 중요한 단계랍니다. 진정한 소설 읽기는 단순히 시험 문제를 풀기 위해 작품의 내용을 있는 그대로 이해하는 단계에서 끝나서는 안 됩니다. 작품의 내용을 있는 그대로 이해한 것을 바탕으로, 오롯이 자신의 삶이나 자신이 살고 있는 세계를 돌아볼 수 있어야 합니다. 최근 고등학교 정규 수업시간에 '한 학기 한 권 책읽기' 과정이 생긴 이유도 바로 여기에 있습니다. 우리 친구들은 현대 소설이나 고전 소설을 통해 자신의 삶을 돌아보며 반성하거나 내일을 다짐하는 시간이 될 수도 있고, 더 나아가 자신이 속한 사회의 부조리를 보며 안타까워하거나 함께 아파할 수도 있을 겁니다. 감상하기는 소설의 내용을 바로 나의 삶에 적용해 보는 시간이랍니다.

## 산거족 - 김정한

[앞부분의 줄거리] '마삿등'의 판자촌에 살고 있는 황거칠 씨는 마을에 수도가 들어오지 않자 직접 산의 물을 끌어다 마을의 물 걱정을 해결한다.

그러나 해가 바뀐 지 몇 달 안 돼서 우리 황거칠 씨에게는 (물론 '마삿등' 사람들에게도) 뜻하지 않던 불행이 들이닥쳤다. - 별안간 산 수도를 철거해 달라는 사람이 나타난 것이었다. 그것도 '마삿등'의 물 사정을 잘 알 만한 사람이었다. 황거칠 씨와도 안면이 있는, 바로 건너편 '사부랑골'에 사는 호동팔이란 목수였다.

"어째서 호 선생께서⋯⋯?"

황거칠 씨는 식전부터 찾아와서 그런 뚱딴지같은 소리를 꺼내는 상고머리의 호목수를 수상쩍게 건너다보았다.

"내가 그 자리의 관리를 하게 됐거든요. 형의 땅이니깐요-."

"형님의 땅이라니? 그 자리는 적산*인데 그래⋯⋯."

"형이 불하를 받았으니 인자 개인 거 안잉기요."

호동팔은 능글능글 웃는다기보다 숫제 의기양양한 티까지 보이려는 것이었다.

'옳거니, 이놈들이 필연 무슨 꿍꿍이가 있어서 한 짓이겠군! 이곳 물 사정을 잘 아는 놈들이렸다⋯⋯?'

황거칠 씨는 대뜸 짐작이 갔다.

"그래, 불하를 받았다고 해서 남의 식수를 함부로 끊을 수가 있겠소? 수도만은 절대로 못 뜯어내겠소!"

거칠 씨의 언성은 거칠어졌다. 불의라면 비록 권력 앞에서도 잘 굽히지 않는 성미였다.

"그래요-"

호 목수는 내처 음충맞게 능글거렸다.

"가시오!"

황거칠 씨는 버럭 자리에서 일어섰다.

**214**

이로부터 일어난 해괴망측한 사건들을 얘기하려면, 우선 이 호동팔 형제의 위인들부터 알려야만 되겠다. - 호동팔이란 이 오십이 넘은 상고머리의 사나이는 자기들 목수 사이에서도 종종 '호로새끼'란 욕을 얻어먹었다. 게다가 과거 왜정 때부터 그러했거니와 그의 친형인 동수를 영판 닮아서, 자기보다 쥐꼬리만큼이라도 권력을 가진 자라든가 혹은 무슨 잇속이 있을 만한 일에는 다랍게 달라붙고 알랑거리는 성미였다.

<중략>

　이런 졸때기 주제에다가 당치도 않은 만용을 낸다든가 거드름을 피우게 되는 것도 오로지 왜정 때 재판소 집달리*를 지낸 그의 형 동수를 믿고서다.

　악질 집달리로 이름난 호동수는 그때 야바위 쳐 걷어 들인 재산으로 지금은 모기관에 기부금도 내서 고문도 되고, 시정 자문위원인가 뭔가까지 맡아서 만만찮은 사회적 지위도 지닌 위에, 빌딩도 몇 채 가진 알부자지만, 한편 그의 쥐꼬리만한 법률 지식은 언제나 동생 동팔의 거드름을 뒷받침하고 있다.

"니가 머근데(뭔관데) 그래 큰소리를 탕탕 치노?"

　친구들이 이럴 때 동팔이가,

"와? 우리 할배는 청국 사람이고, 우리 아배는 미국 사람, 우리 엄매는 일본 사람이다 와?"

　하고 엇나가는 것도 다 그의 형 동수의 말버릇을 그대로 받아서 하는 셈이었다. 해방 후 한때 친일파로 몰렸던 호동수는 한국 사람치고, 친중, 친일, 친미 안 한 사람이 어디 있느냐는 식으로 늘 이렇게 구두덜거렸던 것이다.

　동팔이가 형 동수의 어투를 배운 것은 이것만이 아니었다. 직접 친일파에 관한 얘기나 정치 얘기 같은 게 나오면,

"일본 놈들이 우리 조선 사람을 씰(쓸) 때는, 꼭 그 가문이 어떤가, 양반인가 아닌가 미리 알아보고 썼다 말이다. 무식한 쌍놈들 썼겠나! 그저 노름이나 해 처먹다가 징역 조끔 살고 나온 것들이 무슨 애국잔 체하는 꼴 보문 참……."

　이런 식으로 꼭 그의 형의 말 그대로를 들이대곤 했다.

　그러한 동팔이가 갑자기 찾아와서 '마삿등'의 젖줄이라 할 수 있는 황거칠 씨의 산 수도를 뜯어내라는 데는 반드시 그럴 만한 꼬투리가 없지 않을 것이다. 짐작에,

잇속이 빠른 똥파리란 자가 그 산에서 흘러오는 물을 독점할 생각으로(그럼 자연 산수도는 제 것이 될 테니까), 그의 형과 짜고서 그러한 깜찍스러운 일을 꾸민 것이 아닐까 싶었다.

황거칠 씨는 그길로 일제 때부터 그 산을 보아 왔다는 박 노인이란 연고자를 찾아갔다.

"그래요?"

박이란 그 순적백성은 황거칠 씨의 말을 듣더니 비로소 미안스러운 표정을 하며,

"호동팔이가 자꾸 찾아와서 돈을 얼마 주며 졸라 쌓길래 도장을 안 찍어 조웃능기요. 머 연고권 서류라카등가요. 내싸 머 그런 거 불하받을 생각도 힘도 없고 해서⋯⋯."

황거칠 씨는 '아뿔싸!' 싶었다. 손이 늦었었다. 그러나 손이 안 늦었더라도 그에게는 그런 걸 불하받을 돈이 있을 리 만무했다. 엄두도 못 낼 일이었다.

"죽일 놈들!"

해 보았댔자, 소용없는 일이었다. 그러나 황거칠 씨는 대범한 얼굴을 하고 집으로 돌아왔다. 산에서 솟는다고 산 임자의 물은 아닐 테지! 그때까지만 해도, 하늘이 무너지는 한이 있더라도 물만은 빼앗기지 않으리라고 속으로 다짐했던 것이다.

그날 밤 실근이란 통장이 알아보고 온 얘기로서는, S산의 일부인 '마샛등' 뒤의 적산 임야 일대가, 얼마 전 동팔의 형 호동수의 명의로 완전 불하 등기가 되어 있더라는 것이었다.

그리고 일주일이 채 못 돼서 법원으로부터 출두 통지서가 나왔다. 호동수가 수도 시설을 철거시켜 달라는 소송을 제기했던 것이다. 물론 황거칠 씨는 이의를 내걸고 반대했다. 그러나 끌다끌다 결국 힘 부족 세 부족으로 재판에 지고, 집달리가 현장에 나타났다. 강제 철거다. 미리 시끄러울 것을 짐작했던지 경찰관까지 현장에 동원되었었다.

'마샛등'에서도 그날은 일을 나가지 않은 사내 꼭지들은 거의 다 현장인 샘터에 나와 있었다. 아낙네들도 더러 나왔었다. 군중심리의 탓이랄까, 경찰이 해산을 명령해도 꿈쩍도 하지 않았다. 도리어 일촉즉발의 험악한 공기가 되어 갔다.

황거칠 씨는 내처 풀이 죽어 있었다. 정상 작량(情狀酌量)*도 법을 쥔 사람의 자유

다. 게다가 집달리란 사람들에게는 애당초 눈물도 인정도 없기 마련이다.

'마삿둥' 사람들이 애써 만들어 놓은 다섯 개의 수도용 우물이 집달리가 데리고 온 인부들의 괭이에 무참히 헐리고, 대나무로 된 파이프들이 물을 문 채 그들이 보는 앞에서 이리저리 내던져졌다.

---

·
적산  1945년 8·15 광복 이전까지 한국 내에 있던 일제(日帝)나 일본인 소유의 재산을 광복 후에 이르는 말.
집달리  법률, 명령, 재판, 처분 따위의 내용을 실행하는 일을 담당하는 관리.
정상 작량  법률적으로는 특별한 사유가 없더라도 범죄의 정상에 참작할 만한 사유가 있다고 판단되는 경우에, 법원이 그 형을 줄이거나 가볍게 하는 것. 정상 참작.

## 1. 인물 관계도 그리기(등장인물 각각의 특징 적고, 등장인물 간의 갈등 찾기)

| 황거칠 | | 마을 사람들 |
|---|---|---|
| 특징 적기 | 갈등 표시 및 내용 적기 | 특징 적기 |

갈등 표시 및 내용 적기             갈등 표시 및 내용 적기

| 호동팔 | | 호동수 |
|---|---|---|
| 특징 적기 | 갈등 표시 및 내용 적기 | 특징 적기 |

## 2. 핵심 갈등은 무엇일까요?(핵심 갈등이 '누구'와 '누구'의, '무엇'으로 인한 갈등인지 적기)

'누구'와 '누구'의 '어떤 '사건'으로 인한 갈등인지 적기

## 3. 핵심 갈등의 마무리 방식 파악하기(핵심 갈등이 어떻게 마무리되었는지 그 결과 쓰기)

주제: 위에서 찾은 '가장 중요한 갈등'이 어떻게 해결되었는지 아니면 진행(심화)되는지 적기

## 4. 핵심 갈등의 진행 양상을 중심으로 소설의 내용 재구성하기(줄거리 쓰기)

등장인물 간의 관계도에 그린 '갈등 내용'을 시간 혹은 사건 중심으로 간단히 적어보세요.

# 산거족 – 김정한

[앞부분의 줄거리] '마샷등'의 판자촌에 살고 있는 황거칠 씨는 마을에 수도가 들어오지 않자 직접 산의 물을 끌어다 마을의 물 걱정을 해결한다.

그러나 해가 바뀐 지 몇 달 안 돼서 우리 황거칠 씨에게는 (물론 '마샷등' 사람들에게도) 뜻하지 않던 불행이 들이닥쳤다. – 별안간 산 수도를 철거해 달라는 사람이 나타난 것이었다. 그것도 '마샷등'의 물 사정을 잘 알 만한 사람이었다. 황거칠 씨와도 안면이 있는, 바로 건너편 '사부랑골'에 사는 호동팔이란 목수였다.

"어째서 호 선생께서……?"

황거칠 씨는 식전부터 찾아와서 그런 뚱딴지같은 소리를 꺼내는 상고머리의 호 목수를 수상쩍게 건너다보았다.

"내가 그 자리의 관리를 하게 됐거든요. 형의 땅이니깐요-."

"형님의 땅이라니? 그 자리는 적산인데 그래……."

"형이 불하를 받았으니 인자 개인 거 안잉기요."

호동팔은 능글능글 웃는다기보다 숫제 의기양양한 티까지 보이려는 것이었다.

'옳거니, 이놈들이 필연 무슨 꿍꿍이가 있어서 한 짓이겠군! 이곳 물 사정을 잘 아는 놈들이렸다……?'

황거칠 씨는 대뜸 짐작이 갔다.

"그래, 불하를 받았다고 해서 남의 식수를 함부로 끊을 수가 있겠소? 수도만은 절대로 못 뜯어내겠소!"

거칠 씨의 언성은 거칠어졌다. 불의라면 비록 권력 앞에서도 잘 굽히지 않는 성미였다.

"그래요-"

호 목수는 내처 음충맞게 능글거렸다.

"가시오!"

황거칠 씨는 버럭 자리에서 일어섰다.

이로부터 일어난 해괴망측한 사건들을 얘기하려면, 우선 이 호동팔 형제의 위인들부터 알려야만 되겠다. - 호동팔이란 이 오십이 넘은 상고머리의 사나이는 자기들 목수 사이에서도 종종 '호로새끼'란 욕을 얻어먹었다. 게다가 과거 왜정 때부터 그러했거니와 그의 친형인 동수를 영판 닮아서, 자기보다 쥐꼬리만큼이라도 권력을 가진 자라든가 혹은 무슨 잇속이 있을 만한 일에는 다랍게 달라붙고 알랑거리는 성미였다.

〈중략〉

이런 졸때기 주제에다가 당치도 않은 만용을 낸다든가 거드름을 피우게 되는 것도 오로지 왜정 때 재판소 집달리를 지낸 그의 형 동수를 믿고서다.

악질 집달리로 이름난 호동수는 그때 야바위 쳐 걷어 들인 재산으로 지금은 모기관에 기부금도 내서 고문도 되고, 시정 자문위원인가 뭔가까지 맡아서 만만찮은 사회적 지위도 지닌 위에, 빌딩도 몇 채 가진 알부자지만, 한편 그의 쥐꼬리만한 법률 지식은 언제나 동생 동팔의 거드름을 뒷받침하고 있다.

"니가 머근데(뭐관데) 그래 큰소리를 탕탕 치노?"

친구들이 이럴 때 동팔이가,

"와? 우리 할배는 청국 사람이고, 우리 아배는 미국 사람, 우리 엄매는 일본 사람이다 와?"

하고 엇나가는 것도 다 그의 형 동수의 말버릇을 그대로 받아서 하는 셈이었다. 해방 후 한때 친일파로 몰렸던 호동수는 한국 사람치고, 친중, 친일, 친미 안 한 사람이 어디 있느냐는 식으로 늘 이렇게 구두덜거렸던 것이다.

동팔이가 형 동수의 어투를 배운 것은 이것만이 아니었다. 직접 친일파에 관한 얘기나 정치 얘기 같은 게 나오면,

"일본 놈들이 우리 조선 사람을 씰(쓸) 때는, 꼭 그 가문이 어떤가, 양반인가 아닌가 미리 알아보고 썼다 말이다. 무식한 쌍놈들 썼겠나! 그저 노름이나 해 처먹다가 징역 조끔 살고 나온 것들이 무슨 애국잔 체하는 꼴 보문 참……."

이런 식으로 꼭 그의 형의 말 그대로를 들이대곤 했다.

그러한 동팔이가 갑자기 찾아와서 '마삿등'의 젖줄이라 할 수 있는 황거칠 씨의 산 수도를 뜯어내라는 데는 반드시 그럴 만한 꼬투리가 없지 않을 것이다. 짐작에,

잇속이 빠른 똥파리란 자가 그 산에서 흘러오는 물을 독점할 생각으로(그럼 자연 산 수도는 제 것이 될 테니까), 그의 형과 짜고서 그러한 깜찍스러운 일을 꾸민 것이 아닐까 싶었다.

황거칠 씨는 그길로 일제 때부터 그 산을 보아 왔다는 박 노인이란 연고자를 찾아갔다.

"그래요?"

박이란 그 순적백성은 황거칠 씨의 말을 듣더니 비로소 미안스러운 표정을 하며,

"호동팔이가 자꾸 찾아와서 돈을 얼마 주며 졸라 쌓길래 도장을 안 찍어 조웃능기요. 머 연고권 서류라카등가요. 내싸 머 그런 거 불하받을 생각도 힘도 없고 해서……."

황거칠 씨는 '아뿔싸!' 싶었다. 손이 늦었었다. 그러나 손이 안 늦었더라도 그에게는 그런 걸 불하받을 돈이 있을 리 만무했다. 엄두도 못 낼 일이었다.

"죽일 놈들!"

해 보았댔자, 소용없는 일이었다. 그러나 황거칠 씨는 대범한 얼굴을 하고 집으로 돌아왔다. 산에서 솟는다고 산 임자의 물은 아닐 테지! 그때까지만 해도, 하늘이 무너지는 한이 있더라도 물만은 빼앗기지 않으리라고 속으로 다짐했던 것이다.

그날 밤 실근이란 통장이 알아보고 온 얘기로서는, S산의 일부인 '마삿등' 뒤의 적산 임야 일대가, 얼마 전 동팔의 형 호동수의 명의로 완전 불하 등기가 되어 있더라는 것이었다.

그리고 일주일이 채 못 돼서 법원으로부터 출두 통지서가 나왔다. 호동수가 수도 시설을 철거시켜 달라는 소송을 제기했던 것이다. 물론 황거칠 씨는 이의를 내걸고 반대했다. 그러나 끌다끌다 결국 힘 부족 세 부족으로 재판에 지고, 집달리가 현장에 나타났다. 강제 철거다. 미리 시끄러울 것을 짐작했던지 경찰관까지 현장에 동원되었었다.

'마삿등'에서도 그날은 일을 나가지 않은 사내 꼭지들은 거의 다 현장인 샘터에 나와 있었다. 아낙네들도 더러 나왔었다. 군중심리의 탓이랄까, 경찰이 해산을 명령해도 꿈쩍도 하지 않았다. 도리어 일촉즉발의 험악한 공기가 되어 갔다.

황거칠 씨는 내처 풀이 죽어 있었다. 정상 작량(情狀酌量)도 법을 쥔 사람의 자유

다. 게다가 집달리란 사람들에게는 애당초 눈물도 인정도 없기 마련이다.

'마삿등' 사람들이 애써 만들어 놓은 다섯 개의 수도용 우물이 집달리가 데리고 온 인부들의 괭이에 무참히 헐리고, 대나무로 된 파이프들이 물을 문 채 그들이 보는 앞에서 이리저리 내던져졌다.

## 1. 인물 관계도 그리기(등장인물 각각의 특징 적고, 등장인물 간의 갈등 찾기)

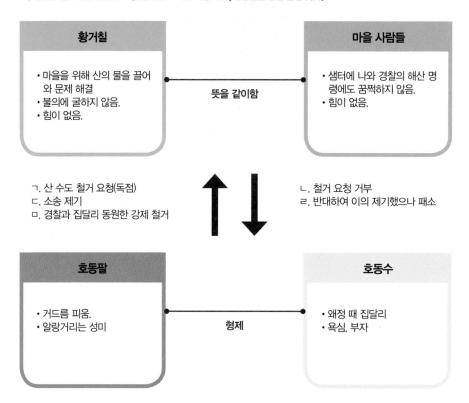

## 2. 핵심 갈등은 무엇일까요?(핵심 갈등이 '누구'와 '누구'의, '무엇'으로 인한 갈등인지 적기)

'황거칠'과 '호동팔·호동수' 형제의 마삿등의 젖줄인 '산 수도'를 둘러싼 갈등

## 3. 핵심 갈등의 마무리 방식 파악하기(핵심 갈등이 어떻게 마무리되었는지 그 결과 쓰기)

주제: 법과 권력이 있는 호동팔·호동수 형제에게서 '마삿등의 젖줄인 산 수도'를 지키려다 실패한 힘도

세도 없는 황거칠과 마을사람들

## 4. 핵심 갈등의 진행 양상을 중심으로 소설의 내용 재구성하기(줄거리 쓰기)

황거칠이 산에서 물을 끌어와 마을의 물 걱정을 해결함. → 호동팔이 산 수도 철거를 통보함.(ㄱ) → 황

거칠이 거부하자(ㄴ) 호동수가 소송을 제기함.(ㄷ) → 법원 출두 통지서를 받은 황거칠이 이의를 제기하

며 반대하지만 힘과 세의 부족으로 패소함.(ㄹ) → 호동수가 집달리와 산 수도 철거를 집행하려함.(ㅁ)

→ 마을사람들이 집행을 저지하려 함. → 경찰의 보호와 법을 등에 업은 집달리들의 명령으로 산 수도

가 철거됨. → 황거칠과 마을사람들이 풀이 죽음.(권력자에게 굴복함.)

# 산거족 - 김정한

## 1. 돋보기

ㄱ. 왜일까? 이건 뭘까?

**왜,** 황거칠과 호동팔·호동수 형제는 갈등을 겪을까?

➪ 작품 전체를 읽어보면 여러 갈등이 나오지만 우리가 앞에서 다룬 부분에서는 '마샛등의 젖줄인 산 수도'의 철거 문제 때문에 황거칠과 호 씨 형제가 갈등을 겪고 있음을 알 수 있습니다. 황거칠은 마샛등 판자촌 사람들의 생명을 위해 산 수도를 지키려 하지만 호 씨 형제는 자신들의 이익을 위해 산 수도를 철거하려 합니다. 마샛등 판자촌 사람들에게 이 산 수도가 얼마나 중요한지 알고 있었음에도 불구하고 개인의 욕심을 채우려고 법을 집행하는 호 씨 형제의 모습이, 우리 친구들에게는 어떻게 보이나요?

**왜,** 황거칠은 끝까지 저항하지 않고 풀이 죽었을까?

➪ 소송에서 진 황거칠은, 호 씨 형제가 산의 주인이 되고 그 산에 있는 수도를 철거하는 데 법적으로 아무 문제가 없음을 알았습니다. 그렇기 때문에 집달리와 경찰이 등장하여 법을 집행(산 수도 철거)할 때 황거칠과 마을사람들은 그 상황을 무기력하게 바라볼 수밖에 없었습니다. 잠시 마을사람들이 샘터에 모여 경찰의 해산 명령을 어기고 험악한 분위기를 이끌었지만(이 작품의 갈등이 고조되는 부분이지요?) 법의 집행 앞에서는 결국 그들도 무기력할 수밖에 없었고요.

**뭘까,** 이 두 집단의 갈등이 의미하는 것은?

➪ 이 작품은 좁게는 '황거칠'과 '호 씨 형제'의 갈등처럼 보이지만 조금 넓게 보면 '황거칠과 마을사람들' vs '호 씨 형제와 집달리, 경찰들'의 갈등으로도 볼 수 있습니다.(아래 표현기법 ㄴ. 참조) '황거칠과 마을사람들'은 돈도 권력도 없지만 공동체 안에서 함께 생활하는 사람들이고 '호 씨 형제와 집달리 및 경찰들'은 부정한 방법으로 돈을 축적해 그 돈으로 권력을 사고

그 안에서 법을 교묘하게 이용하여 자기들만의 배를 불리려는 사람들과 그들을 돕는 사람들로 이해할 수 있겠네요. 이들은 또 '연약한 민중'이라는 집단과 '부조리한 사회'라는 집단의 대표성을 가진 인물으로도 볼 수 있겠죠? 그렇다면 이 두 집단의 갈등은 아마도 연약한 민중들을 억압하는 부조리한 사회를 고발한다는 데 그 의미가 있지 않을까요?

ㄴ. 그렇다면 주제는 뭘까?

개인의 이익 추구를 위해 공공의 이익이 침해받아도 법적으로 문제가 없는 부조리한 사회 비판

## 2. 표현기법

ㄱ. 요약적 제시

소설에서 서술자가 인물의 성격이나 행적, 사건의 경위 등 핵심적인 내용을 요약하여 전달하는 서술 방식. 이 작품에서도 서술자가 호 씨 형제의 됨됨이를 보여주기 위해 일제강점기부터 현재에 이르기까지 그들의 행적을 요약적으로 제시하고 있습니다.

**TIPS**

- 서술 대상에 대한 요약적 서술을 통해 서술 대상에 관한 정보가 개괄적으로 제시되고 있다.(2021학년도 9월 모평)
- 인물과 관련된 사건의 추이를 요약적으로 서술하여 인물에 대한 독자의 이해를 돕고 있다.(2020학년도 3월 고2 전국연합)
- 추측을 포함한 요약적 진술로 사건의 경과를 드러내어 현재 상황에 대한 이해를 돕고 있다.(2018학년도 6월 모평)

작품에서 인물의 역할이 얼마만큼 '중요'한지에 따라 그 인물을 '중심 인물'과 '주변 인물'로 나눌 수 있습니다. '중심 인물'은 작품의 주인공이나 주인공만큼 중요한 역할을 하는 인물을 말하고, 주변 인물은 작품에서 중요하지는 않지만 중심 인물을 돋보이게 하거나 사건 진행을 돕는 역할을 하는 인물을 말합니다.

| 중심 인물 | 황거칠 | 호동팔·호동수 형제 |
|---|---|---|
| 주변 인물 | 마을사람들 | 경찰, 집달리 |
| | 황거칠과 함께 하지만 오히려 황거칠을 더 나약하게 만드는 인물들로, 작품의 비극적 결말을 돕고 있습니다. | 호동팔·호동수 형제를 더 악랄한 인물로 부각시키는 인물들로, 작품의 비극성을 높이고 있습니다. |

**TIPS**

- '지체도 없이' '콩나물죽으로 연명하'다가 '사음까지' 된 인물의 모습은, 소작제를 이용하여 지위가 변한 인물형을 보여 주는군.(2021학년도 9월 모평)
- [B]는 새로운 등장인물의 '말'에 따라 '말'을 처음 전한 존재에 대한 평가가 달라졌음을 보여 준다.(2021학년도 6월 모평)
- 서술자가 중심인물의 내면을 묘사하며 인물이 처한 갈등 상황을 제시하고 있다.(2020학년도 9월 모평)

## 3. 감상하기

"나만 아니면 돼!"

한동안 한 예능 프로그램에서 어떤 방송인이 자주 하던 말입니다. 아마도 복불복이라는 게임을 하면서 '자신만 벌칙을 받지 않으면 괜찮다'는 말을 예능 프로그램 성격에 맞게 한 재미있는 표현일 겁니다. 그런데 우리 주변에는 재미로 하는 말이 아니라 진심으로 자신의 이익만을 생각하는 사람을 종종 보곤 합니다. 이 사람들은 '나'만의 이익이 주변 사람들에게 어떤 '불편함'이나 '피해'를 줄 거라는 사실을 알지 못하거나 아니면 알더라도 크게 관심을 두지 않는 사람들일 겁니다. '나'

의 이익이 '우리'라는 공동체에도 유익하게 된다면야 문제가 될 게 없지만 그렇지 않을 경우에는 이러한 현상이 사회적 문제를 일으키기도 합니다. 우리는 이런 작품을 읽으며 사람보다 돈에, 우리보다 '나'에만 집중하는 물질만능주의와 이기주의를 떠올릴 수 있을 겁니다. 더 나아가 그러한 사람들이 승승장구하는 사회가 나쁘다고 생각할지도 모릅니다. 하지만 한번쯤은 '내가 혹시 호동팔이 아닐까'하는 생각을 해 보는 건 어떨까요?

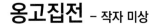

# 옹고집전 – 작자 미상

[앞부분 줄거리] 옹고집은 성격이 고약한 부자이다. 어느 날 옹고집 앞에 가짜 옹고집이 나타나, 서로가 자신이 진짜라고 주장한다.

두 옹고집이 송사 가는 제, 읍내를 들어가니 짚옹고집 거동 보소. 주저 없이 제가 앞에 가며 읍의 촌가인 하나와 만나 보면 깜짝 반겨 두 손을 잡고, "나는 가변•을 송사하러 가는지라. 자네와 나와 아무 연분에 서로 알아 죽마고우로 지냈으니 나를 몰라볼쏘냐."

또 하나를 보면, "자네 내게서 아무 연분에 돈 오십 냥을 취하여 갔으니 이참에 못 주겠느냐. 노잣돈 보태 쓰게 하라."

또 하나 보면, "자네 쥐골평 논 두 섬지기 이때까지 소작할 제, 거년• 선자(先資)• 스물닷 말을 어찌 아니 보내는가."

이처럼 하니 참옹고집이 짚옹고집을 본즉 낱낱이 내 소견대로 내가 할 말을 제가 먼저 하니 기가 질려 뒤에 오며, 실성한 사람같이, 아는 사람도 오히려 짚옹고집같이도 모르는 지라.

짚옹고집이 노변에서 지나가는 사람 데리고 하는 말이,

"가운이 불길하여 어떠한 놈이 왔으되 용모 나와 비슷해 제가 내라 하고 자칭 옹고집이라 하기로, 억울한 분을 견디지 못하여 일체 구별로 송사하러 가는지라. 뒤에 오는 사람이 기네. 자네들도 대소간 눈이 있거든 혹 흑백을 가릴쏘냐."

참옹고집이 뒤에 오면서 기가 막히고 얼척도 없어• 말도 못하고 울음 울 제, 행인들이 이어 보고 하는 말이, "누가 알아보리오. 뉘 아들인지 알 수가 없다. 아마도 상동이란 말밖에 또 하리오."

〈중략〉

짚옹고집 반만 웃고 집으로 돌아와서 바로 내정으로 들어가니 처자 권속이 내달아 잡고 들어가니, "하늘도 무심치 아니하기로 내 좋은 형세와 처자를 빼앗기지 아니하였다."

송사를 이긴 내력을 말하니 처자 권속이며 상하 노복 등이 참옹고집으로 알고, 마누라는, "우리 서방님이 그런 고생이 또 있을까."

뭇 아들 나서며, "그런 자식에게 아버지가 큰 봉재를 보았다."

노복 종이며 마을 사람들이 다 칭찬하거늘, 짚옹고집이,

"내가 혈혈단신으로 자수성가하였기로 전곡을 과연 아낄 줄만 알았더니 내빈 왕객 접대 상과 만가 동냥 거지들을 독하게 박대하였더니 인심부득 절로 되어 이런 재변이 난 듯싶으니, 사람 되고 개과천선 못할쏘냐. 오늘부터 재물과 곡식을 흩어 활인구제(活人救齊)*하리라."

전곡을 흩어 사방에 구차한 사람을 구제한단 말이 낭자하니 팔도 거지들과 각 절 유걸승들이 구름 모이듯 모여드니 백 냥 돈 천 냥 돈을 흩어 주니 옹고집은 인심 좋단 말이 낭자하더라. 하루는 주효를 낭자케 장만하고 원근에 모모한 친구며 사방 사람을 청좌하여 대연을 배설*할 제, 이때의 참옹고집 전전걸식 하다가 맹랑촌 옹고집 활인구제한단 말 듣고 분심*으로 하는 말이,

"남의 재물 갖고 제 마음대로 쓰는 놈은 어떤 놈의 팔자인고. 찾아가서 내 집 망종* 보고 죽자."

하고 죽장망혜로 찾아갈 제, 짚옹고집 도술 보고 근처에 참 옹고집 온 줄 알고 사환을 분부하되,

"오늘 큰 잔치에 음식도 낭자하고 걸인도 많을 제, 타일 천하게 다투던 거짓 옹가 놈이 배도 고프고 기한(飢寒)을 견디지 못하여 전전걸식 다닐 제, 잔치 소문을 듣고 마을 근처에 왔으나 차마 못 들어오는가 싶으니 너희 등은 가서 데려오라. 일변 생각하면 되도 못할 일 하다가 중장(重杖)만 맞았으니 불쌍하다."

사환 등이 영을 듣고 사방으로 나가 보니 과연 마을 뒷산에 앉아 잔치하는 데를 보고 눈물을 흘리고 앉았거늘 사환들이 바로 가서 엉겁결에 배례하고 문안하니, 슬프다. 참옹고집이 대성통곡 절로 난다.

사환들이 가자 하니, "갈 마음 전혀 없다."

여러 놈이 부축하여 들어가서 좌상에 앉으니 짚옹고집 일어서며 인사 후에,

"네 들어라. 형세 있어 좋다 하는 것이 활인구제하여 만인적선이 으뜸이거늘 천여 석 거부로서 첫째로는 부모 박대하니 세상에 용납지 못할 놈이요, 둘째는 유걸

산승 욕보이니 불도가 어찌 허사리오. 우리 절 도승이 나를 보내어 묘하신 불법으로 가르쳐서 너의 죄목을 잡아 아주 죽여 세상에 영영 자취 없게 하여 세상 사람에게 모범이 되게 하라 하시거늘 너를 다시 세상에 내어 보내기는 나의 어진 용심으로 살린 것이니, 이만해도 후생에게 너 같은 행실을 징계한 사례가 될 듯싶으니 이후는 아무쪼록 개과하라."

하고, 좌상에 나았으며 문득 자빠지니 허수아비 찰벼 짚 묶음이라. 이로 좌상이 다 놀라 공고를 하고 옹고집이 이날부터 개과천선하여 세상에 전하여 일가친척이며 원근친고 사람에게 인심을 주장하니 옹고집의 인심을 만만세에 전하더라.

●

가변(家變)  집안의 재앙이나 사고.
거년(去年)  지난해
선자(先資)  일을 시작하기에 앞서 드는 돈.
얼척도 없어  어처구니 없어
활인구제(活人救濟)  피해를 당하여 어려운 처지에 있는 사람을 도와줌.
대연을 배설하다  큰 잔치를 베풀다.
분심  억울하고 원통한 마음.
망종  일의 마지막.

## 1. 인물 관계도 그리기 (등장인물 각각의 특징 적고, 등장인물 간의 갈등 찾기)

| 참옹고집 | | 짚옹고집 |
|---|---|---|
| 특징 적기 | 갈등 표시 및 내용 적기 | 특징 적기 |

## 2. 핵심 갈등은 무엇일까요? ('핵심 갈등이 '누구'와 '누구'의, '무엇'으로 인한 갈등인지 적기)

'누구'와 '누구'의 '어떤 '사건'으로 인한 갈등인지 적기

## 3. 핵심 갈등의 마무리 방식 파악하기 (핵심 갈등이 어떻게 마무리되었는지 그 결과 쓰기)

주제: 위에서 찾은 '가장 중요한 갈등'이 어떻게 해결되었는지 아니면 진행(심화)되는지 적기

## 4. 핵심 갈등의 진행 양상을 중심으로 소설의 내용 재구성하기 (줄거리 쓰기)

등장인물 간의 관계도에 그린 '갈등 내용'을 시간 혹은 사건 중심으로 간단히 적어보세요.

# 옹고집전 - 작자 미상

[앞부분 줄거리] 옹고집은 성격이 고약한 부자이다. 어느 날 옹고집 앞에 가짜 옹고집이 나타나, 서로가 자신이 진짜라고 주장한다.

  두 옹고집이 송사 가는 제, 읍내를 들어가니 짚옹고집 거동 보소. 주저 없이 제가 앞에 가며 읍의 촌가인 하나와 만나 보면 깜짝 반겨 두 손을 잡고, "나는 가변을 송사하러 가는지라. 자네와 나와 아무 연분에 서로 알아 죽마고우로 지냈으니 나를 몰라볼쏘냐."

  또 하나를 보면, "자네 내게서 아무 연분에 돈 오십 냥을 취하여 갔으니 이참에 못 주겠느냐. 노잣돈 보태 쓰게 하라."

  또 하나 보면, "자네 쥐골평 논 두 섬지기 이때까지 소작할 제, 거년 선자(先資) 스물닷 말을 어찌 아니 보내는가."

  이처럼 하니 참옹고집이 짚옹고집을 본즉 낱낱이 내 소견대로 내가 할 말을 제가 먼저 하니 기가 질려 뒤에 오며, 실성한 사람같이, 아는 사람도 오히려 짚옹고집같이도 모르는 지라.

  짚옹고집이 노변에서 지나가는 사람 데리고 하는 말이,

  "가운이 불길하여 어떠한 놈이 왔으되 용모 나와 비슷해 제가 내라 하고 자칭 옹고집이라 하기로, 억울한 분을 견디지 못하여 일체 구별로 송사하러 가는지라. 뒤에 오는 사람이 기네. 자네들도 대소간 눈이 있거든 혹 흑백을 가릴쏘냐."

  참옹고집이 뒤에 오면서 기가 막히고 얼척도 없어 말도 못하고 울음 울 제, 행인들이 이어 보고 하는 말이, "누가 알아보리오. 뉘 아들인지 알 수가 없다. 아마도 상동이란 말밖에 또 하리오."

<중략>

  짚옹고집 반만 웃고 집으로 돌아와서 바로 내정으로 들어가니 처자 권속이 내달아 잡고 들어가니, "하늘도 무심치 아니하기로 내 좋은 형세와 처자를 빼앗기지 아니하였다."

송사를 이긴 내력을 말하니 처자 권속이며 상하 노복 등이 참옹고집으로 알고, 마누라는, "우리 서방님이 그런 고생이 또 있을까."

뭇 아들 나서며, "그런 자식에게 아버지가 큰 봉재를 보았다."

노복 종이며 마을 사람들이 다 칭찬하거늘, 짚옹고집이,

"내가 혈혈단신으로 자수성가하였기로 전곡을 과연 아낄 줄만 알았더니 내빈 왕객 접대 상과 만가 동냥 거지들을 독하게 박대하였더니 인심부득 절로 되어 이런 재변이 난 듯싶으니, 사람 되고 개과천선 못할쏘냐. 오늘부터 재물과 곡식을 흩어 활인구제(活人救齊)하리라."

전곡을 흩어 사방에 구차한 사람을 구제한단 말이 낭자하니 팔도 거지들과 각 절 유걸승들이 구름 모이듯 모여드니 백 냥 돈 천 냥 돈을 흩어 주니 옹고집은 인심 좋단 말이 낭자하더라. 하루는 주효를 낭자케 장만하고 원근에 모모한 친구며 사방 사람을 청좌하여 대연을 배설할 제, 이때의 참옹고집 전전걸식 하다가 맹랑촌 옹고집 활인구제한단 말 듣고 분심으로 하는 말이,

"남의 재물 갖고 제 마음대로 쓰는 놈은 어떤 놈의 팔자인고. 찾아가서 내 집 망종 보고 죽자."

하고 죽장망혜로 찾아갈 제, 짚옹고집 도술 보고 근처에 참 옹고집 온 줄 알고 사환을 분부하되,

"오늘 큰 잔치에 음식도 낭자하고 걸인도 많을 제, 타일 천하게 다투던 거짓 옹가 놈이 배도 고프고 기한(飢寒)을 견디지 못하여 전전걸식 다닐 제, 잔치 소문을 듣고 마을 근처에 왔으나 차마 못 들어오는가 싶으니 너희 등은 가서 데려오라. 일변 생각하면 되도 못할 일 하다가 중장(重杖)만 맞았으니 불쌍하다."

사환 등이 영을 듣고 사방으로 나가 보니 과연 마을 뒷산에 앉아 잔치하는 데를 보고 눈물을 흘리고 앉았거늘 사환들이 바로 가서 엉겁결에 배례하고 문안하니, 슬프다. 참옹고집이 대성통곡 절로 난다.

사환들이 가자 하니, "갈 마음 전혀 없다."

여러 놈이 부축하여 들어가서 좌상에 앉히니 짚옹고집 일어서며 인사 후에,

"네 들어라. 형세 있어 좋다 하는 것이 활인구제하여 만인적선이 으뜸이거늘 천여 석 거부로서 첫째로는 부모 박대하니 세상에 용납지 못할 놈이요, 둘째는 유걸

산승 욕보이니 불도가 어찌 허사리오. 우리 절 도승이 나를 보내어 묘하신 불법으로 가르쳐서 너의 죄목을 잡아 아주 죽여 세상에 영영 자취 없게 하여 세상 사람에게 모범이 되게 하라 하시거늘 너를 다시 세상에 내어 보내기는 나의 어진 용심으로 살린 것이니, 이만해도 후생에게 너 같은 행실을 징계한 사례가 될 듯싶으니 이후는 아무쪼록 개과하라."

하고, 좌상에 나앉으며 문득 자빠지니 허수아비 찰벼 짚 묶음이라. 이로 좌상이 다 놀라 공고를 하고 옹고집이 이날부터 개과천선하여 세상에 전하여 일가친척이며 원근친고 사람에게 인심을 주장하니 옹고집의 인심을 만만세에 전하더라.

## 1. 인물 관계도 그리기 (등장인물 각각의 특징 적고, 등장인물 간의 갈등 찾기)

| 참옹고집 | | 짚옹고집 |
|---|---|---|
| • 진짜 옹고집. 성격이 고약한 부자<br>• 많은 재산이 있으나 부모 박대하고 주변 사람들을 괄시함.<br>• 송사 패소 후 쫓겨남.<br>• 이후 개과천선하여 주변 사람들에게 인심을 베풂. | ㅁ. 참옹고집의 잘못을 꾸짖음.<br>ㄹ. 승소 후 확인구제함.<br>ㄷ. 짚옹고집 송사 승소<br>ㄱ. 진짜 행세를 함.<br><br>ㄴ. 진짜를 밝히기 위해 송사 시도 | • 가짜 옹고집. 도승의 분신<br>• 자신이 진짜라고 주장함.<br>• 도승이 보냄.(도술이 가능함.)<br>• 정체를 밝힘.<br>  (허수아비 참벼 짚 묶음)<br>• 참옹고집에게 개과천선할 것을 명함. |

## 2. 핵심 갈등은 무엇일까요? (핵심 갈등이 '누구'와 '누구'의, '무엇'으로 인한 갈등인지 적기)

'참옹고집'과 '짚옹고집'의 '누가 진짜인가'와 '욕심(재산)'을 둘러싼 갈등

## 3. 핵심 갈등의 마무리 방식 파악하기 (핵심 갈등이 어떻게 마무리되었는지 그 결과 쓰기)

주제: 욕심 많은 참옹고집이 도승이 보낸 짚옹고집에게 '진짜' 자리를 빼앗겼다가 짚옹고집의 꾸지람을 듣고 '욕심을 버린 뒤 개과천선'하여 가난한 사람들에게 인심을 베풀게 됨.

## 4. 핵심 갈등의 진행 양상을 중심으로 소설의 내용 재구성하기 (줄거리 쓰기)

성격이 고약하고 많은 재산이 있으나 부모를 박대하고 주변 사람들을 돌보지 않는 참옹고집 앞에 진짜 행세를 하는 짚옹고집이 등장함.(ㄱ) → 누가 진짜인지 송사를 벌임.(ㄴ) → 참옹고집이 송사에서 진 뒤 집에서 쫓겨남.(ㄷ) → 송사에서 이긴 짚옹고집이 확인구제를 함.(ㄹ) → 참옹고집을 집으로 초대하여 참옹고집의 잘못을 꾸짖은 뒤 정체를 밝힘.(ㅁ) → 참옹고집이 개과천선하여 주변 사람들에게 인심을 베풂.(ㄷ)

## 옹고집전 – 작자 미상

### 1. 돋보기

ㄱ. **왜일까? 이건 뭘까?**

**왜,** '참옹고집'의 답답한 심정이 서술자에 의해 드러날까?

⇨ 본문 처음에 보면, '참옹고집'과 '짚옹고집'이 송사를 가다가 '짚옹고집'이 '참옹고집'보다 앞서 마을 사람들을 아는 척하며 '참옹고집'이 하고 싶은 말들을 먼저 건네는 장면이 나옵니다. 이 때문에 '참옹고집'은 "낱낱이 내 소견대로 내가 할 말을 제가 먼저 하니 기가 질려 뒤에 오며, 실성한 사람 같이, 아는 사람도 오히려 짚옹고집같이도 모르는 지라"며 '참옹고집'의 답답한 심정을 서술자가 대신 나타내고 있지요? 이처럼 고전 소설에는 서술자가 등장인물의 심리를 대신 묘사하는 경우가 자주 있는데 이러한 표현기법은 현대 소설의 전지적 작가 시점으로 이해하면 편할 거예요. 그런데 본문에 나오진 않았지만 고전 소설에는 서술자가 자신의 생각이나 감정을 더 직접적으로 드러낼 때가 있어요. 이를 '서술자 논평(편집자적 논평)'이라고 하는데 자세한 내용은 아래 '표현기법'을 참고하세요~.

**뭘까,** 주요 갈등은?

⇨ 이 작품은, 표면적으로는 '참옹고집'과 '짚옹고집' 중 '누가 진짜 옹고집인가?'를 밝히는 것이 주요 갈등이지만, 깊이 들어가면 '참옹고집'의 '욕심으로 인한 못된 행실'을 둘러싼 '짚옹고집'과의 갈등이 주요 갈등으로 보입니다. 이 갈등은 '짚옹고집'의 꾸짖음을 들은 '참옹고집'이 개과천선하여 주변 사람들에게 인심을 베푸는 것으로 해소되지요.

**왜,** 가짜 옹고집인 '짚옹고집'이 등장할까?

⇨ 작품 마지막을 보면, '짚옹고집'이 '참옹고집'을 꾸짖는 장면이 나옵니다. 짚옹고집은 "활인구제하여 만인적선이 으뜸이거늘(어려운 처지에 있는 사람을 도와주어 살리는 일이 모든 일 중에 으뜸이다.)"이라며 가난한 이들

에게 인심을 베푸는 것이 '부유층이 가져야 할 사회적 책무'라고 이야기하고 있습니다. 결국 '짚옹고집'이 '참옹고집'을 꾸짖는 이 장면이 작가가 진짜 하고 싶었던 말이 아니었을까요?

ㄴ. 그렇다면 주제는 뭘까?

향촌 사회의 부유층이 가난하고 소외된 사람들을 구제해야 할 자신의 사회적 책무를 이행하지 않은 것에 대한 비판.

## 2. 표현 기법

ㄱ. 전기적 성격/전기적 요소

'전기적'이란 '기이하여 세상에 전할 만한 것'이라는 말로, 본문에서는 '짚옹고집'에게서 전기적 성격을 찾을 수 있습니다. "짚옹고집 도술 보고 근처에 참옹고집 온 줄 알고"라는 부분에서는 '짚옹고집'이 도술로 '참옹고집'의 근황을 간파하고 있는 모습을 볼 수 있고, "좌상에 나앉으며 문득 자빠지니 허수아비 찰벼 짚묶음이라."라는 부분에서는 '짚옹고집'이 자신의 정체를 드러내며 도술을 마무리 짓는 모습을 볼 수 있습니다. 전기적 성격으로 독자들은 재미를 느끼기도 하지만, 이러한 도술을 통해 핵심 사건이 진행된다는 점에서 이 작품은 전기적 성격이 엿보인다고 볼 수 있습니다.

**TIPS**

- 갈등이 해소되는 과정을 전기적 요소를 통해 제시하고 있다.(2020학년 11월 고2 전국연합)
- 전기적 요소를 활용하여 사건의 환상성을 강화하고 있다.(2018학년도 11월 고2 전국연합)
- 사 씨의 꿈에서 예견된 인도자와의 인연이 '여승'의 꿈에서 계시된 바와 조응하여 '여승' 일행이 사 씨를 찾은 장면에서, 기이한 만남이 이루어지는 양상을 엿볼 수 있겠군.(2018학년도 수능)

ㄴ. 서술자 개입

　오늘 본문처럼 단순히 인물의 심리나 상황을 서술자가 독자에게 직접 말해주는 정도를 넘어서, 사건이나 인물에 대한 서술자 '자신의 생각이나 느낌'을 직접 말하는 것을 '서술자 논평'이라고 합니다. 주로 "~이구나.", "~하지 않으랴." 등의 감탄형이나 의문형으로 끝나는 경우가 많지요. 이는 전기수•가 사람들 앞에서 소설을 읽어 주거나 창자•가 공연을 할 때 자신의 생각을 추임새처럼 곁들이던 데에서 그 유래를 찾을 수 있습니다.

- 전기수(傳奇叟): 예전에, 이야기책을 전문적으로 읽어 주던 사람.
- 창자(唱者): 노래나 창을 하는 사람.

**TIPS**

- 서술자가 개입하여 자신의 생각을 직접적으로 제시하고 있다.(2020학년도 11월 고2 전국 연합)
- 서술자가 개입하여 인물의 행동에 대해 호감을 보이고 있다.(2020학년도 9월 모평)
- 편집자적 논평을 통해 인물의 행위에 대한 서술자의 시각을 보여 주고 있다.(2016학년도 수능)

## 3. 감상하기

　우리는 '노블레스 오블리주(noblesse oblige)'라는 말을 여기저기서 듣곤 합니다. '높은 사회적 신분에 상응하는 도덕적 의무'를 뜻하는 이 말은 초기 로마시대에 왕과 귀족들이 보여 준 투철한 도덕의식과 솔선수범하는 공공 의식에서 비롯되었다고 합니다.(두산백과 참조) 나라마다 사회적 분위기나 문화의 차이로 이 노블레스 오블리주의 의미가 다소 차이가 있을 수 있지만, '도덕적 의무'라는 관점에서는 나라마다 그 의미가 동일하다고 볼 수 있습니다. 우리는 「옹고집」을 읽으며 사회적 책임의 중요성을 배우지만, 사실 이 소설은 '그렇다면 나는, 나의 도덕적 의무를 다하고 있는가?'까지 고민하게 합니다.

# NOTES

# 흐르는 북 – 최일남

[앞부분의 줄거리] 민 노인은 젊은 시절 북에 빠져서 가족을 돌보지 않았고 그런 아버지 때문에 불우한 어린 시절을 보낸 아들 대찬은 아버지를 모시고 사는 것을 좋아하지 않는다. 북 치는 아버지가 자신의 사회적 체면을 깎는다고 생각하는 대찬과 그의 아내와는 달리, 손자 성규는 민 노인을 이해해 주고 민 노인에게 학교에서 탈춤 발표회 때 북을 쳐 달라는 부탁을 한다. 민 노인은 아들 부부 때문에 이를 거절하다가 결국 수락하고 연습에 참여한다.

연습이 끝나고 막걸리집으로 옮겨갔을 때도, 아이들은 민 노인을 에워싸고 역시 성규 할아버지의 북소리는, 우리 같은 졸개들이 도저히 흉내낼 수 없는 명인의 경지라고 추켜올렸다. 그것이 입에 발린 칭찬일지라도, 민 노인으로서는 듣기 싫지가 않았다. 잊어 버렸던 세월을 되일으켜주는 말이기도 했다.

"얘들아. 꺼져가는 떠돌이 북장이 어지럽다. 너무 비행기 태우지 말아라."

민 노인의 겸사에도 아이들은 수그러들지 않았다.

"아닙니다. 벌써 폼이 다른 걸요."

"맞아요. 우리가 칠 때는 죽어 있던 북소리가, 꽹과리보다 더 크게 들리더라니까요."

"성규, 이번에 참 욕보았다."

난데없이 성규의 노력을 평가하는 녀석도 있었다. 민 노인은 뜻밖의 장소에서 의외의 술친구들과 어울린 자신의 마음이, 외견과는 달리 퍽 편안하다는 느낌도 곱씹었다. 옛날에는 없었던 노인과 젊은이들의 이런 식 담합(談合)*이, 어디에 연유하고 있는가를 딱히 짚어볼 수는 없었으되.

두어 번의 연습에 더 참가한 뒤, 본 공연이 열리던 날 새벽에 민 노인은 성규에게 일렀다.

"아무리 단역이라고는 해도, 아무 옷이나 걸치고는 못 나간다. 모시 두루마기를 입지 않고는 북채를 잡을 수 없어."

"물론이지요. 할아버지 옷장에서 꺼내 놓으세요. 제가 따로 가지고 갈게요."

"두 시부터라고 했지?"

"네." / "이따 만나자."

일찍 점심을 먹고, 여느 날의 걸음걸이로 집을 나선 민 노인은, 나이에 어울리지 않는 설렘으로 흔들렸다. 아직 눈치를 채지 못한 아들 내외에 대한 심리적 부담보다는, 자기가 맡은 일 때문이었다. 수십 명의 아이들이 어우러져 돌아가는 춤판에 영감쟁이 하나가 낀다는 사실이, 새삼스럽게 어색하기도 하고, 모처럼의 북가락이 그런 모양으로밖에는 선보일 수 없다는 데 대한, 엷은 적막감도 씻어내기 힘들었다. 그러나 젊은 훈김이 뿜어내는 학교 마당에 서자, 그런 머뭇거림은 가당찮은 것으로 치부되었다. 시간이 되어 옷을 갈아입고 아이들 속에 섞여 원진*을 이루고 있는 구경꾼들을 대하자, 그런 생각들은 어디론지 녹아내렸다. 그 구경꾼들의 눈이 자기에게 쏠리는 것도 자신이 거쳐온 어느 날의 한 대목으로 치면 그만이었다. 노장이 나오고 취발이*가 등장하는가 하면, 목중들이 춤을 추며 걸쭉한 음담패설 등을 쏟아놓을 때마다, 관중들은 까르르 까르르 웃었다. 민 노인의 북은 요긴한 대목에서 둥둥 울렸다. 째지는 소리를 내는 꽹과리며 장구에 파묻혀 제값을 하지는 못해도, 민 노인에게는 전혀 괘념할 일이 아니었다. 그전에도 그랬던 것처럼, 공연 전에 마신 술 기운도 가세하여, 탈바가지들의 손끝과 발목에 한 치의 오차도 없이 그의 북소리는 턱 턱 꽂혔다. 그새 입에서는 얼씨구! 소리도 적시에 흘러나왔다. 아무 생각도 없었다. 가락과 소리와, 그것을 전체적으로 휩싸는 달작지근한 장단을 내맡기고만 있었다.

그날 밤, 민 노인은 근래에 흔치 않은 노곤함으로 깊은 잠을 잤다. 춤판이 끝나고 아이들과 어울려 조금 과음한 까닭도 있을 것이다. 더 많이는, 오랜만에 돌아온 자기 몫을 제대로 해냈다는 느긋함이, 꿈도 없는 잠을 거쳐 상큼한 아침을 맞게 했을 것으로 믿었는데, 그런 흐뭇함은 오래 가지 않았다. 다 저녁때가 되어, 외출에서 돌아온 며느리는 집안에 들어서자마자 성규를 찾았고, 그가 안 보이자 민 노인의 방문을 밀쳤다.

"아버님. 어저께 성규 학교에 가셨어요?"

예사로운 말씨와는 달리, 굳어 있는 표정 위로는 낭패의 그늘이 쫙 깔려 있었다. 금방 대답을 못하고 엉거주춤한 형세로 며느리를 올려다보는 민 노인의 면전에서, 송 여사의 한숨 섞인 물음이 또 떨어졌다.

"북을 치셨다면서요."

"그랬다. 잘못했니?"

우선은 죄인 다루듯 하는 며느리의 힐문에 부아가 꾸역꾸역 치솟고, 소문이 빠르기도 하다는 놀라움이 그 뒤에 일었다.

"아이들 노는 데 구경 가시는 것까지는 몰라도, 걔들과 같이 어울려서 북치고 장구 치는 게 나이 자신 어른이 할 일인가요?"

"하면 어째서. 성규가 지성으로 청하길래 응한 것뿐이고, 나는 원래 그런 사람 아니니. 이번에도 내가 늬들 체면 깎았냐."

"아시니 다행이네요."

송 여사는 후닥닥 문을 닫고 나갔다.

〈중략〉

"너더러 누가 그런 짓 하랬어."

현관에서 신발을 벗고 한 발자국 내어 딛는 순간, 노기를 한꺼번에 모은 호령이 그를 사로잡았다. 영문을 몰라 아버지와 어머니 쪽으로 눈알을 번갈아 돌리는 성규를 향해, 이번에는 어머니가 차디차게 말했다.

"잘하는 일이다. 할아버지를 끌어내지 않으면 늬네들 춤판은 성사가 안 되니?"

나는 또 뭐라고, 하는 식의 가벼운 대응이 성규의 안면에 퍼지면서, 입으로는 씩 웃음을 흘렸다.

"너 날 놀리는 거니?"

첫마디와 달리 착 가라앉은 아버지의 음성에는, 분에 떠는 사람에게 일쑤 있음 직한, 삭지 않은 가래가 조금 끓었다. 정색을 하고 쳐드는 성규의 눈빛에도 서리가 내린 인상이었다.

"무슨 말씀이세요?"

"지금 웃었잖아."

"웃은 게 잘못이라면 사과할게요. 할아버지를 그런 자리에 모신 건, 그러나 사과할 것이 못됩니다."

"할아버지까지 동원한 게 잘한 짓이니?"

"동원이란 말이 싫습니다. 누가 누구를 동원한단 말입니까? 또 그 일이 어째서 잘하고 잘못하고로 구별돼야 하는지, 저는 통 이해를 할 수가 없습니다. 그건 잘하고 잘못하고의 인식에서는 벗어나는 일입니다. 누군가가 어떤 일에 합당한 재능을 갖고 있을 때, 한 쪽은 그걸 표현할 기회를 주어야 마땅하며, 한 쪽은 기꺼이 그 기회에 편승해서, 일이 잘 되면 그보다 좋은 일이 어디 있습니까."

"너는 이제 보니 참 똑똑하구나. 그래서, 일이 잘 됐니?"

"대성공이었습니다."

"할아버지는 기꺼이 응하지 않았을 게다. 네가 유혹했어."

"결과는 마찬가지예요. 저는 그날 할아버지에게서 그걸 확인 했습니다."

"너는 할아버지와 나와의 관계에 대해, 특히 내가 취하고 있는 입장에 대단히 불만이지?"

"그럴 것도 없습니다. 아버지의 할아버지에 대한 처지를 이해하면서도, 그 논리를 그대로 저와 연결시키고 싶지도 않고, 그럴 필요도 없다고 생각하는 편이에요."

"기특하구나. 그러니까 너만이라도 할아버지에게 화해의 제스처를 보이겠다는 거냐 뭐냐. 지금까지의 네 행동을 보면 그런 추측을 가능케 하더라만."

"그것도 맞지 않는 말이에요. 도대체 할아버지와 저와의 갈등이 있었어야 말이죠. 처음부터 갈등이 없었는데 화해의 제스처를 보이고 말고가 어디 있습니까. 할아버지와의 갈등이 있었다면, 그건 아버지의 몫이지 저와는 상관이 없는 겁니다. 오히려 전세대끼리의 갈등이 다음 세대에서 쾌적한 만남으로 이어진다면, 그건 환영할 만한 일이고, 그게 또 역사의 의미 아니겠습니까?"

"뭐야, 이놈의 자식. 네가 나를 훈계하는 거얏!"

말이 떨어지기가 무섭게, 아버지의 손바닥이 성규의 볼때기를 후려쳤다. 옆에 있던 어머니의 쇳소리가 그의 뺨에 달라붙었다.

"또박또박 말대답하는 것 좀 봐."

"아버지의 마음을 모르는 게 아니에요. 그렇다고 아버지의 생각 속으로만 저를 챙겨 넣으려고 하지 마세요."

성규는 얻어맞은 자리를 어루만지지도 않고, 되려 풀죽은 목소리가 되었다.

"네가 알긴 뭘 알아. 네가 내 속을 어떻게 알아."

"그런 말씀은 이제 그만 좀 하셨으면 해요, 안팎에서 듣는 그말에 물릴 지경이거든요. 너는 아직 모른다. 너도 내 나이가 되어 보라…… 고깝게 듣지 마세요. 그때 가서 그 뜻을 알지언정, 지금부터 제 사고와 행동을 포기하고 싶지는 않습니다. 그런 뜻에서, 제가 할아버지를 우리 모임에 초청한 사실을 후회하지 않을 뿐더러, 옳았다고 생각합니다. 아버지가 할아버지를 심리적으로 격리시키려 하고, 또 한편으로는 이해하려는 모순을 저도 이해합니다. 노상 이기적인 현실에의 집착이 그걸 누르는 데 대한, 어쩔 수 없는 생활인의 감각까지도 저는 알고 있습니다. 그러나 역설적이고 건방지게 들릴지 모르지만, 제 나이는 또 할아버지의 생애를 이해합니다. 북으로 상징되는 할아버지의 삶을 놓고, 아버지와 제가 감정적으로 갈라서는 걸 비극의 차원에서 파악할 것도 아니라고 봅니다. 할아버지가 자신의 광대기질에 철저하여 가족을 버린 건 비난받아야 할 일이나, 예술의 이름으로는 용서 받을 수 있습니다."

"그래서? 할아버지가 나름대로의 예술을 완성했니?"

아버지의 입가에 냉소가 머물렀다.

"그건 인식하기 나름입니다. 다만 할아버지에게서 북을 뺏는 건, 할아버지의 한(恨)을 배가시키고, 생의 마지막 의지를 짓밟는 것에 다름 아니라는 생각만은 갖고 있습니다."

방 안의 민 노인이, 천천히 응접실로 나온 건 그때였다. 자기 때문에 성규가 궁지에 몰려 있는 걸 보고만 있을 수 없어서였는데, 아들은 집안의 분란을 더 키우고 싶지 않았든지, 민 노인 쪽엔 시선을 돌리지도 않은 채 성규에게만 소리를 꽥 질렀다.

[뒷부분의 줄거리] 대찬과 성규의 다툼이 끝나고 일주일 뒤, 성규가 데모하다가 잡혀간 소식을 들은 민 노인은 성규의 데모가 자신의 역마살과 관련이 있다고 생각하며 북을 친다.

＊
담합(談合) 서로 의논하여 합의함.
원진(圓陣) 둥글게 진을 침. 또는 그런 진.
취발이 전통 가면극에 등장하는 주요 인물.

## 1. 인물 관계도 그리기(등장인물 각각의 특징 적고, 등장인물 간의 갈등 찾기)

| 성규 |
| --- |
| 특징 적기 |

| 대찬 |
| --- |
| 특징 적기 |

갈등 표시 및 내용 적기     갈등 표시 및 내용 적기     갈등 표시 및 내용 적기

| 민 노인 |
| --- |
| 특징 적기 |

| 송 여사 |
| --- |
| 특징 적기 |

## 2. 핵심 갈등은 무엇일까요?(핵심 갈등이 '누구'와 '누구'의, '무엇'으로 인한 갈등인지 적기)

'누구'와 '누구'의 '어떤 '사건'으로 인한 갈등인지 적기

## 3. 핵심 갈등의 마무리 방식 파악하기(핵심 갈등이 어떻게 마무리되었는지 그 결과 쓰기)

주제: 위에서 찾은 '가장 중요한 갈등'이 어떻게 해결되었는지 아니면 진행(심화)되는지 적기

## 4. 핵심 갈등의 진행 양상을 중심으로 소설의 내용 재구성하기(줄거리 쓰기)

등장인물 간의 관계도에 그린 '갈등 내용'을 시간 혹은 사건 중심으로 간단히 적어보세요.

# 흐르는 북 – 최일남

[앞부분의 줄거리] 민 노인은 젊은 시절 북에 빠져서 가족을 돌보지 않았고 그런 아버지 때문에 불우한 어린 시절을 보낸 아들 대찬은 아버지를 모시고 사는 것을 좋아하지 않는다. 북 치는 아버지가 자신의 사회적 체면을 깎는다고 생각하는 대찬과 그의 아내와는 달리, 손자 성규는 민 노인을 이해해 주고 민 노인에게 학교에서 탈춤 발표회 때 북을 쳐 달라는 부탁을 한다. 민 노인은 아들 부부 때문에 이를 거절하다가 결국 수락하고 연습에 참여한다.

연습이 끝나고 막걸리집으로 옮겨갔을 때도, 아이들은 민 노인을 에워싸고 역시 성규 할아버지의 북소리는, 우리 같은 졸개들이 도저히 흉내낼 수 없는 명인의 경지라고 추켜올렸다. 그것이 입에 발린 칭찬일지라도, 민 노인으로서는 듣기 싫지가 않았다. 잊어 버렸던 세월을 되일으켜주는 말이기도 했다.

"얘들아. 꺼져가는 떠돌이 북장이 어지럽다. 너무 비행기 태우지 말아라."

민 노인의 겸사에도 아이들은 수그러들지 않았다.

"아닙니다. 벌써 폼이 다른 걸요."

"맞아요. 우리가 칠 때는 죽어 있던 북소리가, 꽹과리보다 더 크게 들리더라니까요."

"성규, 이번에 참 욕보았다."

난데없이 성규의 노력을 평가하는 녀석도 있었다. 민 노인은 뜻밖의 장소에서 의외의 술친구들과 어울린 자신의 마음이, 외견과는 달리 퍽 편안하다는 느낌도 곱씹었다. 옛날에는 없었던 노인과 젊은이들의 이런 식 담합(談合)이, 어디에 연유하고 있는가를 딱히 짚어볼 수는 없었으되.

두어 번의 연습에 더 참가한 뒤, 본 공연이 열리던 날 새벽에 민 노인은 성규에게 일렀다.

"아무리 단역이라고는 해도, 아무 옷이나 걸치고는 못 나간다. 모시 두루마기를 입지 않고는 북채를 잡을 수 없어."

"물론이지요. 할아버지 옷장에서 꺼내 놓으세요. 제가 따로 가지고 갈게요."

"두 시부터라고 했지?"

"네." / "이따 만나자."

일찍 점심을 먹고, 여느 날의 걸음걸이로 집을 나선 민 노인은, 나이에 어울리지 않는 설렘으로 흔들렸다. 아직 눈치를 채지 못한 아들 내외에 대한 심리적 부담보다는, 자기가 맡은 일 때문이었다. 수십 명의 아이들이 어우러져 돌아가는 춤판에 영감쟁이 하나가 낀다는 사실이, 새삼스럽게 어색하기도 하고, 모처럼의 북가락이 그런 모양으로밖에는 선보일 수 없다는 데 대한, 엷은 적막감도 씻어내기 힘들었다. 그러나 젊은 훈김이 뿜어내는 학교 마당에 서자, 그런 머뭇거림은 가당찮은 것으로 치부되었다. 시간이 되어 옷을 갈아입고 아이들 속에 섞여 원진을 이루고 있는 구경꾼들을 대하자, 그런 생각들은 어디론지 녹아내렸다. 그 구경꾼들의 눈이 자기에게 쏠리는 것도 자신이 거쳐온 어느 날의 한 대목으로 치면 그만이었다. 노장이 나오고 취발이가 등장하는가 하면, 목중들이 춤을 추며 걸쭉한 음담패설 등을 쏟아놓을 때마다, 관중들은 까르르 까르르 웃었다. 민 노인의 북은 요긴한 대목에서 둥둥 울렸다. 째지는 소리를 내는 꽹과리며 장구에 파묻혀 제값을 하지는 못해도, 민 노인에게는 전혀 괘념할 일이 아니었다. 그전에도 그랬던 것처럼, 공연 전에 마신 술 기운도 가세하여, 탈바가지들의 손끝과 발목에 한 치의 오차도 없이 그의 북소리는 턱 턱 꽂혔다. 그새 입에서는 얼씨구! 소리도 적시에 흘러나왔다. 아무 생각도 없었다. 가락과 소리와, 그것을 전체적으로 휩싸는 달작지근한 장단을 내맡기고만 있었다.

그날 밤, 민 노인은 근래에 흔치 않은 노곤함으로 깊은 잠을 잤다. 춤판이 끝나고 아이들과 어울려 조금 과음한 까닭도 있을 것이다. 더 많이는, 오랜만에 돌아온 자기 몫을 제대로 해냈다는 느긋함이, 꿈도 없는 잠을 거쳐 상큼한 아침을 맞게 했을 것으로 믿었는데, 그런 흐뭇함은 오래 가지 않았다. 다 저녁때가 되어, 외출에서 돌아온 며느리는 집안에 들어서자마자 성규를 찾았고, 그가 안 보이자 민 노인의 방문을 밀쳤다.

"아버님. 어저께 성규 학교에 가셨어요?"

예사로운 말씨와는 달리, 굳어 있는 표정 위로는 낭패의 그늘이 좍 깔려 있었다. 금방 대답을 못하고 엉거주춤한 형세로 며느리를 올려다보는 민 노인의 면전에서, 송 여사의 한숨 섞인 물음이 또 떨어졌다.

"북을 치셨다면서요."

"그랬다. 잘못했니?"

우선은 죄인 다루듯 하는 며느리의 힐문에 부아가 꾸역꾸역 치솟고, 소문이 빠르기도 하다는 놀라움이 그 뒤에 일었다.

"아이들 노는 데 구경 가시는 것까지는 몰라도, 걔들과 같이 어울려서 북치고 장구 치는 게 나이 자신 어른이 할 일인가요?"

"하면 어째서. 성규가 지성으로 청하길래 응한 것뿐이고, 나는 원래 그런 사람 아니니. 이번에도 내가 늬들 체면 깎았냐."

"아시니 다행이네요."

송 여사는 후닥닥 문을 닫고 나갔다.

〈중략〉

"너더러 누가 그런 짓 하랬어."

현관에서 신발을 벗고 한 발자국 내어 딛는 순간, 노기를 한꺼번에 모은 호령이 그를 사로잡았다. 영문을 몰라 아버지와 어머니 쪽으로 눈알을 번갈아 돌리는 성규를 향해, 이번에는 어머니가 차디차게 말했다.

"잘하는 일이다. 할아버지를 끌어내지 않으면 늬네들 춤판은 성사가 안 되니?"

나는 또 뭐라고, 하는 식의 가벼운 대응이 성규의 안면에 퍼지면서, 입으로는 씩 웃음을 흘렸다.

"너 날 놀리는 거니?"

첫마디와 달리 착 가라앉은 아버지의 음성에는, 분에 떠는 사람에게 일쑤 있음 직한, 삭지 않은 가래가 조금 끓었다. 정색을 하고 쳐드는 성규의 눈빛에도 서리가 내린 인상이었다.

"무슨 말씀이세요?"

"지금 웃었잖아."

"웃은 게 잘못이라면 사과할게요. 할아버지를 그런 자리에 모신 건, 그러나 사과할 것이 못됩니다."

"할아버지까지 동원한 게 잘한 짓이니?"

"동원이란 말이 싫습니다. 누가 누구를 동원한단 말입니까? 또 그 일이 어째서 잘하고 잘못하고로 구별돼야 하는지, 저는 통 이해를 할 수가 없습니다. 그건 잘

하고 잘못하고의 인식에서는 벗어나는 일입니다. 누군가가 어떤 일에 합당한 재능을 갖고 있을 때, 한 쪽은 그걸 표현할 기회를 주어야 마땅하며, 한 쪽은 기꺼이 그 기회에 편승해서, 일이 잘 되면 그보다 좋은 일이 어디 있습니까.”

“너는 이제 보니 참 똑똑하구나. 그래서, 일이 잘 됐니?”

“대성공이었습니다.”

“할아버지는 기꺼이 응하지 않았을 게다. 네가 유혹했어.”

“결과는 마찬가지예요. 저는 그날 할아버지에게서 그걸 확인 했습니다.”

“너는 할아버지와 나와의 관계에 대해, 특히 내가 취하고 있는 입장에 대단히 불만이지?”

“그럴 것도 없습니다. 아버지의 할아버지에 대한 처지를 이해하면서도, 그 논리를 그대로 저와 연결시키고 싶지도 않고, 그럴 필요도 없다고 생각하는 편이에요.”

“기특하구나. 그러니까 너만이라도 할아버지에게 화해의 제스처를 보이겠다는 거냐 뭐냐. 지금까지의 네 행동을 보면 그런 추측을 가능케 하더라만.”

“그것도 맞지 않는 말이에요. 도대체 할아버지와 저와의 갈등이 있었어야 말이죠. 처음부터 갈등이 없었는데 화해의 제스처를 보이고 말고가 어디 있습니까. 할아버지와의 갈등이 있었다면, 그건 아버지의 몫이지 저와는 상관이 없는 겁니다. 오히려 전세대끼리의 갈등이 다음 세대에서 쾌적한 만남으로 이어진다면, 그건 환영할 만한 일이고, 그게 또 역사의 의미 아니겠습니까?”

“뭐야, 이놈의 자식. 네가 나를 훈계하는 거얏!”

말이 떨어지기가 무섭게, 아버지의 손바닥이 성규의 볼때기를 후려쳤다. 옆에 있던 어머니의 쇳소리가 그의 뺨에 달라붙었다.

“또박또박 말대답하는 것 좀 봐.”

“아버지의 마음을 모르는 게 아니에요. 그렇다고 아버지의 생각 속으로만 저를 챙겨 넣으려고 하지 마세요.”

성규는 얻어맞은 자리를 어루만지지도 않고, 되려 풀죽은 목소리가 되었다.

“네가 알긴 뭘 알아. 네가 내 속을 어떻게 알아.”

“그런 말씀은 이제 그만 좀 하셨으면 해요, 안팎에서 듣는 그말에 물릴 지경이거든요. 너는 아직 모른다. 너도 내 나이가 되어 보라…… 고깝게 듣지 마세요. 그때

가서 그 뜻을 알지언정, 지금부터 제 사고와 행동을 포기하고 싶지는 않습니다. 그런 뜻에서, 제가 할아버지를 우리 모임에 초청한 사실을 후회하지 않을 뿐더러, 옳았다고 생각합니다. 아버지가 할아버지를 심리적으로 격리시키려 하고, 또 한편으로는 이해하려는 모순을 저도 이해합니다. 노상 이기적인 현실에의 집착이 그걸 누르는 데 대한, 어쩔 수 없는 생활인의 감각까지도 저는 알고 있습니다. 그러나 역설적이고 건방지게 들릴지 모르지만, 제 나이는 또 할아버지의 생애를 이해합니다. 북으로 상징되는 할아버지의 삶을 놓고, 아버지와 제가 감정적으로 갈라서는 걸 비극의 차원에서 파악할 것도 아니라고 봅니다. 할아버지가 자신의 광대기질에 철저하여 가족을 버린 건 비난받아야 할 일이나, 예술의 이름으로는 용서 받을 수 있습니다."

"그래서? 할아버지가 나름대로의 예술을 완성했니?"

아버지의 입가에 냉소가 머물렀다.

"그건 인식하기 나름입니다. 다만 할아버지에게서 북을 뺏는 건, 할아버지의 한(恨)을 배가시키고, 생의 마지막 의지를 짓밟는 것에 다름 아니라는 생각만은 갖고 있습니다."

방 안의 민 노인이, 천천히 응접실로 나온 건 그때였다. 자기 때문에 성규가 궁지에 몰려 있는 걸 보고만 있을 수 없어서였는데, 아들은 집안의 분란을 더 키우고 싶지 않았든지, 민 노인 쪽엔 시선을 돌리지도 않은 채 성규에게만 소리를 꽥 질렀다.

[뒷부분의 줄거리] 대찬과 성규의 다툼이 끝나고 일주일 뒤, 성규가 데모하다가 잡혀갔다는 소식을 들은 민 노인은 성규의 데모가 자신의 역마살과 관련이 있다고 생각하며 북을 친다.

## 1. 인물 관계도 그리기 (등장인물 각각의 특징 적고, 등장인물 간의 갈등 찾기)

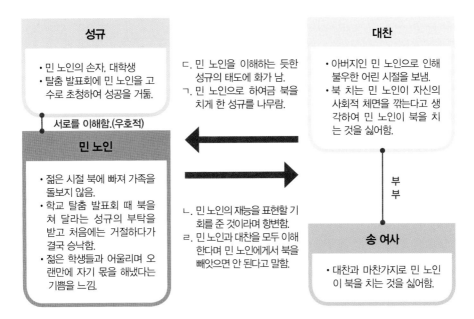

**성규**

- 민 노인의 손자, 대학생
- 탈춤 발표회에 민 노인을 고수로 초청하여 성공을 거둠.

서로를 이해함.(우호적)

**민 노인**

- 젊은 시절 북에 빠져 가족을 돌보지 않음.
- 학교 탈춤 발표회 때 북을 쳐 달라는 성규의 부탁을 받고 처음에는 거절하다가 결국 승낙함.
- 젊은 학생들과 어울리며 오랜만에 자기 몫을 해냈다는 기쁨을 느낌.

ㄷ. 민 노인을 이해하는 듯한 성규의 태도에 화가 남.
ㄱ. 민 노인으로 하여금 북을 치게 한 성규를 나무람.

ㄴ. 민 노인의 재능을 표현할 기회를 준 것이라며 항변함.
ㄹ. 민 노인과 대찬을 모두 이해한다며 민 노인에게서 북을 빼앗으면 안 된다고 말함.

**대찬**

- 아버지인 민 노인으로 인해 불우한 어린 시절을 보냄.
- 북 치는 민 노인이 자신의 사회적 체면을 깎는다고 생각하여 민 노인이 북을 치는 것을 싫어함.

부부

**송 여사**

- 대찬과 마찬가지로 민 노인이 북을 치는 것을 싫어함.

## 2. 핵심 갈등은 무엇일까요? (핵심 갈등이 '누구'와 '누구'의, '무엇'으로 인한 갈등인지 적기)

'대찬(송 여사)'과 '성규(할아버지)'의 갈등으로, 북에 미쳐 지낸 아버지의 삶을 이해하지 못하는 대찬(송 여사)과 그런 할아버지를 이해하려는 성규(할아버지) 사이의 갈등

## 3. 핵심 갈등의 마무리 방식 파악하기 (핵심 갈등이 어떻게 마무리되었는지 그 결과 쓰기)

할아버지의 사람(예술)을 둘러싼 '대찬(송 여사)'과 '성규'의 갈등은 결국 말다툼으로 끝나고, 마지막에는 성규가 데모를 하다가 잡혀가는 것으로 마무리 됨. → 예술을 추구하던 할아버지의 삶을 둘러싼 세대 간의 갈등

## 4. 핵심 갈등의 진행 양상을 중심으로 소설의 내용 재구성하기(줄거리 쓰기)

민 노인이 젊은 시절 북에 빠져 가족을 소홀히 함. → 그로 인해 대찬은 불우한 어린 시절을 보냈고 민 노인이 북치는 것을 싫어하게 됨. → 민 노인은 성규의 요청으로 성규의 학교에서 북을 치게 되고 오랜만에 자기 몫을 해냈다는 기쁨을 느낌. → 성규의 학교에서 북을 친 민 노인을 힐난하는 송 여사와 그에게 부아가 솟은 민 노인 → 대찬은 민 노인으로 하여금 북을 치게 한 성규를 나무람.(ㄱ) → 성규는 민 노인의 재능을 표현할 기회를 준 것이라며 항변함.(ㄴ) → 대찬은 자신과 달리 민 노인을 이해하는 듯한 성규의 태도에 화가 남.(ㄷ) → 성규는 민 노인과 대찬을 모두 이해한다며 민 노인에게서 북을 빼앗으면 안 된다고 말함.(ㄹ) → 성규가 데모하다가 잡혀갔다는 소식을 들은 민 노인은 성규의 데모가 자신의 역마살과 관련이 있다고 생각함.

# NOTES

# 흐르는 북 – 최일남

## 1. 돋보기

ㄱ. 왜일까? 이건 뭘까?

**왜,** 아들 민대찬은 민 노인이 북을 치는 것을 싫어할까?

▷  앞부분 줄거리를 보면, 민 노인이 젊은 시절 북에 빠져 가족을 돌보지 않
았기 때문에 그의 아들 대찬이 불우한 시절을 보냈음을 알 수 있습니다. 또
한 대찬과 그의 아내는 민 노인이 북을 치는 것이 자신들의 사회적 체면을
깎는다고 생각하고 있음도 알 수 있습니다. 이와 관련된 앞부분의 내용을
한번 볼까요?

> "내 존재가 네 출세를 위해서는 여러 가지로 걸리적거리기 때문이 아니냐고,
> 맞습니다. 부인하지 않습니다. 제 출신을 아는 사람들 중에는 한량광대라고는
> 해도, 필경은 떠돌이 광대에 불과한 민익태(민 노인) 자식치고는 꽤 올라갔다
> 고, 경멸인지 칭찬인지 모를 소리를 하고 다니는 작자도 있습니다. 그것 저것
> 을 모르고, 자수성가한 노력파라며 괄목상대해 주는 사람도 물론 많구요. 그러
> 니까 너는 그와 같은 평판을 유지해 가고자 뿌리를 감추려는 거냐고 또 말씀
> 하시겠지요. 그 짐작도 맞습니다. 민주주의네 평등주의네 하지만, 우리 사회는
> 오히려 가면 갈수록 가문을 캐는 우스운 풍토니까요."

위의 내용을 보면, 출세를 하고 싶은 민대찬은 아버지가 북을 치는 사람
이었다는 사실을 숨기고 싶어 합니다. '한량광대'나 '떠돌이 광대'라는 표
현에서 알 수 있듯이 사람들은 북을 치는 직업을 멸시하고, 그러므로 민대
찬은 아버지의 미천한 직업이 자신의 발목을 잡는다고 생각하기 때문입니
다. 요즘도 기성세대들이 음악을 하는 사람들을 '딴따라'라고 부르며 무시
하는 경우가 있죠? 이러한 태도는 인문학만을 숭상하고 예술을 경시하던

우리의 전통적 가치관과도 관련이 깊습니다.

**왜,** 아버지 '대찬'과 달리 '성규'는 할아버지의 삶을 이해할 수 있는 것일까?

⇨ 아들 대찬은 북을 치며 떠돌아다녔던 민 노인으로 인해 불우한 어린 시절을 보냈기 때문에 그 북 자체를 끔찍하게 싫어하지만 손자인 성규는 다릅니다. "할아버지가 자신의 광대기질에 철저하여 가족을 버린 건 비난받아야 할 일이나, 예술의 이름으로는 용서 받을 수 있습니다."라는 성규의 말에서도 잘 드러나듯이 성규는 예술을 추구하던 할아버지의 삶을 이해하려는 태도를 보이고 있습니다.

그러나 성규는 민 노인을 원망하는 아버지 역시 이해하고 있습니다. "아버지가 할아버지를 심리적으로 격리시키려 하고, 또 한편으로는 이해하려는 모순을 저도 이해합니다. 노상 이기적인 현실에의 집착이 그걸 누르는 데 대한, 어쩔 수 없는 생활인의 감각까지도 저는 알고 있습니다."라는 말에서 알 수 있듯이 성규는 할아버지에 대한 아버지의 모순된 감정과 아버지의 현실주의적인 성향까지 모두 이해하고 있는 것이죠.

즉, 성규는 예술을 추구하는 할아버지의 삶과, 출세를 지향하는 현실주의적인 아버지의 삶을 모두 이해하고 있습니다. 이러한 성규의 태도는, 아버지의 삶으로 인해 고통을 겪었던 대찬과 그런 아들에게 죄책감을 느끼는 민 노인과는 달리 그들의 삶에서 한 발짝 떨어진 위치에서 그들을 객관적으로 바라볼 수 있는 위치에 있기 때문에 가능한 것이라고도 볼 수 있습니다. 따라서 우리는 성규에게서 할아버지와 아버지의 갈등이 해소될 수 있는 가능성을 엿볼 수 있습니다. 물론 이러한 가능성은 소설의 결말에서 성규가 데모를 하다 잡혀가는 것으로 끝나면서 무산되기는 하죠.

**뭘까,** 제목의 의미는?

⇨ 이 작품의 제목은 '흐르는 북'입니다. 민 노인은 평생을 북에 미쳐 살았기 때문에 '북'은 민 노인의 예술혼이자 그의 분신이라 볼 수 있습니다. 그러나 아들 대찬에게 '북'은 불우한 자신의 어린 시절을 만든 원흉이자, 현재에도 자신의 출세를 방해하는 아버지를 연상시키는 끔찍한 소재지요. 그래서 대찬은 민 노인이 '북'을 치는 것뿐만 아니라 북 자체를 꺼리게 되죠.

즉 민 노인의 북은 아들에게 거부당합니다. 그러나 앞에서 봤듯이 손자 성규는 북으로 상징되는 할아버지의 삶을 이해하고 있습니다. 그래서 할아버지에게 북을 칠 수 있는 기회를 주려고 했던 것이기도 하고요. 결국 아들에게 거부되었던 민 노인의 삶, 즉 '북'은 손자에게로 이어집니다. 따라서 '흐르는 북'이라는 제목의 의미는 '북'으로 인한 할아버지 세대(전통 세대)와 아버지 세대(기성세대) 간의 단절이 손자 세대(신세대)의 노력으로 인해 다시 이어질 수 있음을 말하고 있는 것이라 볼 수 있습니다.

**왜,** 결말에서 민 노인은 성규의 데모가 자신의 역마살과 관련 있다고 생각한 것일까?

▷　제시된 부분은 아니지만 뒷부분 줄거리에서 민 노인은 성규가 데모하다가 잡혀간 것이 자신의 역마살과 관련 있다고 생각합니다. 민 노인의 역마살(한곳에 붙어 있지 못하고 이리저리 떠돌아다니는 운명)은 그가 북을 치는 예술인의 삶을 추구했기 때문입니다. 과거의 예술인들은 일정한 거처가 없이 떠돌면서 여기저기 공연을 했기 때문에, 한곳에 정착해서 안정적인 삶을 살아갈 수가 없었던 것이죠. 즉 민 노인은 편안하고 안정적인 삶보다는 자신이 좋아하는 예술을 위해 불안하고 불편한 삶을 택했던 것입니다. 물론 그렇다고 해도 가족을 버린 것이 정당화되지는 않겠지만요.

성규는 데모를 하다 잡혀갑니다. 당시(1980년대)의 대학생들은 군사독재 체제에 저항하기 위해 '데모'를 많이 했습니다. '학생 운동'이라고도 하죠. 성규가 할아버지를 고수로 모시고 진행한 탈춤 공연도 당대 대학생들의 저항 문화와 관련이 있습니다. 조선 후기 기득권층을 비판하던 민중의 탈춤 속에 녹아 있는 저항의 정신을 현대에 되살리려 한 것이죠. 여하튼 대학생들이 데모를 하는 것을 부정적인 시각으로 보는 관점도 있겠지만, 당대의 학생들이 잡혀갈지 모를 위험을 무릅쓰고 데모를 했던 것은 독재 정권이 억압한 자유와 민주주의의 이상, 인간다운 삶을 되찾기 위함이었습니다. 즉, 이 학생들은 자신의 개인적인 삶의 안락함보다는 공동체의 정의를 우선시했던 것이죠.

그러면, 떠돌이 예술가로 산 할아버지의 삶과 데모를 하다 잡혀간 성규의 삶에는 어떤 연관성이 있는 걸까요? 아마도 두 사람의 공통점은 둘 모두 주어진 현실에 순응하지 않고, 본인이 가치 있다고 생각하는 무언가를 위해 자신을 내던지는 삶을 살고 있다는 것 아닐까요? 즉, '가치 있는 삶을 추구하려는 정신'이 할아버지에게서 성규로 흘러간 '북'의 진정한 의미가 아닐까 싶습니다. 그래서 이 둘의 삶은 현실주의적인 삶을 살고 있는 대찬과의 대척점에서 자연스럽게 만나고 있는 것이라 볼 수도 있습니다.

ㄴ. 그렇다면 주제는 뭘까?

'세대를 거쳐 이어지는 가치 있는 삶을 추구하려는 정신', 혹은 '가치 있는 삶을 추구하는 것에 대한 세대 간의 갈등과 화해 가능성'

## 2. 표현기법

ㄱ. 상징적 소재의 활용

이 작품은 '북'이라는 상징적 소재를 통해 사건을 이끌고 주제를 드러내고 있습니다. 민 노인에게 북은 그의 예술혼이자 분신입니다. 이 북에 대한 중심 인물들의 상반된 태도는 갈등을 이끌어가는 핵심이기도 하면서, 주제의식을 효과적으로 드러내는 소재로 쓰이고 있습니다.

**TIPS**

- 상징적 소재를 활용하여 비극적 결말을 암시한다. (2020학년도 3월 고2 전국연합)
- (가)의 '징그러운 바람'은 미래에 닥칠지 모를 모진 상황을, (다)의 '미친 바람'은 삶에서 지켜야 할 소중한 존재를 상징하고 있다. (2019학년도 6월 모평)

ㄴ. 특정 인물의 시각에서 서술

일반적으로 서술자(이야기를 전달해 주는 사람)의 시점은,

> 1인칭 주인공 시점 ('나'가 주인공이 되어 자신의 이야기를 하는 시점)
>
> 1인칭 관찰자 시점 ('나가 등장인물이 되어 관찰자 입장에서 중심 인물에 대해 이야기하는 시점)
>
> 전지적 작가 시점 (서술자가 인물의 심리나 행동을 모두 알고 서술하는 시점)
>
> 작가 관찰자 시점 (서술자가 작품 밖에서 인물가 사건을 객관적으로 서술하는 시점)

으로 나뉩니다.

이 작품은 전지적 작가 시점으로 서술되어 있지만, 민 노인에게 이야기의 초점을 맞추고 있습니다. 즉 민 노인의 심리와 감정은 직접적으로 서술되지만, 아들과 며느리의 생각은 대화나 행동으로만 간접적으로 제시함으로써 서술자가 민 노인의 시각에서 주변 인물과 사건을 바라보고 있습니다. 이런 시점은 독자가 민 노인을 좀 더 긍정적으로 바라보게 하는 효과를 낳고 있습니다.

**TIPS**

- 상황에 대한 인물의 주관적인 판단을 중심으로 이야기를 서술하고 있다.(2019학년도 9월 모평)
- 특정 인물의 회상을 중심으로 이야기를 전개하고 있다.(2018학년도 9월 모평)
- 특정 인물의 시선을 통해 다른 인물의 심리를 해석하여 보여 준다.(2016학년도 9월 모평)

ㄷ. 삼대의 이야기

우리나라 소설들 가운데 삼대가 등장하는 소설들이 꽤나 있습니다. 채만식의 「태평천하」, 염상섭의 「삼대」, 박경리의 「토지」 등이 그런 작품들입니다. 이렇게 삼대가 등장하는 소설들은 많은 부분 급격한 시대 변화를 배경으로 할아버지 세대와 아버지 세대 간의 가치관의 대립으로 인한 갈등이 아들 세대에 의해 화해될 수 있는 가능성을 그리는 경우가 많습니다. 이 작품에서도 그런 가능성을 엿볼 수 있고요.

## 3. 감상하기

민 노인은 자신의 개인적 안락함을 버리고, 자신이 가치 있다고 생각하는 예술을 추구했습니다. 그래서 예술가로서는 훌륭한 삶을 살았다고 볼 수도 있습니다. 그러나 그러한 가치를 추구하다가 처자식을 버렸고 그로 인해 아들은 지나치게 현실주의적인 사람이 되어 버렸습니다. 가치 있는 삶을 추구하더라도 그것을 위해 타인이 가치 있게 생각하는 무언가를 무너뜨려야 한다면, 과연 이것을 가치 있는 삶이라고 할 수 있을까요? 이와 같이 사람들이 각자 추구하는 가치가 충돌할 때가 있습니다. 그래서 객관적인 위치에서 그러한 갈등을 바라볼 수 있는 성숙한 태도가 필요한 것이겠죠. 이 작품은 우리가 그러한 위치에 서서 세상을 바라보는 일이 얼마나 힘든 것인지를 잘 보여주고 있는 것 같습니다.

# Tips, 소설 돌아보기

**삼대(三代)의 이야기**  삼대가 등장하는 소설들은 많은 부분 급격한 시대 변화를 배경으로 할아버지 세대와 아버지 세대 간의 가치관의 대립으로 인한 갈등이 아들 세대에 의해 화해될 수 있는 가능성을 그리는 경우가 많습니다.  「흐르는 북」

**상징적 소재의 활용**  상징적 소재를 활용하여 사건을 이끌고 주제의식을 효과적으로 표출하는 방식입니다.  「흐르는 북」

**서술자 논평**  단순히 인물의 느낌, 생각, 갈등 등의 상태를 서술자가 독자에게 직접 말해 주는 정도를 넘어서, 작품의 사건이나 인물에 대한 서술자 '자신의 생각이나 느낌'을 직접 말하는 것을 '서술자 논평'이라고 합니다. 주로 "~이구나.", "~하지 않으랴." 등의 감탄형이나 의문형으로 끝나는 경우가 많지요. 이는 전기수가 사람들 앞에서 소설을 읽어 주거나 창자가 공연을 할 때 자신의 생각을 추임새처럼 곁들이던 데에서 그 유래를 찾을 수 있습니다.  「옹고집전」

**요약적 제시**  소설에서 서술자가 인물의 성격이나 행적, 사건의 경위 등 핵심적인 내용을 요약하여 전달하는 서술 방식입니다.  「산거족」

**전기적 성격**  '기이하여 세상에 전할 만한. 또는 그런 것.'의 성격을 가지고 있다는 말로 이야기 진행과정에서 기이한 상황이나 소재가 등장하는 것을 의미합니다. 주로 귀신이나 도술 등의 소재가 많이 사용되기도 합니다.  「옹고집전」

**중심 인물과 주변 인물**  작품에서 인물의 역할이 얼마만큼 '중요'한지에 따라 그 인물을 '중심 인물'과 '주변 인물'로 나눌 수 있습니다. '중심 인물'은 작품의 주인공이나 주인공만큼 중요한 역할을 하는 인물을 말하고, 주변 인물은 작품에서 중요하지는 않지만 중심 인물을 돋보이게 하거나 사건 진행을 돕는 역할을 하는 인물을 말합니다.  「산거족」

**특정 인물의 시각에서 서술**  '시점'이 아닌 '서술'에 초점을 맞추었을 때 '작품 밖 서술자가 특정 인물의 생각에 초점을 두고 서술'하는 방식입니다.  「흐르는 북」

# 시험,
## 문제풀이에 적용하기

## 우리는 지금까지 뭘 공부했나?

지금까지 우리는 현대시와 고전 시가, 현대 소설과 고전 소설의 몇 개 작품들을 중심으로 문학 작품을 내 생각으로 이해하고 감상하는 방법을 배웠습니다. '길잡이'가 작품의 뼈대에 해당하는 내적 구조를 개괄적으로 추론하는 방법을 연습하는 것이었다면, '깊숙이'는 작품의 살과 피에 해당하는 작품의 세부 내용 및 표현 방법, 구성 방식 등을 세부적으로 추론하는 방법을 연습하는 것이었습니다. 그리고 '깊숙이'의 마지막 항목인 '감상하기'는 작품의 의미를 자신의 삶과 관련지어 적용해보는 감상하기의 시범을 보여준 것이죠.

## 실제 시험에서 써먹을 수 있을까?

이 책에서 제시한 문학 작품의 이해 및 감상 방법은 모든 시험에 통할 수 있다고 서론에서 언급했었는데, 여러분들 중에는 과연 그 말이 사실일까 의심하는 학생들도 있을 것 같습니다. 그래서 이 책에서 제시한 문학 작품의 이해 및 감상 방법이 대학수학능력시험을 푸는 데도 통하는 것임을 보여줄 필요가 있다고 생각했습니다. 우리가 다뤘던 문학 작품 중 대학수학능력시험이나 대학수학능력시험 모의평가에 출제된 문항을 살펴보면서 우리가 제시한 방법으로 충분히 대학수학능력시험을 풀어낼 수 있음을 보이도록 하겠습니다. 살펴볼 문항은 2008학년도 대학수학능력시험에 출제된 김수영의 「사령」(96쪽 수록)과 2019학년도 대학수학능력시험 6월 모의평가에 출제된 「옹고집전」(230쪽 수록)에 해당하는 문항입니다.

## 현대시 문제풀이에 적용하기

### 1. 김수영의 「사령」이 출제된 2008학년도 대학수학능력시험 풀어보기

2008학년도 대학수학능력시험에 나온 현대시 문제입니다. 우리 친구들은 다음 글을 읽고 물음에 답해보세요. 아직 익숙하지 않겠지만 우리가 함께 했던 방법을 최대한 활용하면서요.

### 2. 길잡이, 깊숙이와 함께 문제 풀기

실제 우리가 함께 했던 방법으로 이 문제에 어떻게 접근했고 어떻게 해결했는지 길잡이, 깊숙이 선생님의 설명을 들으면서 확인해 보세요.

[13~18] 다음 글을 읽고 물음에 답하시오.

(가)
차단―한 등불이 하나 비인 하늘에 걸려 있다
내 호올로 어딜 가라는 ㉠슬픈 신호냐

㉮간― 여름 해 황망히 나래를 접고
㉡늘어선 고층(高層) 창백한 묘석(墓石)같이 황혼에
젖어
찬란한 야경 무성한 잡초인 양 헝클어진 채
사념(思念) 벙어리 되어 입을 다물다

피부의 바깥에 스미는 어둠
㉢낯설은 거리의 아우성 소리
까닭도 없이 눈물겹고나

㉣공허한 군중의 행렬에 섞이어
내 어디서 그리 무거운 비애를 지고 왔기에
길―게 늘인 그림자 이다지 어두워

내 어디로 어떻게 가라는 슬픈 신호기
㉤차단―한 등불이 하나 비인 하늘에 걸리어 있다
― 김광균, 「와사등」

(나)
…… 활자(活字)는 반짝거리면서 하늘 아래에서
간간이
자유를 말하는데
나의 영(靈)은 죽어 있는 것이 아니냐

벗이여
그대의 말을 고개 숙이고 듣는 것이
그대는 마음에 들지 않겠지
마음에 들지 않어라

모두 다 마음에 들지 않어라
이 황혼도 저 돌벽 아래 잡초도
담장의 푸른 페인트 빛도
저 고요함도 이 고요함도

그대의 정의(正義)도 우리들의 섬세(纖細)도

행동이 죽음에서 나오는
이 욕된 교외에서는
어제도 오늘도 내일도 마음에 들지 않어라

그대는 반짝거리면서 하늘 아래에서
간간이
자유를 말하는데
우스워라 나의 영은 죽어 있는 것이 아니냐
― 김수영, 「사령(死靈)」

(다)
평생에 원하는 것이 다만 충효뿐이로다
이 두 일 말면 금수(禽獸)나 다룰쏘냐
마음에 하고자 하여 십 년을 허둥내노라
〈제1수〉

계교(計較)* 이렇더니 공명이 늦었어라
부급동남(負笈東南)*해도 이루지 못할까 하는 뜻을
ⓑ세월이 물 흐르듯 하니 못 이룰까 하여라
〈제2수〉

비록 못 이뤄도 임천(林泉)이 좋으니라
무심어조(無心魚鳥)는 절로 한가하나니
조만간 세사(世事)를 잊고 너를 좇으려 하노라
〈제3수〉

강호에 놀자 하니 임금을 저버리겠고
임금을 섬기자 하니 즐거움에 어긋나네
혼자서 기로에 서서 갈 데 몰라 하노라
〈제4수〉

어쩌랴 이러구러 이 몸이 어찌할꼬
행도(行道)는 어렵고 은둔처도 정하지 않았네
언제나 이 뜻 결단하여 내 즐기는 바 좇을 것인가
〈제5수〉
― 권호문, 「한거십팔곡(閑居十八曲)」

• 계교: 서로 견주어 살펴봄.
• 부급동남: 이리저리 공부하러 감.
[2008학년도 대학수학능력시험]

## 13

**(가)~(다)에 대한 설명으로 가장 적절한 것은?**

① (가), (나)에서 화자는 자신이 처한 상황으로부터 도피하고자 한다.
② (가), (다)에는 미래에 대한 화자의 확신이 나타나 있다.
③ (나), (다)에는 부정적인 세계에 대한 화자의 대결 의지가 나타나 있다.
④ (가), (나), (다)에서 화자는 과거에 대해 반성하고 있다.
⑤ (가), (나), (다)에는 삶에 대한 화자의 고뇌가 나타나 있다.

## 14

**(가)와 (나)의 표현상의 공통점으로 가장 적절한 것은?**

① 대조적 어휘를 반복하여 공간의 의미를 강화하고 있다.
② 의인화를 통해 사물의 속성을 선명하게 부각시키고 있다.
③ 첫 연과 끝 연을 대응시켜 화자의 정서를 심화하고 있다.
④ 말을 건네는 방식으로 대상과의 친밀감을 드러내고 있다.
⑤ 역설과 반어를 통해 화자의 의도를 효과적으로 드러내고 있다.

## 15

**ⓐ, ⓑ에 대한 설명으로 적절하지 않은 것은?**

① ⓐ는 ⓑ와 달리 상승 이미지를 사용하고 있다.
② ⓑ는 ⓐ와 달리 관습적 표현을 활용하고 있다.
③ ⓐ, ⓑ 모두 화자의 정서를 환기하고 있다.
④ ⓐ, ⓑ 모두 대상을 비유적으로 표현하고 있다.
⑤ ⓐ, ⓑ 모두 시간을 시각적으로 형상화하고 있다.

## 16

**(가)의 ㉠~㉤ 중, 〈보기〉의 밑줄 친 부분에 해당하는 시어로 보기 어려운 것은?**

〈보 기〉

서정적 자아는 세계를 내면화한다. 이런 작용으로 서정시에서 자아는 상상적으로 세계와 하나가 된다. 그렇지만 근대 이후의 문명사회에서 자아와 세계의 조화나 통일은 달성하기가 매우 어려운 일이다. 그래서 근대 이후의 서정시에서는 <u>자아와 세계 사이의 분열에 대한 자아의 반응을 함축하고 있는 시어들</u>이 자주 나타난다.

① ㉠    ② ㉡    ③ ㉢    ④ ㉣    ⑤ ㉤

## 17

**〈보기〉를 참고하여 (나)를 이해하고 보인 반응으로 적절하지 않은 것은?**

〈보 기〉

김수영은 1955년 6월 성북동에서 서강으로 이사하였다. 서강에서의 생활은 피폐해진 그의 몸과 마음을 점차 회복시키고, 그로 하여금 오랜만에 안정을 누리게 했다. 그가 이전과는 달리 생활에 대한 긍정을 시에 담아내었던 것도 그러한 안정과 관련이 깊다. 줄곧 이상과 현실을 문제 삼으면서 일상에 매달려 살아가야 하는 자의 설움과 비애를 느껴 왔던 시인은 다시 생활의 안정 속에 빠져 있는 자신을 발견하고, 그것을 이겨 내려고 애를 썼다. 이러한 서강에서의 생활은 1959년에 발표된 「사령(死靈)」을 이해하는 데 많은 도움을 준다.

① '자유'는 시인이 추구하던 이상에 해당한다고 볼 수 있겠어.
② '고개 숙이고 듣는 것'은 이상을 묵묵히 실천하려는 태도를 보여 주는 것이겠어.
③ '고요함'은 생활의 안정 속에 빠져 있는 시인의 상황을 표현한 것이겠군.
④ '욕된 교외'는 서강에서의 생활에 대한 시인의 성찰이 반영되어 있는 것 같아.
⑤ '우스워라 나의 영은 죽어 있는 것이 아니냐'는 일상에 매달려 살아가야 하는 자의 설움과 비애를 함축하는 말이겠군.

자, 그럼 길잡이, 깊숙이 선생님과 함께 했던 방식 안에서 위의 문제에 접근해 볼까요?

## 13

(가)~(다)에 대한 설명으로 가장 적절한 것은? ⑤

① (가), (나)에서 화자는 자신이 처한 상황으로부터 도피하고자 한다.
② (가), (다)에는 미래에 대한 화자의 확신이 나타나 있다.
③ (나), (다)에는 부정적인 세계에 대한 화자의 대결 의지가 나타나 있다.
④ (가), (나), (다)에서 화자는 과거에 대해 반성하고 있다.
⑤ (가), (나), (다)에는 삶에 대한 화자의 고뇌가 나타나 있다.

13번은 (가), (나), (다) 세 작품에 대해 화자의 정서 및 태도를 파악하는 문항입니다.
세 작품 중 (나)가 우리가 다루었던 김수영의 '사령'이므로, 우리는 (나)에 대한 설명이 맞는지만 판단하도록 하겠습니다. ①은 얼핏 보기에 적절해 보입니다. 화자가 모든 것이 마음에 들지 않고, 스스로 영혼이 죽어 있다고 생각하는 부정적 상황에 처해 있는 것은 확실하기 때문이죠. 그러나 이러한 상황으로부터 '도피하고자 한다'고 볼 수는 없습니다. '도피'는 '도망하여 몸을 피함' 혹은 '적극적으로 나서야 할 일에서 몸을 사려 빠져나감'이라는 부정적 의미를 지니고 있는 말인데, 이 시에서 화자가 부정적 상황으로부터 벗어나고자 하는 것은 자유나 정의를 지향하기 위한 것이기 때문에 '도피'로 보기는 어렵습니다. ②는 (나)에 대한 설명이 아니므로 넘기겠습니다. ③은 적절하지 않습니다. 화자를 둘러싼 현실을 부정적인 세계로 볼 수는 있겠지만, 이에 대한 대결의지가 나타나 있다고 보기는 어렵습니다. 화자는 그런 현실에 적극적으로 대항하려 하기보다는 그러지 못하는 자신을 부끄러워하고 있는 정도에 머물러 있기 때문입니다. ④도 적절하지 않습니다. 화자가 반성하고 있는 것은 과거가 아니라 현재의 자신이니까요. ⑤는 적절합니다. 자유와 정의를 실천하지 못하는 삶에 대한 부끄러움이 나타나 있으니 그걸 삶에 대한 고뇌라 말할 수 있겠죠.
98~99쪽의 '길잡이'를 참고해 보세요. 위에서 설명한 정ㆍ오답 판단의 근거는 길잡이에서 파악했던 정도의 개괄적인 내용만으로도 충분히 답을 할 수 있는 문항임을 확인할 수 있을 것입니다.

## 14

(가)와 (나)의 표현상의 공통점으로 가장 적절한 것은? ④

① 대조적 어휘를 반복하여 공간의 의미를 강화하고 있다.
② 의인화를 통해 사물의 속성을 선명하게 부각시키고 있다.
③ 첫 연과 끝 연을 대응시켜 화자의 정서를 심화하고 있다.
④ 말을 건네는 방식으로 대상과의 친밀감을 드러내고 있다.
⑤ 역설과 반어를 통해 화자의 의도를 효과적으로 드러내고 있다.

14번은 표현상 특징을 묻는 문항입니다.

(가)와 (나)에 대해 묻고 있지만, 역시 (나)에 대해서만 판단을 하도록 하겠습니다. ①은 적절하다고 볼 수 있습니다. 선명하게 대조적 어휘가 보이진 않지만, '자유'와 '죽음'('죽어 있는 것') 혹은 '자유'와 '고요함' 정도를 문맥상 대조적 어휘로 판단해 볼 수 있고, 이런 어휘들이 반복적으로 쓰이기도 합니다. 또한 이러한 어휘를 반복적으로 사용함으로써 '이 욕된 교외'가 자유를 실천하지 못하는, 죽어 있는, 고요한 공간이라는 속성이 부각된다고 볼 수도 있겠죠. ②도 적절합니다. '활자'를 '벗'으로 의인화했고, 이를 통해 정의와 자유에 대해 쓰인 책(활자)을 정의와 자유에 대해 말하는 벗의 모습으로 선명하게 부각했기 때문입니다. ③도 적절합니다. 첫 연의 내용을 끝 연에서 조금 변형하여 반복함(수미상관)으로써 화자의 자괴감을 더욱 심화하고 있습니다. ④는 적절하다고 볼 수 있습니다. 의인화된 활자에게 말을 건네고 '벗'이라 부르고 있기 때문에 대상, 즉 활자와의 친밀감이 전혀 없다고 볼 수는 없겠죠. ⑤는 적절하지 않습니다. 이 시에서는 역설도, 반어도 전혀 나타나지 않기 때문입니다. 이 문항 역시 98~99쪽 '길잡이'와 103~104쪽 '표현기법'을 참고해 보시면 위에서 설명한 정도의 정·오답 판단 근거는 어렵지 않게 찾을 수 있다는 사실을 알 수 있을 것입니다.

## 15~16

15~16번은 우리가 다루었던 (나)와 관련이 없어 설명을 생략했지만, 우리가 함께 했던 방식 안에서 시를 해석한 뒤에 우리 친구들 스스로 풀어볼 수 있겠죠?

## 17

〈보기〉를 참고하여 (나)를 이해하고 보인 반응으로 적절하지 <u>않은</u> 것은? ②

〈보 기〉

김수영은 1955년 6월 성북동에서 서강으로 이사하였다. 서강에서의 생활은 피폐해진 그의 몸과 마음을 점차 회복시키고, 그로 하여금 오랜만에 안정을 누리게 했다. 그가 이전과는 달리 생활에 대한 긍정을 시에 담아내었던 것도 그러한 안정과 관련이 깊다. 줄곧 이상과 현실을 문제 삼으면서 일상에 매달려 살아가야 하는 자의 설움과 비애를 느껴 왔던 시인은 다시 생활의 안정 속에 빠져 있는 자신을 발견하고, 그것을 이겨 내려고 애를 썼다. 이러한 서강에서의 생활은 1959년에 발표된 『사령(死靈)』을 이해하는 데 많은 도움을 준다.

① '자유'는 시인이 추구하던 이상에 해당한다고 볼 수 있겠어.
② '고개 숙이고 듣는 것'은 이상을 묵묵히 실천하려는 태도를 보여 주는 것이겠어.
③ '고요함'은 생활의 안정 속에 빠져 있는 시인의 상황을 표현한 것이겠군.
④ '욕된 교외'는 서강에서의 생활에 대한 시인의 성찰이 반영되어 있는 것 같아.
⑤ '우스워라 나의 영은 죽어 있는 것이 아니냐'는 일상에 매달려 살아가야 하는 자의 설움과 비애를 함축하는 말이겠군.

17번 문항은 〈보기〉에서 주는 정보를 바탕으로 작품을 감상한 내용의 적절성을 묻는 문항입니다. 모든 선택지에는 '본문'의 내용을 작은따옴표로 인용한 뒤, 이를 〈보기〉의 내용(파란색 표시)과 관련짓고 있습니다. 이 관련성이 적절한지를 파악하는 것이 핵심이겠죠.
①은 적절합니다. 화자가 추구하는 것은 활자가 말하는 자유나 정의라는 것을 이미 앞에서 언급했고 〈보기〉에서는 그것을 '이상'이라고 표현하고 있습니다. ②는 적절하지 않습니다. 벗(활자)의 말을 고개 숙이고 듣는 것은 벗이 하는 말, 즉 자유와 정의를 실천하지 못하는 부끄러움에서 기인한 것이므로 이상을 묵묵히 실천하려는 태도를 보여주는 것이라고 볼 수 없습니다. ③, ④는 적절합니다. 〈보기〉의 관점에서 본다면 화자가 싫어하는 '고요함'은 '생활의 안정 속에 빠져 있는 시인의 상황'이고, '이 욕된 교외'는 생활의 안정으로 인해 더 이상 자신의 이상을 추구하지 않고 일상에 매몰되어 있는 서강에서의 삶에 대한 부끄러움의 표현이라고 볼 수 있기 때문입니다. ⑤ 역시 적절합니다. '우스워라 나의 영은 죽어 있는 것이 아니냐'는 물음은 이상을 추구하지 않고, 일상에 매달려 살아가는 자신에 대한 자조가 담겨 있는 말이기 때문입니다. 자조의 감정은 설움과 비애를 동반하는 것이라 볼 수 있겠죠.
101~102쪽의 '돋보기'를 살펴보면, 이 문항에 대한 정·오답 판단의 근거가 그 속에서 충분히 파악 가능한 내용이라는 사실을 확인할 수 있습니다.

# 고전 소설 문제풀이에 적용하기

## 1. 2019학년도 대학수학능력시험 6월 모의평가

2019학년도 대학수학능력시험 6월 모의평가에 나온 고전 소설 문제입니다. 우리 친구들은 다음 글을 읽고 물음에 답해보세요. 앞에서 우리가 다뤘던 작품이니까 조금은 익숙할 거예요.

## 2. 길잡이, 깊숙이와 함께

실제 우리가 함께 했던 방법으로 이 문제에 어떻게 접근했고 어떻게 해결했는지 길잡이, 깊숙이 선생님의 설명을 들으면서 확인해 보세요.

[39~42] 다음 글을 읽고 물음에 답하시오.

[앞부분 줄거리] 옹고집은 성격이 고약한 부자이다. 어느 날 옹고집 앞에 가짜 옹고집이 나타나, 서로가 자신이 진짜라고 주장한다.

[A]
두 옹고집이 송사 가는 제, 읍내를 들어가니 짚옹고집 거동 보소. 주저 없이 제가 앞에 가며 읍의 촌가인 하나와 만나 보면 깜짝 반겨 두 손을 잡고, "나는 가변을 송사하러 가는지라. 자네와 나와 아무 연분에 서로 알아 죽마고우로 지냈으니 나를 몰라볼쏘냐."

또 하나를 보면, "자네 내게서 아무 연분에 돈 오십 냥을 취하여 갔으니 이참에 못 주겠느냐. 노잣돈 보태 쓰게 하라."

또 하나 보면, "자네 쥐골평 논 두 섬지기 이때까지 소작할 제, 거년 선자(先資) 스물닷 말을 어찌 아니 보내는가."

이처럼 하니 참옹고집이 짚옹고집을 본즉 낱낱이 내 소견대로 내가 할 말을 제가 먼저 하니 기가 질려 뒤에 오며, 실성한 사람같이, 아는 사람도 오히려 짚옹고집같이도 모르는 지라.

짚옹고집이 노변에서 지나가는 사람 데리고 하는 말이,

"가운이 불길하여 어떠한 놈이 왔으되 용모 나와 비슷해 제가 내라 하고 자칭 옹고집이라 하기로, 억울한 분을 견디지 못하여 일체 구별로 송사하러 가는지라. 뒤에 오는 사람이 기네. 자네들도 대소간 눈이 있거든 혹 흑백을 가릴쏘냐."

참옹고집이 뒤에 오면서 기가 막히고 얼척도 없어 말도 못하고 울음 울 제, 행인들이 이어 보고 하는 말이, "누가 알아보리오. 뉘 아들인지 알 수가 없다. 아마도 상동이란 말밖에 또 하리오."

(중략)

짚옹고집 반만 웃고 집으로 돌아와서 바로 내정으로 들어가니 처자 권속이 내달아 잡고 들어가니, "하늘도 무심치 아니하기로 내 좋은 형세와 처자를 빼앗기지 아니하였다."

송사를 이긴 내력을 말하니 처자 권속이며 상하 노복 등이 참옹고집으로 알고, 마누라는, "㉠우리 서방님이 그런 고생이 또 있을까."

뭇 아들 나서며, "그런 자식에게 아버지가 큰 봉재를 보았다."

노복 종이며 마을 사람들이 다 칭찬하거늘, 짚옹고집이,

"내가 혈혈단신으로 자수성가하였기로 전곡을 과연 아낄 줄만 알았더니 내빈 왕객 접대 상과 만가 동냥 거지들을 독하게 박대하였더니 인심부득 절로 되어 이런 재변이 난 듯싶으니, 사람 되고 개과천선 못할쏘냐. 오늘부터 재물과 곡식을 흩어 활인구제(活人救濟)하리라."

전곡을 흩어 사방에 구차한 사람을 구제한단 말이 낭자하니 팔도 거지들과 각 절 유걸승들이 구름 모이듯 모여드니 백 냥 돈 천 냥 돈을 흩어 주니 옹고집은 인심 좋단 말이 낭자하더라. 하루는 주효를 낭자케 장만하고 원근에 모모한 친구며 사방 사람을 청좌하여 대연을 배설할 제, 이때의 참옹고집 전전걸식 하다가 맹랑촌 옹고집 활인구제한단 말 듣고 분심으로 하는 말이,

"㉡남의 재물 갖고 제 마음대로 쓰는 놈은 어떤 놈의 팔자인고. 찾아가서 내 집 망종 보고 죽자."

하고 죽장망혜로 찾아갈 제, ㉢짚옹고집 도술 보고 근처에 참 옹고집 온 줄 알고 사환을 분부하되,

"오늘 큰 잔치에 음식도 낭자하고 걸인도 많을 제, 타일 천하게 다투던 거짓 옹가 놈이 배도 고프고 기한(飢寒)을 견디지 못하여 전전걸식 다닐 제, 잔치 소문을 듣고 마을 근처에 왔으나 차마 못 들어오는가 싶으니 너희 등은 가서 데려오라. 일변 생각하면 되도 못할 일 하다가 중장(重杖)만 맞았으니 불쌍하다."

사환 등이 영을 듣고 사방으로 나가 보니 ㉣과연 마을 뒷산에 앉아 잔치하는 데를 보고 눈물을 흘리고 앉았거

늘 사환들이 바로 가서 엉겁결에 배례하고 문안하니. 슬프다. 참옹고집이 대성통곡 절로 난다.
　사환들이 가자 하니, "ⓜ갈 마음 전혀 없다."

[B]
　　여러 놈이 부축하여 들어가서 좌상에 앉으니 짚옹고집 일어서며 인사 후에,
　　"네 들어라. 형세 있어 좋다 하는 것이 활인구제하여 만인적선이 으뜸이거늘 천여 석 거부로서 첫째로는 부모 박대하니 세상에 용납지 못할 놈이요, 둘째는 유걸산승 욕보이니 불도가 어찌 허사리오. 우리 절 도승이 나를 보내어 묘하신 불법으로 가르쳐서 너의 죄목을 잡아 아주 죽여 세상에 영영 자취 없게 하여 세상 사람에게 모범이 되게 하라 하시거늘 너를 다시 세상에 내어 보내기는 나의 어진 용심으로 살린 것이니, 이만해도 후생에게 너 같은 행실을 징계한 사례가 될 듯싶으니 이후는 아무쪼록 개과하라."
　　하고, 좌상에 나앉으며 문득 자빠지니 허수아비 찰벼 짚 묶음이라. 이로 좌상이 다 놀라 공고를 하고 옹고집이 이날부터 개과천선하여 세상에 전하여 일가친척이며 원근친고 사람에게 인심을 주장하니 옹고집의 인심을 만만세에 전하더라.

　　　　　　　　　　　　　　　　　　　　　　　　　　　　－ 작자 미상, 「옹고집전」
　　　　　　　　　　　　　　　　　　　　　　　[2019학년도 대학수학능력시험 6월 모의평가]

## 39

[A]에 대한 설명으로 가장 적절한 것은?

① 송사 원인이 금전적 이해관계에 있음이 밝혀진다.
② 송사 결과에 대한 행인들의 상반된 예측이 제시된다.
③ 송사 가는 이의 답답한 심정이 서술자에 의해 드러난다.
④ 송사 가는 이들 간에 서로를 비방하는 대화가 이어진다.
⑤ 송사 가는 길에 새롭게 등장한 인물의 외양이 묘사된다.

## 40

㉠~ⓜ에 대한 이해로 적절하지 않은 것은?

① ㉠: '마누라'는 집에 돌아온 이를 '참옹고집'으로 알고 있다.
② ㉡: '참옹고집'은 '짚옹고집'을 못마땅하게 여기고 있다.
③ ㉢: '짚옹고집'은 '참옹고집'의 거동을 수상히 여기고 있다.
④ ㉣: '참옹고집'은 집에 들어가지 못한 채 서러워하고 있다.
⑤ ⓜ: '참옹고집'은 '사환들'에게 거절의 의사를 표하고 있다.

**41**

〈보기〉를 참고하여 윗글을 감상한 내용으로 적절하지 않은 것은?

① '내 좋은 형세와 처자를 빼앗기지 아니하였다'고 말한 데에서, '참옹고집'이 송사 이전부터 가족에게 소외되어 온 정황이 '짚옹고집'을 통해 드러남을 알 수 있군.

② '만가 동냥 거지들을 독하게 박대'하였다고 말한 데에서, 가난한 이들을 외면했던 '참옹고집'의 행적이 '짚옹고집'을 통해 언급됨을 알 수 있군.

③ '전곡을 흩어 사방에 구차한 사람을 구제'한다는 데에서, 가난한 이들을 구제해야 하는 '참옹고집'의 책무가 '짚옹고집'을 통해 이행됨을 알 수 있군.

④ '짚옹고집'이 '백 냥 돈 천 냥 돈을 흩어' 줄 수 있을 만큼 '참옹고집'의 재물이 많았다는 데에서, 조선 후기 향촌 사회의 부유층을 연상시키는 '참옹고집'의 모습이 확인되는군.

⑤ '참옹고집'이 '짚옹고집'에게 자리를 빼앗기고 '전전걸식'하며 살아가는 데에서, 공동체로부터 소외되어 고통을 겪는 '참옹고집'의 처지가 확인되는군.

**42**

〈보기〉는 「옹고집전」 이본의 일부이다. [B]와 〈보기〉를 비교하여 이해한 내용으로 적절하지 않은 것은? [3점]

① '참옹고집'을 살려 두는 이유로 [B]는 '나의 어진 용심'을, 〈보기〉는 '정상이 불쌍'함을 제시하는 것으로 보아, [B]에서는 용서하는 이의 마음을 고려했고, 〈보기〉에서는 용서받는 이의 처지까지도 고려하였군.

② '참옹고집'을 살려 두는 이유로 [B]는 '이만해도 후생에게' '징계한 사례'가 됨을, 〈보기〉는 '너의 처자 가여'움을 제시하는 것으로 보아, [B]에서는 징계의 사회적 효용이, 〈보기〉에서는 징계로 인한 가족의 피해가 고려되었군.

③ '참옹고집'의 악행으로 [B]는 '부모 박대'를, 〈보기〉는 '모친' '구박'을 거론하는 것으로 보아, [B]와 〈보기〉에서 모두 '참옹고집'의 비인륜적인 행위가 징계의 사유에 포함되었군.

④ '참옹고집'에게 개과천선하라는 요청이 [B]와 〈보기〉 모두 인물의 발화에 나타나는 것으로 보아, [B]와 〈보기〉에서 모두 인물의 발화는 '참옹고집'이 용서를 구하기 시작하는 계기에 해당하는군.

⑤ '참옹고집'을 훈계하던 존재가 [B]에서는 '허수아비'로 변하고, 〈보기〉에서는 '홀연' 사라지는 것으로 보아, [B]와 〈보기〉에서 모두 신이한 사건이 벌어지는군.

자! 그럼 길잡이, 깊숙이 선생님과 함께 했던 방식 안에서 위의 문제에 접근해 볼까요?

## 39

[A]에 대한 설명으로 가장 적절한 것은? ③

① 송사 원인이 금전적 이해관계에 있음이 밝혀진다.
② 송사 결과에 대한 행인들의 상반된 예측이 제시된다.
③ 송사 가는 이의 답답한 심정이 서술자에 의해 드러난다.
④ 송사 가는 이들 간에 서로를 비방하는 대화가 이어진다.
⑤ 송사 가는 길에 새롭게 등장한 인물의 외양이 묘사된다.

39번은 서술상 특징을 파악하는 문항입니다.
[A]에는 두 옹고집이 송사를 가는 모습이 제시되어 있어요. 특히 '낱낱이 내 소견대로 내가 할 말을 제가 먼저 하니 ~ 짚옹고집같이도 모르는지라.'라는 장면에서, 자신보다 앞서서 마을 사람들을 아는 척하며 자신이 하고 싶은 말들을 먼저 건네는 '짚옹고집'의 모습을 보며 답답해하는 '참옹고집'의 심정을 알 수 있죠. 그런데 이러한 '참옹고집'의 답답한 심정이 '~모르는지라.'며 3인칭(여기서는 서술자)에서 서술되고 있답니다. 238쪽 '왜, 참옹고집의 답답한 심정이 서술자에 의해 드러날까?'를 참고해 보세요.

## 40

㉠~㉤에 대한 이해로 적절하지 <u>않은</u> 것은? ③

① ㉠: '마누라'는 집에 돌아온 이를 '참옹고집'으로 알고 있다.
② ㉡: '참옹고집'은 '짚옹고집'을 못마땅하게 여기고 있다.
③ ㉢: '짚옹고집'은 '참옹고집'의 거동을 수상히 여기고 있다.
④ ㉣: '참옹고집'은 집에 들어가지 못한 채 서러워하고 있다.
⑤ ㉤: '참옹고집'은 '사환들'에게 거절의 의사를 표하고 있다.

40번은 구절의 의미를 파악하는 문항입니다.
237쪽에 있는 '1. 인물 관계도 그리기'를 펼쳐 놓고 각 선택지들의 내용과 비교해 보세요. 선택지들의 정·오를 직접적으로 판단하거나 혹은 간접적으로 추론할 수 있는 주요 근거가 인물 관계도 안에 이미 들어 있다는 사실을 알 수 있을 것입니다.

# 41

〈보기〉를 참고하여 윗글을 감상한 내용으로 적절하지 <u>않은</u> 것은? ①

〈보 기〉
「옹고집전」은 주인공 '참옹고집'이 소외를 경험(①, ⑤)하도록 그와 똑같이 생긴 '짚옹고집'을 등장시켜 그를 대신하게 하는 독특한 인물 관계를 설정하였다. 이는 '참옹고집'으로 형상화된 조선 후기 향촌 사회의 부유층에게 요구되는 사회적 책무(③, ④)와도 연결된다. 부유하게 살면서도 가난한 이들을 구제하지 않고 외면(②)하면 공동체로부터 소외될 수 있음을 보여 주고 있기 때문이다.

① '내 좋은 형세와 처자를 빼앗기지 아니하였다'고 말한 데에서, '참옹고집'이 송사 이전부터 가족에게 소외되어 온 정황이 '짚옹고집'을 통해 드러남을 알 수 있군.
② '만가 동냥 거지들을 독하게 박대'하였다고 말한 데에서, 가난한 이들을 외면했던 '참옹고집'의 행적이 '짚옹고집'을 통해 언급됨을 알 수 있군.
③ '전곡을 흩어 사방에 구차한 사람을 구제'한다는 데에서, 가난한 이들을 구제해야 하는 '참옹고집'의 책무가 '짚옹고집'을 통해 이행됨을 알 수 있군.
④ '짚옹고집'이 '백 냥 돈 천 냥 돈을 흩어' 줄 수 있을 만큼 '참옹고집'의 재물이 많았다는 데에서, 조선 후기 향촌 사회의 부유층을 연상시키는 '참옹고집'의 모습이 확인되는군.
⑤ '참옹고집'이 '짚옹고집'에게 자리를 빼앗기고 '전전걸식'하며 살아가는 데에서, 공동체로부터 소외되어 고통을 겪는 '참옹고집'의 처지가 확인되는군.

41번은 〈보기〉에서 주는 정보를 바탕으로 작품을 감상하는 유형의 문항입니다.

이런 유형의 문항은 선택지(①~⑤)를 쓸 때, 대부분 본문의 특정 부분을 인용하고 이를 〈보기〉의 내용과 관련지어 말하는 방식을 취하기 때문에, 친구들은 이 둘의 관련성이 적절한지를 반드시 확인해야 한답니다. 보통 인용된 부분은 본문에 '진하게' 표시되고, 선택지에는 인용한 내용을 작은따옴표로 표시합니다. 〈보기〉의 내용에는 아무런 표시가 없지만, 여러분들의 이해를 돕기 위해 선택지에서 〈보기〉에 해당하는 내용은 '파란색'으로 표시하겠습니다. 그러면 작은따옴표로 인용된 말과 파란색으로 표시된 말이 적절하게 이어지는지를 판단해야겠죠? ②~⑤는 작은따옴표와 파란색의 관계가 적절함을 알 수 있지만 ①은 적절하지 않습니다. '내 좋은 형세와 처자를 빼앗기지 아니하였다'라는 것은 승소 후 참옹고집이 했을 법한 말을 짚옹고집이 하고 있는 것으로, '내 좋은 형세와 처자'라는 말을 통해 미루어 볼 때 참옹고집이 송사 이전부터 가족에게 소외되어 왔다고 보기는 어렵습니다.

## 42

〈보기〉는 「옹고집전」 이본의 일부이다. [B]와 〈보기〉를 비교하여 이해한 내용으로 적절하지 <u>않은</u> 것은? [3점] ④

〈보 기〉
참옹고집 듣기를 다하여 천방지방 도사 앞에 급히 나아가 합장배례하며 공손히 하는 말이, "이놈의 죄를 생각하면 천사(千死)라도 무석(無惜)이요 만사라도 무석이나 명명하신 도덕하에 제발 덕분 살려 주오. 당상의 늙은 모친 규중의 어린 처자 다시 보게 하옵소서. 원견지 하온 후 지하에 돌아가도 여한이 없을까 하나이다. 제발 덕분 살려 주옵소서."
만단으로 애걸하니 도사 하는 말이, "천지간에 몹쓸 놈아. 인제도 팔십 당년 늙은 **모친 냉돌방에 구박할까.** 불도를 능멸할까. 너 같은 몹쓸 놈은 응당 죽일 것이로되 **정상(情狀)이 불쌍하고 너의 처자 가여운 고로** 놓아주니 돌아가 개과천선하라."
부적을 써 주며 왈, "이 부적을 몸에 붙이고 네 집에 돌아가면 괴이한 일 있으리라."
하고 **홀연** 간데없거늘 참옹고집 즐겨 돌아와서 제집 문전 다다르니 고루거각 높은 집에 청풍명월 맑은 경은 옛 놀던 풍경이라.

[B]
여러 놈이 부축하여 들어가서 좌상에 앉히니 짚옹고집 일어서며 인사 후에,
"네 들어라. 형세 있어 좋다 하는 것이 활인구제하여 만인적선이 으뜸이거늘 천여 석 거부로서 첫째로는 **부모 박대**하니 세상에 용납지 못할 놈이요. 둘째는 유걸산승 욕보이니 불도가 어찌 허사리오. 우리 절 도승이 나를 보내어 묘하신 불법으로 가르쳐서 너의 죄목을 잡아 아주 죽여 세상에 영영 자취 없게 하여 세상 사람에게 모범이 되게 하라 하시거늘 너를 다시 세상에 내어 보내기는 **나의 어진 용심**으로 살린 것이니. **이만해도 후생에게** 너 같은 행실을 **징계한 사례**가 될 듯싶으니 이후는 아무쪼록 개과하라."
하고, 좌상에 나았으며 문득 자빠지니 **허수아비** 찰벼 짚 묶음이라. 이로 좌상이 다 놀라 공고를 하고 옹고집이 이날부터 개과천선하여 세상에 전하여 일가친척이며 원근친고 사람에게 인심을 주장하니 옹고집의 인심을 만만세에 전하더라.

① '참옹고집'을 살려 두는 이유로 [B]는 '나의 어진 용심'을, 〈보기〉는 '정상이 불쌍'함을 제시하는 것으로 보아, [B]에서는 용서하는 이의 마음을 고려했고, 〈보기〉에서는 용서받는 이의 처지까지도 고려하였군.

② '참옹고집'을 살려 두는 이유로 [B]는 '이만해도 후생에게' '징계한 사례'가 됨을, 〈보기〉는 '너의 처자 가여'움을 제시하는 것으로 보아, [B]에서는 징계의 사회적 효용이, 〈보기〉에서는 징계로 인한 가족의 피해가 고려되었군.

③ '참옹고집'의 악행으로 [B]는 '부모 박대'를, 〈보기〉는 '모친' '구박'을 거론하는 것으로 보아, [B]와 〈보기〉에서 모두 '참옹고집'의 비인륜적인 행위가 징계의 사유에 포함되었군.

④ '참옹고집'에게 개과천선하라는 요청이 [B]와 〈보기〉 모두 인물의 발화에 나타나는 것으로 보아, [B]와 〈보기〉에서 모두 인물의 발화는 '참옹고집'이 용서를 구하기 시작하는 계기에 해당하는군.

⑤ '참옹고집'을 훈계하던 존재가 [B]에서는 '허수아비'로 변하고, 〈보기〉에서는 '홀연' 사라지는 것으로 보아, [B]와 〈보기〉에서 모두 신이한 사건이 벌어지는군.

41번 역시 〈보기〉에서 주는 정보를 바탕으로 작품을 감상하는 유형의 문항입니다.

40번 문항보다 오히려 비교의 범위가 좁아 〈보기〉의 내용과 본문 [B]의 내용을 비교하기 쉬울 거예요. [B]의 "이만해도 후생에게 너 같은 행실을 징계한 사례가 될 듯싶으니 이후는 아무쪼록 개과하라."와 〈보기〉의 "너 같은 몹쓸 놈은 응당 죽일 것이로되 정상이 불쌍하고 너의 처자 가여운 고로 놓아주니 돌아가 개과천선하라."를 보면 '참옹고집'에게 개과천선하라는 요청이 [B]와 〈보기〉 모두에서 나타나 있음을 알 수 있습니다. 하지만 〈보기〉에서는 [B]와 달리 참옹고집이 "제발 덕분 살려 주옵소서."라며 도사에게 용서를 구하기 시작하는 행위가 개과천선을 요청하는 발화(말하는 행위)보다 앞서 있음을 확인할 수 있습니다.

# 고등국어 쉽-게 배우기

2021년 3월 10일 초판 인쇄 | 2021년 3월 15일 초판 발행

지은이  서준형·이종원

펴낸이  한정희
펴낸곳  종이와나무
편집·디자인  유지혜 김지선 박지현 한주연
마케팅  유인순 전병관 하재일
출판신고  제406-2007-000158호

주소  경기도 파주시 회동길 445-1 경인빌딩 B동 4층
대표전화  031-955-9300 | 팩스  031-955-9310
홈페이지  www.kyunginp.co.kr | 전자우편  kyungin@kyunginp.co.kr

ISBN 979-11-88293-11-7  53710
값 15,000원